Wilhelm von Bode

Rembrandt und seine Zeitgenossen

Verlag
der
Wissenschaften

Wilhelm von Bode

Rembrandt und seine Zeitgenossen

ISBN/EAN: 9783957006196

Auflage: 1

Erscheinungsjahr: 2015

Erscheinungsort: Norderstedt, Deutschland

Hergestellt in Europa, USA, Kanada, Australien, Japan
Verlag der Wissenschaften in Hansebooks GmbH, Norderstedt

Cover: Paul Gauguin: "Vincent van Gogh, Sonnenblumen malend"

REMBRANDT UND SEINE ZEITGENOSSEN

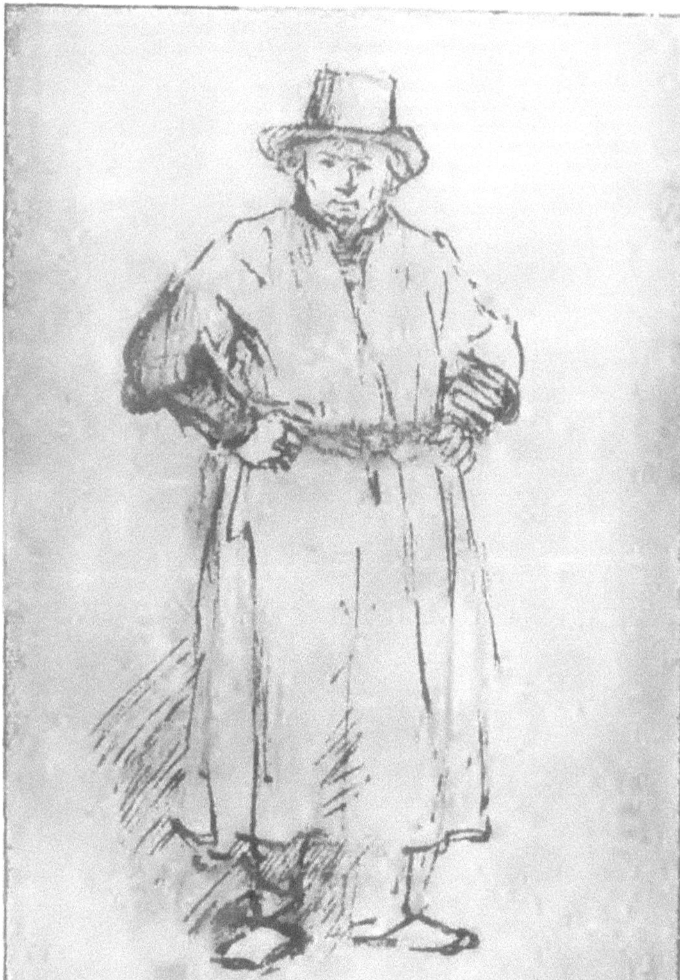

REMBRANDT VAN RIJN
SELBSTBILDNIS, FEDERZEICHNUNG
London, Sammlung Heseltine

REMBRANDT
UND SEINE ZEITGENOSSEN

CHARAKTERBILDER DER GROSSEN MEISTER DER HOLLÄNDISCHEN UND VLÄMISCHEN MALERSCHULE IM SIEBZEHNTEN JAHRHUNDERT

VON

WILHELM BODE

ZWEITE VERMEHRTE AUFLAGE

VERLAG VON E. A. SEEMANN
LEIPZIG 1907

VORWORT ZUR ERSTEN AUFLAGE

Das vorliegende Buch, das als Festgabe zur Feier des dreihundertsten Geburtstages von Rembrandt van Rijn den Namen des Großmeisters der holländischen Kunst auf seinem Titel trägt, bietet eine Vereinigung von Studien und Skizzen, von großzügigen Bildern und Kleinmalereien, von Übersichten über ganze Gruppen von Malern und von Einzelschilderungen, von Charakteristiken und von Lebensbildern einzelner Künstler der holländischen und vlämischen Malerschule. Es liegt ihm die Absicht zugrunde, ein Bild der niederländischen Malerei des 17. Jahrhunderts in Einzelschilderungen ihrer hervorragendsten Meister zu geben und die Stellung dieser Künstler innerhalb ihrer Schule, ihre Eigenart und Entwickelung zu charakterisieren. Wo ihre Lebensgeschichte wenig bekannt oder für ihre Zeit besonders bezeichnend ist, wie namentlich bei Adriaen Brouwer, ist darauf näher eingegangen. Bei einigen Künstlern, die bisher fast vergessen oder bei denen bestimmte Epochen ihrer Entwickelung im Dunkel geblieben waren, wie bei Hercules Segers, Adriaen Brouwer und dem jungen Anton van Dyck, ist der Versuch gemacht worden, unter Heranziehung und Prüfung des umfänglichen künstlerischen und urkundlichen Materials ihre Bedeutung und Eigenart klarzulegen.

Wo ältere Arbeiten aufgenommen sind, haben sie eine wesentliche Umarbeitung erfahren, damit sie sich dem Rahmen der übrigen Studien einfügen. Für ausgiebige Mitarbeit bei der Durcharbeitung der Druckbogen habe ich Herrn Dr. Wilhelm Valentiner zu danken.

Charlottenburg, im April 1906

WILHELM BODE

VORWORT ZUR ZWEITEN AUFLAGE

In dieser zweiten Auflage ist den älteren Studien eine solche über Jan van Goyen und Salomon van Ruysdael hinzugefügt worden. Der Aufsatz über Frans Hals ist wesentlich erweitert. Wenn er anfangs etwas sehr knapp ausgefallen war, so hatte dies seinen Grund darin, daß der Unterzeichnete über den Künstler wiederholt ausführlich sich ausgesprochen hat und daher fürchtete, man würde ihm — wie einst Anton Springer getan hat — die »Hals-Krankheit« zum Vorwurf machen. Auch glaube ich, daß ein Künstler, der so knapp und sachlich in seiner Ausdrucksweise ist, wie Frans Hals, in derselben Weise besprochen werden sollte.

Die Aufsätze über Brouwer und Anton van Dyck sind gekürzt; bei diesen und verschiedenen anderen sind einzelne Änderungen und kleinere Zusätze gemacht worden. Ein neuer Aufsatz von Max Rooses in »Onze Kunst«, in dem er nachzuweisen sucht, daß A. van Dyck schon 1621 eine erste kurze Reise nach Italien unternahm und vor der zweiten Reise längere Zeit wieder in seiner Vaterstadt tätig war, ist leider erst nach Fertigstellung des Druckes erschienen und konnte hier nicht mehr nachgeprüft werden. Auch für diese neue Auflage ist Herr Dr. Wilhelm Valentiner mir bei der Durcharbeitung behilflich gewesen.

Im Sommer 1907

W. B.

INHALT

REMBRANDT VAN RIJN

Im Mittelpunkt der holländischen Kunst steht Rembrandt van Rijn, der Zeit nach wie nach der Bedeutung und dem Umfang seiner Produktion. Selbst wenn Rembrandt nicht der geniale Künstler gewesen wäre, den wir in ihm bewundern, müßten wir uns mit ihm wie kaum mit einem anderen holländischen Maler beschäftigen: so außerordentlich reich ist das Werk, das er hinterlassen hat. Von seinen Gemälden sind uns mehr als sechshundert erhalten; sein Radierwerk ist umfangreicher, als das irgend eines anderen alten Malerradierers, und von seiner erstaunlichen Fruchtbarkeit als Zeichner geben noch mehr als tausend Blätter seiner Hand Zeugnis, die nach dem Inventar seiner Versteigerung doch nur einen kleinen Teil seiner wirklichen Leistungen als Zeichner ausmachten. Kein Maler außer Rubens, der fast das gleiche Alter erreichte, kann sich mit Rembrandt an schöpferischer Kraft und Ergiebigkeit vergleichen, keiner übertrifft ihn im Reichtum an Darstellungsgebieten, keiner vor allem in der Eigenart seiner Kunst, in der Fülle und Tiefe der Gedanken wie in ihrer malerischen Wiedergabe.

Den Anwalt von Rembrandt braucht heute niemand mehr zu machen. Der Künstler steht unserer modernen Kunstanschauung näher als Raffael und Michelangelo, er wird ihnen gleich geachtet und von Sammlern gleich hoch bezahlt. Als Eugène Delacroix vor einigen sechzig Jahren in sein Tagebuch die Notiz eintrug: »vielleicht kommt man noch einmal dahinter, daß Rembrandt ein viel größerer Maler ist, als Raffael«, fügte er doch noch halb als Entschuldigung hinzu: »ich schreibe diese Gotteslästerung, über die allen Schulmännern die Haare zu Berge stehen würden, nieder, ohne endgültig Partei zu nehmen«. Heute ist Rembrandt so populär, daß sein Name gelegentlich schon mißbraucht wird, um modernen Empfindungen Ausdruck zu verleihen. Koloffs Bemerkung: »Man darf nur das Wort Rembrandt aussprechen, so ist es gerade, als wenn man Kunst sagt, ja viel mehr«, beginnt sich zu bewahrheiten, da man jetzt schon unter seiner Flagge lange ästhetische Gespinste abzuwickeln liebt, die einer richtigen Würdigung des Künstlers nur hinderlich sein müssen.

Rembrandts Kunst ist eine so packende, so vielseitige, daß sie zu allen Zeiten ihre begeisterten Anhänger gehabt hat, mochte auch die Richtung der Kunst noch so abweichend, die Ästhetik ihm noch so entgegen sein. Selbst zur Zeit des tiefsten Verfalls der holländischen Malerei, unter der Herrschaft der Dosenmaler, eines Ridder van der Werff und Willem van Mieris, hatte Rembrandt unter seinen Landsleuten eifrige Freunde. Die Engländer haben, seitdem sie zu sammeln begannen, Rembrandts Gemälde und Radierungen in erster Linie gesucht, und in Paris gehörten seine Bilder selbst zur Zeit eines Boucher und Greuze zu den höchstbezahlten. Damals brachten die Kaiserin Katharina, der Kurfürst von Hessen und August der Starke ihre herrlichen Sammlungen Rembrandtscher Gemälde zusammen. Sir Joshua Reynolds war der wärmste Verehrer des Künstlers und besaß eine ganze Reihe trefflicher Bilder seiner Hand. In Deutschland knüpfte gleichzeitig eine Gruppe von Künstlern, unter denen der Maler Dietrich und der Stecher Schmidt die bekanntesten sind, an seine Kunstauffassung an. Selbst während des Empire, zur Zeit eines David, hat die Achtung des Künstlers nicht aufgehört, und seither hat sie mehr und mehr zugenommen und ist heute eine allgemeine. Hatte man im Anfang des neunzehnten Jahrhunderts den Feinmalereien Rembrandts aus seiner Jugend die größte Bewunderung entgegengebracht, so begeisterten die Romantiker sich an seinen dramatisch belebten Bildern aus der Mitte der dreißiger Jahre; die später in der modernen Malerei zur Herrschaft kommende Richtung des braunen Tons fand in Rembrandts Gemälden seiner mittleren Zeit ihr Vorbild, während die modernste Kunst die mehr skizzenhaften Werke seiner letzten Jahre am höchsten schätzt.

Durch Rembrandt ist die holländische Kunst erst zum reinen Ausdruck ihres Charakters gelangt. Er bildet den Höhenpunkt ihrer malerischen Entwickelung. In Deutschland liebt man es jetzt, Rembrandt als einen Deutschen in Anspruch zu nehmen; richtig ist nur, daß er der Sproß eines rein germanischen Stammes und seine Kunst eine echt germanische ist. Sie ist der mächtigste Ausdruck germanischer Kultur überhaupt, die unter ihren Künstlern keinen vollkommneren Vertreter kennt. Die Kunst hat bei den germanischen Völkern sich wiederholt zu einer Blüte entwickelt, die mit den höchsten Kunstphasen der Griechen und Italiener den Vergleich aushält. Während jedoch die Gotik in Frankreich auf romanischem Stamme emporwuchs und sich herrlich entfaltete und daher neben germanischen auch romanische Elemente enthält, während die Kunst eines Rubens zwar echt germanisch ist, aber erst durch die Berührung mit der italienischen Kunst zur Reife gebracht wurde, ist die Kunst Rembrandts wie die der Brüder van Eyck rein germanisch. Mit jenen älteren Epochen hat seine Auffassung manche Verwandtschaft. Die bestrickende Mystik des Mittelalters, das Hochstrebende und doch Insichabgeschlossene der gotischen Dome mit ihrem zauberhaften Helldunkel, die tief religiöse Stimmung dieser Kunst ist auch ihm eigentümlich; aber Rembrandt strebt nicht mehr nur nach oben, verliert sich nicht ins Unendliche, sucht die höchsten Ziele nicht außerhalb des Menschen, sondern er erkennt das Göttliche im Menschen selbst, findet Frieden und Beruhigung im eigenen Herzen. Es ist eine ganz eigene Mystik, die aus den Gemälden des großen Holländers wie aus seinen Skizzen mit Stift und Radiernadel zu uns spricht: kein überirdisches Rauschen wie in den mächtigen weihrauchdurchwehten Hallen gotischer Dome, kein fanatisches Streben nach Abtötung des Fleisches in Gedanken an ein schöneres Jenseits, sondern die stille Befriedigung in der Arbeit, im Leben für die Mitmenschen, die Mystik der Liebe, die in der Zuversicht auf die Vorsehung auch in der bescheidenen Hütte Einzug hält, selbst aus den häßlichsten Köpfen, aus den tief gefurchten Zügen des Alters beseligend zu uns spricht.

Rembrandt ist der Endpunkt einer Entwickelung, die mit den van Eycks einsetzt. Mit den großen Entdeckern der Natur für die Kunst, mit den Begründern der »Renaissance« diesseits der Alpen hat er den strengen Realismus, die unbestechliche Ehrlichkeit und Sicherheit in der Auffassung und Wiedergabe der Natur, die schlichte menschliche Empfindung, das Aufgehen in den Aufgaben, die er sich gestellt, und den koloristischen Sinn gemein. Aber statt der Schönheit der Lokalfarben und ihrem emailartigen Schmelz bei den van Eycks gibt er eine intensive Lichtwirkung, der die Farben oft bis zur völligen Negierung untergeordnet sind, statt der höchsten Vollendung in der gleichmäßigen Durchführung bewußte Freiheit und Verschiedenartigkeit einer bald rauhen, bald feinen, immer eigenartigen, raffinierten Technik, statt der Existenzmalerei Seelenmalerei; statt der einfachen Zuständlichkeit und nüchternen Sachlichkeit der van Eycks ist bei ihm alles Leben, alles Empfindung.

Rembrandt ist Holländer durch und durch, er kann nur in Holland gedacht und nur in Verbindung mit der holländischen Malerei ganz verstanden werden. Und doch ist er mehr, geht er weit über die holländische Kunst und Kultur hinaus: Rembrandt bedeutet einen Höhepunkt in der Entwickelung aller Kunst. In diesem Sinne hat man von ihm behaupten können, er würde die Malerei erfunden haben, wäre sie nicht schon erfunden gewesen. Denn während die holländische Malerei sich zersplittert und jeder Künstler nur in seinem beschränkten Fach etwas leistet, faßt Rembrandt die Kunst wieder als Ganzes auf, wagt sich an ihre höchsten Aufgaben, und die Lösung, die er dafür findet, ist eine neue, tiefsinnigere, als sie die Kunst vor und nach ihm gefunden hat. Das, was er zur Darstellung bringt, ist freilich gegenständlich nichts Neues. Seine biblischen Motive, seine mythologischen Darstellungen und Genreszenen finden wir auch bei seinen Vorgängern, insbesondere bei seinen Lehrern; auch diese geben, wie Rembrandt, ihre Motive in genrehafter Auffassung meist in kleinen Figuren und mit Vorliebe inmitten der Landschaft. Selbst die orientalischen Kostüme hat Rembrandt von ihnen entlehnt und nur in seiner Weise und zu seinen Zwecken weiter ausgebildet. Aber die Art, wie der Künstler alles dies zum Ausdruck bringt, ist eine höchst persönliche und eigene. Alle seine Landsleute, auch die besten, geben nur ein Stück des holländischen Lebens und holländischen Landes, das sie mit größter Treue und höchster Vollendung zu künstlerischer Darstellung bringen. Rembrandt allein geht darüber hinaus, hebt das spezifisch Holländische empor in eine ganz eigene Welt und versetzt uns in ein ungeahntes Wunderland. Wenn wir einen Ter Borch, Pieter de Hooch, Jacob van Ruisdael oder Paulus Potter bewundern, weil sie uns den kleinen Ausschnitt aus Land und Leuten von Holland mit unnachahmlicher Wahrheit und Feinheit und höchster künstlerischer Meisterschaft zu schildern wissen, so liegt Rembrandts Größe gerade darin, daß er sich davon frei macht, daß er seinen Darstellungen den allgemeinen menschlichen Charakter aufprägt und sie mit einem Schein umgibt, der sie wie aus einer höheren Welt erscheinen läßt. Fromentin nennt ihn treffend den »großen Denker, der, ohne abseits zu leben, mit keinem unter seinen landsmännischen Künstlern in näherer Verbindung steht, der keinen von ihnen wiederholt und sie doch alle zusammenfaßt, der scheinbar sein Zeitalter, seine Heimat, seine Freunde und sich selbst malt und der doch im Grunde nur einen bis dahin unbekannten Winkel der menschlichen Seele gemalt hat«.

Rembrandt ist ein Realist wie alle Holländer der großen Zeit; ja, er geht in der Wirklichkeitsdarstellung noch weiter als seine Landsleute. Nicht nur in der Treue und im Verständnis, mit dem er das Leben ergreift und wiedergibt, auch in der Rücksichtslosigkeit, mit der er es selbst in seinen gewöhnlichen Formen und Äußerungen und nicht selten auch in seiner Widerwärtigkeit und Brutalität zum Ausdruck bringt. Unscheinbar und alltäglich sind fast alle seine Gestalten, und häufig begegnen wir solchen, die geradezu als häßlich bezeichnet werden müssen. Wie er sie in seiner Umgebung sah, verkümmert in den Formen, wie diese unter der schweren nordischen Tracht und unter den Mühsalen des Lebens sich entwickeln mußten, kleinlich und gewöhnlich in den Typen, mit einem Ausdruck, der von ihren Sorgen und Leiden erzählt, gerade so schildert er seine Leute. Für seine genreartigen Bilder wie für seine Darstellungen aus dem Leben Christi und der Geschichte der Patriarchen, ja selbst für seine mythologischen Kompositionen sucht er die Modelle in seiner nächsten Umgebung, unter den Seinen, unter seinen Bekannten, vor allem unter den armen Juden des Viertels, in dem er sein Haus hatte, und aus dem er nur selten herauskam. Mögen freilich seine heidnischen Götter und Göttinnen, wenn er sie ausnahmsweise einmal darstellt, in ihrer klassischen Schönheit und ihrem ursprünglichen Charakter dadurch stark beeinträchtigt werden, einen höchst eigenartigen Reiz weiß er auch ihnen zu verleihen durch das schwellende Leben der nackten Körper und den leuchtenden Ton ihrer sammetartigen Haut. Den großen Griff aber tat er dadurch, daß er die biblischen Geschichten in diese Alltagswelt hineinversetzte. Indem er die Darstellungen durch seine künstlerischen Mittel weit über die banale Wirklichkeit erhob, entsprach er zugleich der schlichten Form und dem tiefen Inhalt der Erzählungen. Rembrandt ist der erste, ja, er ist in gewissem Sinne der einzige gewesen, der die Bibel im Geiste der Bibel malerisch zum Ausdruck gebracht hat. Die Heilige Geschichte trägt er nach Hothos Ausdruck »nicht nur ins Bürgerliche und Häusliche, nein auch ins Bäuerische dreist hinein, um ihre Wunder durch seine Wunder erneut zu schildern«. Seine Darstellungen aus dem Neuen Testament sind keine pathetischen Schilderungen aus dem Leben Christi oder der Apostel wie bei Giotto; sie sind keine klassisch empfundenen Szenen, wie bei Masaccio oder Raffael, aber sie sind die laute Verkündigung der Religion der Liebe, des Evangeliums von der Gnade und Erlösung, die auch dem Niedrigsten und Unglücklichsten — und arm und elend sind seine meisten Gestalten — zu teil wird. Christus und seine Jünger, die aus den Ärmsten ihres Volkes hervorgegangen waren, wenden sich an das Volk, leben und wirken unter ihm und für dasselbe; wenn Rembrandt in seinen Bildern wieder auf das Volk zurückgreift, wenn er den Erlöser in Knechtesgestalt darstellt, der »weder Gestalt noch Schöne« hat, so handelt er nur im Sinne der Bibel. Die schlichte Wahrheit seiner Darstellung, die Ehrlichkeit und Tiefe seiner Empfindung reden eine ebenso deutliche und zugleich gewinnende Sprache wie die Worte des Evangeliums; der Geist der Liebe und Barmherzigkeit spricht aus allen seinen Schilderungen mit so überzeugender Lebendigkeit und so ergreifender Innigkeit, daß alle anderen malerischen Darstellungen biblischer Motive daneben verblassen und kalt erscheinen. Die italienische Kunst kennt das Evangelium nur durch die Vermittelung der Kirche, die holländische Malerei, dank Rembrandt, schöpft ihre Kenntnis unmittelbar aus der Bibel; jene stolziert in dem vornehmen antikisierenden Gewande der katholischen Kirche, diese in dem anspruchslosen Kleide des protestantischen Kleinbürgertums von Holland.

Rembrandt kannte seine Bibel auswendig; dies können wir fast im buchstäblichen Sinne behaupten, ob wir auch keinerlei schriftliches Zeugnis dafür haben. Schon die Mutter hatte ihm die Liebe zu dem heiligen Buche, zu ihrem Buche, eingeflößt; wenn er sie malt oder radiert, zeigt er sie mit Vorliebe gerade mit der Bibel im Schoß. In der kleinen Bibliothek, welche kurz erwähnt wird im Inventar seiner Versteigerung — so bejammernswert für den Künstler selbst, von höchstem Wert aber für sein Gedächtnis, denn dieses Verzeichnis redet eine beredte Sprache über den Künstler wie über den Menschen Rembrandt — wird neben »fünfzehn Büchern in verschiedenem Format« nur eine »alte Bibel« ausdrücklich namhaft gemacht. In seiner bildlichen Exegese des Alten wie des Neuen Testaments hält sich Rembrandt strenger an den Text als alle anderen Künstler; eine Menge feiner kleiner Züge sehen wir nur von ihm beobachtet, nur er sucht den Lokalcharakter, das Milieu regelmäßig zu passendem Ausdruck zu bringen. Seine Gemälde und Radierungen, vor allem aber seine Zeichnungen lehren uns zahlreiche Motive kennen, die nie ein anderer Künstler aus der Bibel herausgelesen hat; aus ihnen könnte man eine illustrierte Ausgabe der Bibel herstellen, die, wie an Treue und Tiefe der Empfindung, so auch an Reichhaltigkeit der Darstellungen die Bibelillustrationen aller anderen Künstler zusammen übertreffen würde.

Wie weit Rembrandt strenggläubig war, das ist eine Frage, die durch seine Bibelfestigkeit keineswegs von selbst beantwortet wird. Die heilige Schrift war ihm das Buch, mit dem er groß geworden war; ihre Erzählungen hatten seine Phantasie erfüllt, als er noch ein Kind war, sie hafteten fest in seinem Gemüt, er dachte und schuf nur mit ihr und aus ihr heraus. Gewiß in völlig naiver Weise, ohne sich große Skrupel zu machen, aber auch ohne sich für dogmatische Spitzfindigkeiten, die damals in Holland die meisten Kreise heftig bewegten, besonders zu interessieren oder gar daran teilzunehmen. Man hat Rembrandt zu einem Sektierer machen wollen, man hat auf Grund der Angabe eines seiner Biographen einen Mennoniten in ihm vermutet, weil er die Bildnisse mehrerer angesehener Mennoniten gemalt und radiert hat: doch hat der Künstler auch zahlreiche andere Geistliche Hollands porträtiert, mit denen er durch seine Gattin Saskia van Uylenborch, eine nahe Verwandte holländischer Theologen, in Beziehung gekommen war; und der Umstand, daß er seine Kinder in der Landeskirche taufen und daß er sie darin begraben ließ und selbst darin begraben ist, wie alle kirchlichen Urkunden, die wir über ihn besitzen, ergeben mit Wahrscheinlichkeit, daß er der Landeskirche angehörte. Es wäre sehr unberechtigt, Rembrandt als Verfechter dogmatischer Zänkereien hinzustellen, wenn diese auch seinerzeit nicht als solche erschienen, vielmehr damals einen Hauptinhalt des ganzen öffentlichen Lebens bildeten; ebenso falsch ist es aber auch, ihn für einen Freidenker oder gar für einen Atheisten zu halten, wie es die romantische Zeit tat, die in ihm den finstern Republikaner sehen wollte. Freilich wissen wir jetzt durch eine Reihe wenig erbaulicher Urkunden, daß Rembrandt infolge seines leidenschaftlichen Temperaments und einer starken Sinnlichkeit mit der Moral gelegentlich in öffentlichen Konflikt kam und auf Kirchlichkeit oder auch nur auf Dekorum und Ruf nicht zu viel hielt. Auch zeigen einzelne seiner Darstellungen, wie die herrliche Radierung des »Faust«, und weiter die Tatsache, daß er mit gelehrten Juden und Katholiken verkehrte, daß er sich durch Dogmen nicht unübersteigliche Schranken setzen ließ, sondern über die letzten Dinge, über Religion und Philosophie selbständig zu denken liebte. Für einen Zweifler oder Ungläubigen haben wir ihn deshalb doch nicht zu halten. Der Künstler hat sich seinen Verpflichtungen gegen die Kirche nie entzogen; auch sprechen seine Bilder eine zu einfache, treue Sprache, um eine solche Vermutung nur aufkommen zu lassen.

In seinen Schöpfungen ist Rembrandt ein Apostel des Christentums wie kein zweiter Künstler. Er hat den biblischen Darstellungen keineswegs den Reiz des Mystischen genommen, er verleiht ihnen durch eine seltsame Lichtführung einen überirdischen Schein, der recht eigentlich die Kraft und der Zauber seiner Kunst ist; aber er schildert in schlichtester und wahrster Weise, mit aller Kraft des Gemüts, mit der Tiefe des Herzens, und darum ergreift er uns so unmittelbar, läßt uns so tief mitempfinden. Er übertrug, nach Koloffs Ausspruch, »den Urtext der Heiligen Schrift in schlichte holländische Prosa, und die Wunder des Orients gestalteten sich in seiner Vorstellung wie in seiner Darstellung zu wirklichen Lokalbegebenheiten und wahren Geschichten«. Dies wird verständlich, wenn man bedenkt, daß sich die strenggläubigen Holländer als das wahre Volk Gottes betrachteten und als die unmittelbaren Nachfolger der Apostel und der ersten Christen fühlten, daß sie in altchristlichen Traditionen zu leben glaubten und daher die biblische Geschichte gewissermaßen als die Geschichte des eigenen Volkes ansahen. Die Darstellungen aus dem Leben Christi und der Patriarchen waren ihnen wirkliche Geschichtsbilder und erschienen ihnen nicht anders als Schilderungen des eigenen politischen Lebens, als Genreszenen der täglichen Umgebung. In dem »Jahrhundert der Theologie« stand die Religion im Mittelpunkt des ganzen Lebens; Jesuitentum und Calvinismus, die äußersten Pole, in denen sie zur Erscheinung kam, und um die sich der geistige Kampf fast eines Jahrhunderts drehte, fanden ihre volle malerische Verherrlichung gleichzeitig in einem und demselben germanischen Volksstamm, der sich unter verschiedenen Einflüssen nach zwei entgegengesetzten Richtungen entwickelt hatte; so sind Rembrandts Schilderungen aus der heiligen Schrift der höchste Ausdruck des holländischen Calvinismus, wie die religiösen und Heiligen-Bilder des Rubens den Geist der Gegenreformation, des Jesuitentums, künstlerisch am glänzendsten verherrlichen. In ihm hat der Protestantismus seinen höchsten Triumph gefeiert, hat die religiöse Malerei überhaupt ihren letzten echten und zugleich ihren ergreifendsten Schilderer gefunden.

Nicht nur, was überirdisch ist, auch alle anderen Motive sah der Künstler mit seinem »doppelten Gesicht«, mit scharfem Wirklichkeitssinn, aber verklärt durch ein eigentümliches Licht. Bei den Porträts scheint freilich die schlichte Naturwahrheit das stilbildende Element des Lichtes zu verdrängen; fast die Hälfte sind ähnlich den Bildnissen der gleichzeitigen holländischen Porträtmaler: einfach aufgefaßt, in gleichmäßiger Tagesbeleuchtung gesehen, gesund und solide in der Ausführung, bestimmt in der Zeichnung, treffend und ungesucht in der Charakteristik. Aber aus den Selbstbildnissen, wie aus den Bildnissen seiner Anverwandten und Bekannten, die er niemals mit dieser strengen Einschränkung seiner eigenen künstlerischen Phantasie wiedergibt, sehen wir, daß der Künstler nur auf ausdrückliche Bestellung auf die ihm eigene Lichtbehandlung verzichtete und malte wie alle anderen; wo ihm freie Hand gelassen wurde, suchte er auch dafür seine Ausdrucksweise, in der niemand vor ihm oder nach ihm gesprochen hat. Er zeigt uns seine Leute, wie sie, durch einen hellen Lichtstrahl plötzlich beleuchtet, aus dem Dunkel heraustreten und vom Glanz des Lichtes umflossen sind. Nicht bloß die treffende Wiedergabe der natürlichen Erscheinung, vor allem die Seele der Menschen will er uns schildern, keine Falte ihres Herzens soll uns verborgen bleiben. Diese visionäre Auffassung ist auch seinen Landschaftsbildern eigentümlich; ja sie erzählen vielleicht am deutlichsten, wie grundverschieden Rembrandt von allen anderen Künstlern war. Statt die Landschaft zu malen, wie er sie in seiner Heimat sah: flach, mit weitem Horizont und hohem Himmel, hell und in den Dunst der Meeresluft gehüllt, schafft er sich durch hohe Bergwände, dichte Baumgruppen und aufgetürmte Gewitterwolken oder durch die Dämmerstimmung der einbrechenden Nacht eine abgeschlossene düstere Szenerie, die ein heller Lichtschein oder die scheidende Sonne mit den letzten Strahlen phantastisch aufleuchten läßt. Die Elemente kommen zum Worte, die unwiderstehlichen Gewalten des kosmischen Lebens. Und doch ist es eine höchst persönliche Zwiesprache, die der Künstler mit der Natur hält; er belauscht ihre Stimmungen und setzt sie in engste Beziehung zu unseren menschlichen Empfindungen.

Rembrandts Kunst ist eine durchaus subjektive. In seinen Werken sind seine tiefsten Empfindungen, selbst seine Beziehungen und Erlebnisse niedergelegt; seine Gemälde und Radierungen geben uns daher ein Spiegelbild seines Lebens und Denkens.

Er malte, was ihm lieb und wert war, und wählte seine Motive nach eigenen verwandten Stimmungen; wenn man daher Darstellungen wie das Opfer Manoahs mit der Erwartung der Geburt seines Sohnes Titus, das Opfer Isaaks mit dem Tode eines seiner Kinder, oder die biblischen und mythologischen Bräute mit seiner Verlobung mit Saskia in Zusammenhang hat bringen wollen, so hat man die Empfindungsweise des Meisters zweifellos richtig getroffen. Gerade die nähere Bekanntschaft mit seinen Werken eröffnet uns einen ungeahnten Einblick auch in sein Leben und seine persönlichen Beziehungen und liefert zu der Fülle urkundlichen Materials, das die holländische Forschung allmählich zutage gefördert hat, die wertvollste Bestätigung und Illustration. Sein Haus, sein Heim in aller seiner Intimität tut sich wieder vor uns auf, ein Leben ohne Glanz, ohne die Anerkennung und die Ehrung, die heute mit den Werken eines berühmten Künstlers fast notwendig verbunden scheinen. Hier ist mehr Mühsal und Not, mehr düsterer Schatten als im Lebenslauf der meisten anderen, selbst untergeordneten Maler; aber die vereinzelten Sonnenblicke, die in dieses Dunkel hineinfallen, wirken dafür um so wärmer, geben uns auch das Bild des Menschen in jenem herzgewinnenden Helldunkel, das uns in seinen Werken die Darstellung so nahe bringt.

Besitzen wir von keinem Künstler so viel Bildnisse seiner Angehörigen und Freunde, so hat uns auch keiner nur annähernd so viel Selbstbildnisse hinterlassen, wie Rembrandt. Sicherlich war Selbstgefälligkeit nicht der Grund. Zwar hatte er das volle Bewußtsein vom Werte seiner selbst, aber törichte Eitelkeit lag dem nur der Kunst lebenden Manne wahrlich fern; das verbürgt schon die Auffassung der meisten dieser Selbstbildnisse. »Erkenne dich selbst«, so habe Rembrandt darin gepredigt, hat man nicht mit Unrecht gesagt. Dies verkündigt er allerdings auf seine Weise, indem er seine psychologischen Rätsel, seine malerischen Aufgaben an seinem eigenen Kopfe studiert und sie so zu lösen sucht. In diesen Selbstbildnissen, deren in Gemälden, Radierungen und Zeichnungen an hundert auf uns gekommen sind, und in denen wir den Künstler von dem Eintritt in seine künstlerische Laufbahn bis an sein Lebensende fast von Jahr zu

Jahr verfolgen können, ist die volle Entwickelung eines der größten malerischen Talente aller Zeiten, ist das Lebensstudium eines der gründlichsten Kenner des menschlichen Herzens niedergelegt.

Die Freude an der Schilderung seiner nächsten Umgebung, seiner Freunde und Lieben, ist der Ausfluß des häuslichen Sinnes, der Liebe zum Heim, die recht eigentlich die Tiefe und Kraft seiner Kunst ausmacht. »Geh vom Häuslichen aus und verbreite dich, so du kannst, über alle Welt«, so ruft Goethe dem Künstler zu, indem er von Rembrandt spricht, und erkennt damit die wahre Quelle, aus der die Kunst dieses Meisters fließt. Aus ihr schöpft er die Wahrheit und die Wärme seiner Schilderung, die Innigkeit seiner Empfindung, die ergreifende und überzeugende Kraft seiner Erzählung.

Rembrandt verdankt das, was er geworden ist, einem selten glücklichen Zusammenwirken von genialen Anlagen mit Fleiß und zielbewußtem Streben. Daß er, wo er ging und stand, als Künstler beobachtete und studierte, daß ein rastloser Schaffensdrang ihn seit seinen frühesten Jahren an die Arbeit fesselte, bezeugt die überaus große Zahl und Mannigfaltigkeit seiner Werke. Daß er von vornherein ganz bewußt und konsequent sein Ziel verfolgte, dafür haben wir das klassische Zeugnis des Constantyn Huygens, dessen Urteil über den Künstler niedergeschrieben wurde, als dieser erst vierundzwanzig Jahre alt war. Aber mit allem Fleiß und Verstand hätte er nicht so bald so außerordentliche Leistungen hervorgebracht, wäre er nicht mit einer Phantasie von einzig schöpferischer Kraft begabt gewesen. Der Denker und Dichter in ihm übertrifft noch den Maler, ja nicht selten tut er diesem sogar Eintrag, indem er ihn zu einer phantastischen Behandlung auch der einfachsten Motive verführt, die nur eine schlichte realistische Behandlung dulden. An Erfindungs- und Gestaltungskraft steht hinter Rembrandt selbst Rubens zurück. Rembrandt hat denselben Gegenstand oft ein dutzendmal und mehr in Gemälden, Radierungen und Zeichnungen wiederholt, aber fast ebenso oft gestaltet er ihn zu einem völlig neuen Bilde. In seinen Zeichnungen beobachten wir, wie der Künstler dasselbe Motiv hintereinander immer von neuem versucht, bis er die Form gefunden zu haben glaubt, die seiner Idee am nächsten kommt, wie er denselben Gegenstand in der verschiedensten Weise, und zwar sofort bildmäßig, zur Anschauung bringt.

Dies bewußte Streben, die volle Eigenart des Künstlers zeigt sich von vornherein auch in seinen Mitteln. Schon in den frühesten Jugendwerken ist es das Licht, ist es sein eigentümliches Helldunkel, das ihm als vornehmstes Ausdrucksmittel seiner Ideen dient, wenn er es auch mit den Jahren wesentlich erweitert und feiner und wirkungsvoller ausbildet. Daß man Rembrandt von jeher wegen seines Helldunkels am meisten bewundert hat, ist durchaus berechtigt; war es ihm auch nur ein Mittel zum Zweck, so war es doch eben das Mittel, durch welches er seine Wunder gewirkt hat. Nur durch sein Helldunkel war er imstande, alle die verborgenen Schätze zu enthüllen, die sein Seherauge in der Natur entdeckte. Man hat Rembrandt einen Zauberer genannt; er ist ein Zauberer in dem Sinne, daß er den phantastischen Gebilden seiner Gedankenwelt künstlerischen Ausdruck zu geben weiß, an den wir glauben müssen, der uns hinreißt und begeistert; ein Zauberer auch insofern, als er durch magische Mittel unsere Sinne berauscht, uns seine Bilder wie mit einer Laterna magica vorzaubert. »Rembrandt trägt«, wie Koloff sich ausdrückt, »Blendlaternen unter seinem Mantel, die er urplötzlich hervorzieht und uns ins Gesicht hält, daß wir anfangs vor lauter Schimmer nichts sehen können.« Sein Licht ist ein ganz besonderes, das plötzlich und voll in das Dunkel hineinfällt und ebenso warm wieder hervorstrahlt, das mit seinen Strahlen und Reflexen das reiche Spiel von Licht und Schatten, das bunte Flirren der Farben hervorruft, sie hier verhüllt und dort prächtig hervorleuchten und in den reichsten Tönen erglänzen läßt, ein Licht, das durch und durch zu leuchten scheint, das uns die heimlichsten Gedanken, die verborgensten Empfindungen verrät, den Beschauer zu dem Dargestellten in die intimste Verbindung setzt. »Rembrandt malt nur mit Hilfe des Lichts« — um Fromentin reden zu lassen —, »er zeichnet nur durch das Licht; er hat eine Art, in die Ferne zu rücken, nahe zu bringen, zu verstecken, deutlich zu machen und die Wahrheit in das Visionäre zu tauchen, welche die wahre

Kunst ist, vor allem die Kunst des Helldunkels.« Mit Rücksicht darauf haben die Franzosen den Künstler einen »luministe« genannt, als einen Mann, der eine eigene Beleuchtung erfand und dieser eine außergewöhnliche Bedeutung in seiner Kunst zumaß und um ihretwillen Opfer gegenüber anderen Kunstmitteln brachte.

Ist Rembrandt in seinen Modellen, in seinen Vorwürfen ein Realist wie kein anderer, so ist er in seinen Mitteln, vor allem in seiner Beleuchtung, der größte Idealist. Man pflegt sein Licht ein überirdisches zu nennen; nicht ganz mit Unrecht, denn auch häßliche Gestalten, gewöhnliche Motive weiß der Künstler durch sein Helldunkel in eine höhere Sphäre zu heben, zu ergreifenden Kunstwerken zu gestalten. Durch diese Mittel ist er der modernste aller neueren Künstler geworden, indem er die Schönheit des Geistes an die Stelle der antiken Formenschönheit gesetzt hat. Sein Licht ist alles andere als naturalistisch; es ist weder Sonnenlicht noch Kerzenlicht, es ist Rembrandts eigenes Licht. Ausgegangen ist der Künstler freilich auch in seiner Beleuchtung von der Natur; an ihr machte er ununterbrochen seine Studien. Das Sonnenlicht wie das Kerzenlicht, wie er sie in einigen seiner frühesten Bilder noch fast im Sinne der Wirklichkeit wiederzugeben suchte, erschien ihm bald zu grell und zu nüchtern, die Schatten dabei zu schwarz und zu undurchsichtig, um das Seelenleben so innig und reich zum Ausdruck zu bringen, wie er es empfand. Durch das Studium der Atmosphäre entwickelte er seine Beleuchtung zum Helldunkel, zu der Kunst, die Dinge umflossen von Licht und umgeben von der Luft zu malen; sein Helldunkel kann man daher als die »Kunst, die Atmosphäre sichtbar zu machen« bezeichnen. Mit unserer modernen Hellichtmalerei hat seine Art der Beleuchtung freilich wenig zu tun; und doch ist sie ihr im Prinzip so verwandt, ist sie in ihrer Durchführung so wunderbar, daß sich unsere modernen Künstler halb unbewußt zu seinen Bildern besonders hingezogen fühlen. Rembrandts landschaftliche Zeichnungen, in denen er den Eindruck, wie er ihn vor der Natur empfing, unmitttelbar festhält, sind so licht, so luftig und duftig wiedergegeben wie nur bei der Modernsten einem; in seinen Bildern aber, selbst in seinen Landschaftsgemälden, verzichtet er völlig auf solche Naturwahrheit, da er mehr als die Natur, da er eine Welt für sich geben will. Sein Licht ist ein Innenlicht, auch wenn er Darstellungen im Freien malt; deshalb ist Rembrandt von den Tonmalern, die seit der Mitte des 19. Jahrhunderts zu Worte kamen, schon ebensosehr wie jetzt von den Hellichtmalern bewundert und teilweise nachgeahmt worden. Studiert hat Rembrandt sein eigentümliches Licht im holländischen Innenraum, aber der Vergleich mit den Bildern eines Pieter de Hooch oder des Delfter Vermeer beweist, wie persönlich er sah. Das warme volle Licht, das die Hauptgruppe oder, bei einer Einzelfigur, den Kopf beleuchtet und hell aus dem umgebenden Halbdunkel hervorhebt, erscheint wie die letzten Strahlen der Abendsonne, die durch eine kleine Öffnung in einen geschlossenen Raum fallen. Diesem Licht nimmt der Künstler das Grelle; er mildert, verteilt und zerstreut es, gibt ihm größere Wärme und läßt seine Reflexe in mannigfachster Weise die dunkle Umgebung oder den dunklen Grund aufhellen.

Sehr merkwürdig in Rembrandts Werken sind Architektur und Dekoration. Während in Italien zur Zeit der Renaissance zahlreiche Maler auch als Architekten sich betätigten und in ihren Bildern häufig die Bauten so bedeutend und klar konstruiert sind, daß sie wie nach gleichzeitigen Monumenten entworfen scheinen, können wir uns die Bauwerke, die in Rembrandts Bildern vorkommen, kaum ausgeführt denken, ja, es würde schwer fallen, sie nur nachzuzeichnen: so unbestimmt und unrein sind ihre Formen, so sehr ist der feste Umriß, ist jede gerade Linie darin vermieden. Diese Gebäude, in denen er gewiß wie in seinen Kostümen den Lokalcharakter möglichst treu zu geben suchte, haben etwas von der gesucht primitiven Architektur unserer Modernsten, von ihrer Formlosigkeit und massigen Wirkung, ihrer Richtung auf das Kolossale und Mystische. Seine Tempel und Paläste mit ihren flachen Kuppeln und den abgestumpften Türmen erscheinen wie verfallen und verwittert oder nur halb vollendet. Die Motive dafür sind anfangs namentlich antiken Bauten entnommen, wie er sie aus den Bildern und Studien seines Lehrers Lastman kannte, dem er neben den Vorwürfen für seine Bilder auch in der Kompositionsweise und manchen Nebendingen Anregung verdankt; später entlehnte er sie gelegentlich der holländischen Spätrenaissance oder dem Romanischen, häufiger jedoch der heimischen Gotik. Dabei schaltete der Künstler aber so frei, daß die Spitzbogen zu Rundbogen werden, die Bauten ihren schlanken, aufstrebenden Charakter, die Türme ihre Helme, die Streben ihre Fialen verlieren; um so stärker sind dadurch die derben Mauermassen zur Wirkung gebracht. Über der Kreuzung haben seine Kirchen regelmäßig eine mächtige, flache Kuppel, welche, zusammen mit den formlosen, pfeilerartigen Türmen am Bau oder neben demselben, die Kuppelbauten des Orients mit ihren Minaretts wiedergeben soll. Mit dieser eigentümlichen Architektur erstrebt der Künstler vor allem die Verstärkung der Bildwirkung; er schafft starke Gegensätze, stellt unbelebte Massen der reichbelebten Komposition gegenüber und öffnet weite luftige Räume mit tiefen Schatten und geheimnisvollem Helldunkel.

Verwandte malerische Ziele verfolgt Rembrandt auch mit seiner Ornamentik, die allem Klassischen gleich fern, gleich diametral entgegengesetzt ist, wie der Stil seiner menschlichen Gestalten. In den Formen und der Dekoration der Möbel und Gefäße auf seinen Bildern, in den Mustern und Bordüren der Gewänder, in den Einrahmungen ist der Künstler der entschiedenste Anhänger des malerisch-phantastischen Knorpel- und Ohrmuschelornaments, wie es sich aus den barock-gotischen Dekorationen in der Art des Herri met de Bles und weiterhin aus den Grotesken eines Künstlers wie Floris um die Wende vom 16. zum 17. Jahrhundert im Norden der Alpen, besonders aber in Holland entwickelt hatte. Jenes sonderbare Gewirr phantastischer Formen, die bald als Fische, Schlangen oder Mollusken, bald als Fratzen und Masken erscheinen und zwischen knorpeligem Kartuschenwerk in der Art von Wellen, Wurzeln, Riemen oder Ohrmuscheln in stetem Wechsel auf- und niedertauchen und sich ineinander verschlingen, ohne daß eine Form klar zutage tritt, bedeckt Möbel und Geräte, bildet die Kapitäle der Säulen und die Muster der Stoffe auf seinen Bildern. Wo dieses Ornament auftritt, dient es vorwiegend malerischen Zwecken, um Leben und Bewegung in die grellen Lichtpartien, schimmernde Lichter in die Halbschatten zu bringen. Es ist unbestimmt, formlos und unfaßbar, wie das Licht in Rembrandts Bildern, und ist zugleich der lebendige Ausdruck der eigentümlich knorrigen, unbestimmten Malweise des Künstlers.

Das Helldunkel ist so maßgebend bei Rembrandt, daß Komposition und Zeichnung wie Färbung und Behandlung davon abhängen; ja selbst dessen Art, die Leute zu kleiden, die Wahl seiner Stoffe und ihre Faltenbildung, hat es nicht unwesentlich mitbestimmt. Seine orientalischen Prachtgewänder, Turbane und andere Ausstattungsstücke, die er für die Trachten der Patriarchen und jüdischen Könige hielt, werfen keine klassischen Falten, aber in den schweren Brüchen ihrer golddurchwirkten Stoffe, in den mit Steinen besetzten Bordüren zittert das Licht in magischer Weise und bildet sich das prächtigste Farbenspiel. Will man die Entwickelung des Künstlers in seinen künstlerischen Mitteln kennzeichnen, so muß man vor allem die Entwickelung seines Helldunkels verfolgen. Ob er aufs Sorgfältigste durchführt oder flüchtig skizziert, ob er kräftige Lokalfarben aufleuchten läßt oder fast einfarbig wirkt, richtet sich in erster Linie nach der Beleuchtung, nach dem Helldunkel und der Wirkung, die er damit in seiner Darstellung hervorrufen will. Darin ist der Künstler in den verschiedenen Lebenszeiten ebenso verschieden, wie in den besonderen Absichten, die er bei jedem einzelnen Kunstwerk verfolgt. Daher stehen in seiner frühesten wie in der spätesten Zeit durchgeführte Bilder neben skizzenhaften, farbige neben fast farblosen.

Die Komposition in Rembrandts Werken erscheint nur willkürlich, wenn man sie mit dem Maß der italienischen Klassiker mißt; denn nicht nach den Linien, sondern nach dem Licht baut er sie auf. Sie hat daher ihre eigenen Gesetze. Seine Räume haben große Tiefe und erscheinen noch weiträumiger durch das Dunkel, in das sie sich verlieren; sie sind oft reich gefüllt mit Figuren, immer aber ist der Vorgang deutlich und einheitlich. Der Künstler weiß den Beschauer sofort mitten in die Handlung einzuführen und voll dafür zu erwärmen. Alles ist am rechten Platze, alles hat Beziehung zum Zentrum der Darstellung, selbst anscheinende Nebendinge. Dabei ist er außerordentlich mannigfaltig in der Anordnung, je nach Motiv, Beleuchtung und Zeit der Entstehung seiner Werke. Bald schiebt er die Personen in den Vordergrund, bald stellt er sie zurück; er gruppiert sie in der Mitte oder auf der Seite; er läßt das vollste Licht auf die Hauptfigur oder Hauptgruppe fallen oder rückt sie unmittelbar neben das Beleuchtungszentrum; auch in letzterem Falle — man denke an die »Nachtwache« — weiß er doch sofort das Auge auf den geistigen Mittelpunkt zu lenken.

Wenn man Rembrandt früher einen schlechten Zeichner nannte, wenn man seine Farben tadelte, so war dies nur möglich, weil man seine Kunst nicht als Ganzes erfaßte und für das, was er wollte und ausdrückte, kein Verständnis hatte. Rembrandt ist ein Zeichner trotz Raffael und Mantegna, aber er läßt seine Zeichenkunst nur so weit sehen, wie es sich mit seiner Beleuchtung und mit dem Ausdruck, den er anstrebt, verträgt. Eine Form, eine Bewegung oder Empfindung mit wenigen sicheren Strichen auszudrücken, zahlreiche Figuren zu einer klaren Komposition zusammenzuordnen und die Handlung deutlich werden zu lassen, die Gruppen im Raum richtig zu stellen, sie mit Licht und Luft zu umgeben und sozusagen in die geeignete Sphäre zu stellen, hat niemand besser verstanden als Rembrandt. Dies können wir namentlich da beobachten, wo der Künstler ausschließlich mit zeichnerischen Mitteln arbeitet: in seinen Zeichnungen und Radierungen. Sie sind auch dadurch so lehrreich, daß sie uns zeigen, wie der Künstler stets konstruktiv vorging, wie er bei jeder Kostümfigur die Gestalt darunter im Auge hatte und diese zunächst in ihren einfachsten Massen bildete. Andererseits ist Rembrandt so sehr Kolorist, daß er auch dann, wenn er auf die Farben zu verzichten scheint: in den monochromen Skizzen, wie in den Radierungen und selbst in den Zeichnungen, durch Wahrung und Hervorhebung der Tonwerte die feinste Farbenempfindung verrät. Rembrandts Art zu zeichnen kennt freilich keine reinen Konturen, keine großzügigen Falten, sein einfallendes Licht hebt die scharfen Umgrenzungen auf, sein Helldunkel macht die Linien unbestimmt, läßt sie an einer Stelle stark hervortreten und dicht daneben wieder verschwimmen: die Kunst seiner Zeichnung zeigt sich aber in der Art, wie er die

Gesetze des Helldunkels auf eigene Weise zu beobachten und zur Geltung zu bringen weiß.

Dazu stimmt die Kunst seiner Modellierung. Was auch dem Laien an Rembrandts Werken zuerst auffällt und seine Bewunderung erregt, ist die außerordentlich plastische Wirkung, die von Leonardo nicht übertroffen wird. Die Art, wie der Künstler seine Figuren durch einen grellen Lichtstrahl aus dem Dunkel auftauchen läßt, gibt ihnen eine Lebendigkeit, daß sie unter uns zu sein scheinen. Rembrandt hat eine Zeitlang besondere Freude daran gehabt, diese Wirkung noch durch äußere Mittel aufs höchste zu steigern. Er zeigt dann seine Figuren am offenen Fenster oder in einer Türe oder läßt sie die Hand dem Beschauer entgegen strecken. Diese Kunstgriffe, die auf starke Illusion ausgehen und daher den geistigen Ausdruck leicht etwas beeinträchtigen, verschmäht er später. Eine gewisse Härte der Modellierung, die sich in einzelnen früheren Werken zugleich mit allzu großen Gegensätzen von hell und dunkel noch geltend macht, ist in seiner entwickelten Kunst verschwunden und ersetzt durch das Bad von Licht und Luft, in das er seine Figuren eintaucht; ihre plastische Wirkung erhalten sie durch die feine Abstufung des Lichts und eine eigene Technik, namentlich durch den starken Auftrag der Farben im Licht.

Rembrandt ist kein Kolorist in dem Sinne wie Tizian oder Giorgione, wie Rubens oder Velazquez, selbst nicht wie Ter Borch oder Pieter de Hooch. Zwar leuchten aus seinen Bildern Farben von einer Pracht und von einem eigentümlichen Reiz in der Zusammenstellung, wie nicht wunderbarer in den Gemälden der größten Koloristen; aber während bei den eigentlichen Farbenkünstlern das Helldunkel die reinen Lokalfarben nur abtönt, um sie mannigfacher und ausdrucksvoller zu machen, beeinträchtigt Rembrandts Helldunkel unmittelbar die Schönheit der reinen Farben, indem es sie im Licht wie im Schatten in verschiedenster Weise verändert, sie bricht und selbst vernichtet. Doch auch in solchen Bildern, die namentlich in der späteren Zeit die Regel sind, ist Rembrandt in seiner Weise Kolorist; er wirkt hier durch entschiedene Gegensätze, indem er verschiedenerlei energische Farben nebeneinander stellt, sie dann aber durch zahllose kleine, nur in der Nähe sichtbare Farbenflecke, die er darüber ausstreut, verbindet und vermittelt. So nimmt er den hellsten Lichtern die grelle Wirkung der Lokalfarben und gibt selbst den tiefsten Schatten noch einen Schimmer von Farbigkeit und Klarheit. In der Anwendung der Farben selbst verfährt dabei der Künstler zu verschiedenen Zeiten verschieden. Ist er in der frühen Zeit, in der er das Licht mehr zusammenhält und voll auf den Mittelpunkt des Bildes fallen läßt, in der Regel einfacher und reiner in den Lokalfarben, die er dann in den Schatten reich und wechselvoll abtönt und bricht, so läßt er diese in seiner mittleren Zeit in dem Streben nach einem gleichmäßigen Helldunkel in einem wie mit Gold getränkten braunen Gesamtton fast verschwinden; mit den Jahren geht er immer weiter in der Auflösung der Lokalfarben und ihrer Vermischung mit einer Fülle kleiner feingetönter Farbenflecke, welche die raffinierte Verteilung von Licht und Dunkel in den Farben möglich machen und zugleich durch ihre Gegensätze und die Art ihrer Zusammenstellung die außerordentlich kräftige Farbenwirkung des Ganzen hervorbringen. Wenn wir in einem solchen Bilde z. B. einen Stoff, der in einer gewissen, vom Künstler gewollten Entfernung einen prächtig roten Eindruck macht, in der Nähe betrachten, so sehen wir, wie Rembrandt zwischen einzelne größere, mehr oder weniger energisch rote Flecke kleine gelbliche, bräunliche, bläuliche, schwärzliche u. a. Töne zwischengestrichen oder darüber gesetzt hat, je nachdem Licht und Schatten die Farbe beeinflussen. Dasselbe Prinzip verfolgt der Künstler in der Karnation, so daß ein in starkem Helldunkel gegebener Kopf gelegentlich in der Nähe ein ähnlich buntes kaleidoskopisches Bild zeigt. Dadurch erreicht der Künstler die wahre, kräftige und schöne Wirkung der Farben und des Helldunkels; in dieser anscheinenden Willkür, in der derben »Schmiererei«, wie man es früher nannte, beweist Rembrandt eine Kenntnis der Farbenerscheinung, der Farbenwerte und der Farbenstimmung, wie sie nur Velazquez und Tizian im höheren Alter besessen haben. Daneben freilich finden wir gleichzeitig Gemälde, in denen die Farben, je nach dem Motiv oder der Individualität der Dargestellten, nach Beleuchtung oder Stimmung im Bilde, sorgfältig vertrieben, die Lokalfarben fast rein zur Geltung gebracht sind — wieder ein Beweis des gewaltigen künstlerischen Empfindens und Könnens des Künstlers, der jedem Gegenstande in seiner Weise gerecht zu werden, jedes Kunstwerk in neuer Weise zu gestalten suchte.

Was den Gemälden Rembrandts noch einen besonderen malerischen Reiz verleiht, ist die eigentümliche Behandlung der Farben. Sie ist von der aller anderen Maler völlig verschieden; gelegentlich ist sie einfach, in der Regel ist sie aber äußerst kompliziert und raffiniert. Wenn er die Farben sprechen lassen wollte, so wußte er ihnen durch Vertreiben, Lasieren, Impastieren eine Schönheit, ein Email zu geben, daß sie wie Edelsteine funkeln. In diesem Glanz und in der Leuchtkraft seiner Farben ist der Künstler nicht übertroffen; selbst die bedeutendsten Koloristen unter seinen Schülern und Nachfolgern, ein Carel Fabritius, Nicolas Maes, Jan Vermeer und Pieter de Hooch, kommen ihm in ihren farbenprächtigsten Bildern kaum nahe. Man muß bis auf die Brüder van Eyck zurückgehen, um Farben von ähnlicher Schönheit zu finden; aber ihre Gemälde haben dadurch, daß sie ihre im einfachen Tageslicht gesehenen Darstellungen durchweg in den gleichen brillanten Farben geben, nicht eine so intensive, so orchestrale Farbenwirkung, wie manche von Rembrandts Bildern, in denen dieses Spiel der Farben auf eine einzelne, meist nicht große Stelle der Komposition konzentriert ist, die durch das kräftigste Licht noch hervorgehoben wird. Diese Wirkung erzielt der Künstler freilich zum guten Teil durch die Opposition brillanter Stücke mit tiefen oder stumpfgehaltenen Partien, wie durch das einfallende Licht; einen wesentlichen Teil daran haben aber auch Wahl und Zubereitung seiner Farben, die Meisterschaft in deren Mischung und Auftrag. Rembrandts Gemälde beweisen uns, so gut wie die der van Eycks, die von alters her dafür den höchsten Ruhm genossen haben, welche Bedeutung in der Malerei die Schönheit des Materials und die Kenntnis seiner Bereitung und Behandlung haben. Die Rembrandt unmittelbar vorausgehende Epoche der holländischen Malerei, welche die koloristische Wirkung ihrer Gemälde vor allem in den Valeurs und im Ton anstrebte, in weit höherem Grade aber noch die moderne Malerei, welche, mit geringer oder gar ohne jede Kenntnis der

Farbstoffe, mit einem geringwertigen Material arbeitet und das Verständnis für die Schönheit der Farben an sich fast verloren hat, setzen die Bedeutung und Meisterschaft Rembrandts auch nach dieser Richtung in das stärkste Licht.

Seine Malweise ist so mannigfaltig wie seine Farbengebung und Beleuchtung und seine künstlerischen Intentionen überhaupt; sie ist von ihnen abhängig und geht mit ihnen Hand in Hand, ist sie doch nur der getreue und geschickte Ausdruck seiner Empfindung. Sind im allgemeinen bei ihm, wie bei den meisten großen Künstlern sorgfältige Ausführung und vertriebene Malweise für die frühere Zeit, immer größere Sicherheit und Breite der malerischen Handschrift für die spätere Zeit charakteristisch, so beobachten wir doch bei Rembrandt im Laufe der Entwickelung seiner Kunst eine außerordentliche Verschiedenheit in der Ausführung der einzelnen Gemälde und sogar nicht selten innerhalb eines und desselben Bildes. Es gibt Bilder, in denen er in der Sauberkeit der Durchführung die größten Feinmaler, einen Dou und Mieris, übertrifft, und daneben wieder solche, die mit den flüchtigsten Improvisationen des Frans Hals aus dessen letzter Zeit wetteifern, ja, in einzelnen Teilen noch darüber hinausgehen. Rembrandt geht auch darin seinen Weg so selbständig, wie in allen anderen künstlerischen Fragen; weil er so verschieden empfindet und verschieden sieht wie andere Künstler, malt er auch anders und findet Ausdrucksmittel, die ebenso eigen sind wie seine Auffassung von Licht und Farbe.

Bei der Übertragung des Gesehenen auf die Fläche sucht Rembrandt nicht die Formen der Dinge nachzubilden, sondern ihre Wirkung auf das Auge unter dem Einfluß von hell und dunkel. Daher bemüht er sich, dem Reichtum der Licht- und Schattenabstufungen in der Natur durch unaufhörlichen Wechsel der Technik gerecht zu werden; diese ist bald nachlässig und flüchtig, bald äußerst sorgfältig und selbst mühselig, aber immer so kunstreich, daß ihre Nachahmung, wie selbst seine talentvollsten Schüler beweisen, regelmäßig zur Manier führt. Auch den modernen Künstlern ist der Anschluß an Rembrandt stets schlecht bekommen; seine malerische Handschrift, so wunderbar sie meist ist, so sehr sie daher vor allem die Bewunderung der

Maler weckt, ist so individuell, so völlig eingegeben von der Empfindung des Künstlers, daß sie nur als deren Ausdruck berechtigt ist. Seine Art läßt sich aber am wenigsten nachempfinden.

Rembrandts Bedeutung kann man nicht vollständig würdigen, wenn man ihn nicht auch als Kunstsammler und Kunstkenner ins Auge faßt. Um der Eigenart seiner Werke willen pflegte man ihn früher als einen Kunstbanausen oder Verächter fremder Kunst zu betrachten: mit größtem Unrecht! Rembrandt war wohl der subjektivste Künstler und doch ein Bewunderer jeder Art von Kunst; er ließ es indes nicht bei platonischer Liebe zu den Kunstwerken bewenden, sondern war zeitlebens ein leidenschaftlicher Sammler und nutzte, was er sah und besaß, für seine künstlerischen Zwecke aus. Als Sammler und Kenner nimmt er in Holland eine ähnliche Stellung ein, wie Rubens in den spanischen Niederlanden, oder wie in neuerer Zeit Sir Joshua Reynolds und Sir Thomas Lawrence in England. Die Künstler Amsterdams kamen zu ihm, um seine Schätze zu studieren und zu benutzen, und die Sammler und Händler, um sich von ihm Rat zu erholen. Das ausführliche Verzeichnis, das bei seiner Bankerotterklärung behufs der Versteigerung seiner Habe angefertigt wurde, gibt uns, wenn schon einzelne Hauptstücke in den Jahren unmittelbar vorher verkauft waren, den besten Anhalt auch für das Interesse des Künstlers nach dieser Richtung und für die Kenntnis des Materials, das er zu seinen Studien benutzte. Da sehen wir zu unserem Erstaunen, daß er zahlreiche Antiken, Büsten wie Statuen, besaß, wenn auch fast ausnahmslos nur in Abgüssen; wir sehen den Künstler im Besitze von Gemälden des Raffael, Palma Vecchio, Giacomo Bassano, ja von einer Kinderfigur des Michelangelo — oder doch wenigstens von Werken, die er diesen Meistern zuschrieb; die vollständigen Stecherwerke eines Mantegna und Marc Anton finden wir neben denen von A. Dürer, L. Cranach, Holbein, Israel van Meckenem, Lucas van Leyden, wie neben den Stichen nach P. Brueghel, Rubens, A. van Dyck, Jordaens und anderen, zum Teil in Probedrucken; dazu zahlreiche Bände mit Stichen und Holzschnitten nach Michelangelo, Tizian, Raffael, den Caracci, G. Reni, Ribera und anderen. Selbst Werke über Kunsttheorie, Architektur und über die Kostüme fremder Völker zählt das Verzeichnis auf. Unter den Gemälden seiner Landsleute fehlen auffallenderweise solche seiner Schüler. Mit Vorliebe hat er dagegen Werke der Landschafter gesammelt, namentlich von solchen, die seiner eigenen Empfindung nahe standen, wie Hercules Segers, Lievens, Porcellis. Ein besonderer Verehrer war er, gerade wie Rubens, von Adriaen Brouwer. Weiter nennt das Inventar allerlei orientalische und andere Gefäße, Waffen aller Art und zahlreiche naturhistorische Merkwürdigkeiten, die ihn durch ihre Form oder Farbe anzogen, sowie Abgüsse über der Natur. Wir sehen also, daß Rembrandt, ebenso ernst wie er die Natur studierte, auch über das weite Gebiet der Kunst sich gründlich zu orientieren suchte, obgleich er schon als junger Künstler mit vollem Bewußtsein den Besuch Italiens als gefährlich für seine Eigenart ablehnte. Der Nutzen, den er aus diesen Studien zog, war nicht nur ein indirekter — wenn wir seine Jugendwerke betrachten, können wir ermessen, wieviel diese Studien ihm genützt haben —, Rembrandt verschmähte es auch durchaus nicht, einem fremden Künstler gelegentlich einmal ein Motiv zu entlehnen. Sein berühmtes Selbstporträt von 1640 in der National Gallery zu London und die ähnliche Radierung aus dem Jahre zuvor sind ganz nach Tizians sogenanntem Ariost komponiert und beweisen zugleich die Bekanntschaft mit Raffaels Porträt des B. Castiglione, das etwa zu gleicher Zeit mit dem Gemälde Tizians in Amsterdam versteigert wurde; wir sehen, daß er Figuren aus Dürer, Mantegna, Correggio entlehnt, ja eine Komposition von Marten van Heemskerck benutzt, daß er Zeichnungen nach den verschiedensten Künstlern anfertigt, selbst nach indischen Miniaturen und italienischen Medaillen. Auch sonst läßt sich die Anlehnung an Werke dritter Künstler wiederholt in seinen Arbeiten feststellen. Aber freilich, um dies zu entdecken, bedarf es eines sehr aufmerksamen Studiums seiner Werke; denn die Art, wie er gelegentliche Entlehnungen sich zu eigen macht, läßt uns kaum auf den Gedanken kommen, daß solche Stücke nicht ausschließlich sein eigen sind.

Auch das Kostüm, das mit kluger Berechnung erfunden und angeordnet ist, bildet bei Rembrandt einen wesentlichen Faktor seiner Kunst. »Das Haften an ebendenselben Gegenständen, an dem Schrank voll alten Hausrats und wunderbaren Lumpen hat Rembrandt zu dem Einzigen gemacht, der er ist«, so spricht sich schon der junge Goethe aus. In den biblischen und historischen Darstellungen ist es keineswegs so willkürlich und phantastisch, wie es uns heute auf den ersten Blick erscheint. Rembrandt suchte hier den Zeit- und Lokalcharakter mit möglichster Treue wiederzugeben und verwandte darauf größte Sorgfalt und fleißiges Studium. Christus und die Seinen kleidete er in die schlichten Rokeloren der Amsterdamer Juden, die Patriarchen dagegen dachte er sich in den Prachtgewändern der Orientalen seiner Zeit. Um möglichst wahr zu sein und zugleich ein möglichst malerisches Bild geben zu können, suchte er die Werke der klassischen Künstler aus seiner Zeit wie aus der Renaissance, ja selbst aus der Antike und dem Orient kennen zu lernen; vor allem aber machte er seine Studien an den lebenden Modellen des Orients, an den Türken, Armeniern, Persern, Südslaven, selbst Malayen, in deren Trachten er sich die Tradition aus den Zeiten der Erzväter erhalten dachte. Von orientalischen Prachtgewändern, Waffen, Schals, Schmuckstücken und so fort suchte er zusammenzubringen, was sich ihm in Amsterdam bot. Dazu erwarb er noch allerlei, was ihm zur Auskostümierung seiner Studien, der eigenen Porträts und der seiner Angehörigen und Freunde geeignet schien. Bei der Wiedergabe im Bild aber verfuhr er dann ebenso willkürlich nach Rücksichten des Geschmackes und der malerischen Empfindung, wie er bei seinen historischen Bildern archäologisch korrekt zu sein sich bestrebte. Die eisernen Halsberge, die wir auf den frühen Selbstbildnissen so oft sehen, der schöne Eisenschild mit der Gorgo, der prächtige vergoldete Renaissancehelm, den sein Bruder auf dem Berliner Bilde trägt, daneben die Perlketten, die Rubinspangen, die Armbänder und andere Schmuckstücke, die Saskia und später Hendrikje tragen, und die er immer in neuer Weise zu arrangieren weiß: alle diese Dinge und manche andere Merkwürdigkeiten füllten seine Kostümkammer und seine Wohnräume.

Wenn wir heute nach unserer Kenntnis des antiken Orients das Kostüm in Rembrandts Werken als gründlich verfehlt bezeichnen müssen, so tut das ihrem Werte so wenig Eintrag, wie etwa das englische Lokalkolorit den römischen Dramen Shakespeares. Goethes Worte über diese gelten auch für Rembrandts Bilder: »Menschen sind es, durchaus Menschen, und denen paßt wohl auch die römische Toga. Hat man sich einmal darauf eingerichtet, so findet man seine Anachronismen höchst lobenswürdig, und gerade daß er gegen das äußere Kostüm verstößt, das ist es, was seine Werke so lebendig macht.«

Man muß Rembrandt im Ganzen betrachten, nur dann ist er verständlich, erscheint er unübertroffen. Im Einzelnen zeigt er manche Härten und Schroffheiten, ja scheinbare Schwächen und Fehler, welche nur die Kehrseiten seiner Genialität sind. Nicht immer ist es ihm gelungen, seine durchaus neue Art, zu sehen, zum vollen künstlerischen Ausdruck zu bringen, nicht selten tut er den Dingen in seiner rücksichtslosen Eigenart Gewalt an, aber auch dann weckt schon sein Wollen hohes Interesse und bedeutet einen künstlerischen Wert. Rembrandt gehört zu den Gewaltigen, die mit ihrem eigenen Maße gemessen sein wollen; selbst was uns heute in seinen Werken als übertrieben, als gewaltsam oder karikiert erscheint, ist durch sein Streben, stets das Charakteristische und Große zu geben, innerlich bedingt und mag einer anderen Zeit wieder anders als uns und begreiflicher erscheinen. Ohne das Schwerverständliche, Rätselhafte ist seine Persönlichkeit nicht zu denken; der Reiz zu neuem Studium und der ewig wachsende Genuß seiner Werke liegt darin mit beschlossen.

FRANS HALS

Der Maler, der die holländische Bildnismalerei vom schlichten Abbild der Persönlichkeit in die Sphäre der großen Kunst erhob, ist der Haarlemer Patrizier Frans Hals. Zu seiner Zeit war er in seiner Vaterstadt ein geachteter Künstler, aber mußte doch in der öffentlichen Schätzung hinter Bildnismalern wie Mierevelt, Honthorst, Moreelse und anderen zurückstehen; als er hochbetagt in einem Armenhause seiner Vaterstadt verstarb, war er schon lange aus der Mode, und seither ist er zwei Jahrhunderte lang fast vergessen gewesen. Erst seit einem Menschenalter sind seine Bildnisse wieder mehr und mehr beachtet, seit wenigen Jahren hat man auch seinen großen Genrefiguren volles Interesse geschenkt, so daß der Künstler heute mit Rembrandt an der Spitze der holländischen Malerei genannt wird und seine Werke so hoch wie die Bildnisse eines Rembrandt, Velazquez oder Tizian bezahlt werden.

Indes ist man kaum völlig im Recht, wenn man Frans Hals mit jenen Meistern, die das Höchste in der vollendet malerischen Wiedergabe der Persönlichkeit erreichten, auf eine Stufe stellt. In der Komposition hat er eine volle künstlerische Abrundung nicht einmal angestrebt, und seine Malweise, so genial sie ist, hat häufig die erdige Schwere und Körperlichkeit, die der Farbe als Stoff anhaften, nicht ganz überwunden. Er hat es nicht immer verstanden, der Farbe selbst ihre vollen Reize zu entlocken, da er den Ton zu stark vorherrschen läßt; eine Eigenschaft, die ihn vielleicht unseren modernen Künstlern und Kunstfreunden so nahe gebracht hat. Aber mit dieser Einschränkung, die nur in bezug auf seine Stellung zu den größten Malern der verschiedenen Nationen von Bedeutung ist, kann ihm der Ruhm nicht streitig gemacht werden, daß er der genialste holländische Künstler nächst Rembrandt war, und daß er auf die Entwickelung der ersten

Periode der holländischen Malerei einen ähnlich bedeutenden Einfluß ausübte wie Rembrandt auf die folgende Zeit.

Die ältere Richtung der holländischen Malerei gipfelt in der Darstellung des Porträts, die gewissermaßen an die Stelle des Historienbildes tritt. In der Erbitterung des Kampfes um religiöse und politische Freiheit gegen das katholische Spanien hatte die reformierte Kirche jeden Pomp in der Ausstattung des Gotteshauses, selbst jede bildliche Darstellung abgelehnt und dadurch der kirchlichen und für längere Zeit selbst der religiösen Malerei die Wurzeln abgeschnitten. Gleichzeitig hatte sich aber gerade durch den Kampf die Eigenart und Bedeutung der einzelnen Persönlichkeit und damit zugleich das Selbstbewußtsein stark entwickelt. Die Bürger des jungen Freistaates fühlten sich als selbständige Persönlichkeiten wie als Mitglieder der zahlreichen Innungen, namentlich der Schützengilden, in denen die Wehrkraft gepflegt wurde; die Darstellung des Einzelnen und vor allem die der Vorstände jener zahlreichen Gilden und mannigfaltigen gemeinnützigen Genossenschaften erschien ihnen daher als die würdigste Aufgabe der Kunst, ihr wandten sich die tüchtigsten Künstler zu. Unter ihnen gebührt Frans Hals der Ruhm, die Porträtkunst zu voller Freiheit und die holländische Malerei darin zu ihrer ersten großen Blüte geführt zu haben.

Der Künstler hat in seinen Bildnissen und bildnisartigen Genrebildern, auf die seine Kunst beschränkt ist, eine so lebendige Frische, gibt die Persönlichkeit so sprechend, momentan wieder, wie kein anderer Künstler vor oder nach ihm. Die eigentümliche Mischung von stolzem Selbstbewußtsein und jovialer Lebenslust, die aus seinen Bildern spricht, war gewiß den Haarlemer Bürgern jener Zeit zueigen; aber hätte sie der Künstler nicht auch selbst besessen, so hätte er sie nicht so packend, so überwältigend fast jedem seiner Modelle auf die Stirne zu schreiben vermocht. Sicher haben wenige Maler Formen und Charakter in ihren Bildnissen so treu und treffend erfaßt, aber ihr eigenster Zauber ist doch der Reflex von des Künstlers Natur, von seiner heiteren Lebensanschauung, seinem unverwüstlichen Humor. Selbst im Porträt, wo höchste Objektivität geboten und in der Tat aus den Bildern zu sprechen scheint, liegt auch bei Frans Hals, wie bei allen großen Meistern, in dem, was der Künstler selbst hinzutut, das Belebende, das Große, das Dauernde.

Der ausgeprägte Individualismus seines Volkes, der Hals zum Bildnismaler machte, ist es zugleich, den der Meister in seinen Bildnissen zum vollsten Ausdruck bringt, den er treffender erfaßt und freier wiedergibt als irgend ein anderer. Er prägt ihnen seine Eigenart aufs stärkste auf, gibt ihnen aber zugleich den vollen Charakter ihrer Zeit und ihres Landes, ohne in kleinen Äußerlichkeiten die Porträtähnlichkeit zu suchen. Dadurch haben seine Bildnisse eine historische Bedeutung; sie geben die Persönlichkeit, zeigen uns ein Geschlecht von starken Leidenschaften und ausgeprägtem Egoismus, aber eingeschränkt und geleitet durch scharfen Verstand, gläubigen Sinn und Vaterlandsliebe. Jedem Charakter wird der Künstler im vollsten Maße gerecht: den kecken, hochmütigen Junker kennzeichnet er ebenso treffend wie den glaubensfesten, streitsüchtigen kalvinistischen Prediger oder den würdevollen Haarlemer Patrizier; die junge Schöne in ihrer reichen Tracht ist ebenso anmutig und schelmisch geschildert wie die behäbige Alte in ihrer treuen Gutherzigkeit oder die Kinder in ihrer übermütiger Heiterkeit. In fast allen seinen außerordentlich mannigfaltigen, bald miniaturartig kleinen, bald dekorativ großen Einzelbildnissen kommt die Persönlichkeit in ebenso gesteigerter Lebendigkeit zum Ausdruck, wie gleichzeitig in den Bildnissen eines Rubens; aber diese äußert sich bei ihm nicht, wie bei jenem, in der erhöhten Lebenskraft und starken Bewegung, sondern in dem aufgeweckten humorvollen Ausdruck, der wie von außen angeregt erscheint und daher so unmittelbar zum Beschauer spricht.

Die fast aus jedem Einzelbildnis sprechende Fähigkeit des Künstlers, eine lebendige Beziehung des Dargestellten zu einem supponierten Dritten herzustellen, machte Frans Hals besonders geeignet und gesucht als Maler von Gruppenporträts, in denen er jene gesteigerte geistige Beweglichkeit durch die Beziehung der einzelnen untereinander wie zum Beschauer in mannigfacher Weise zum Ausdruck bringen konnte. Die acht großen Schützen- und Regentenstücke, welche jetzt in einem Saale des Haarlemer Museums vereinigt sind, werden deshalb mit Recht als der höchste Ausdruck seiner Kunst bewundert. Der Künstler wählt das einfache Tageslicht als Beleuchtung, richtet nach der Karnation aber die Lokalfarben, selbst wenn die Tracht noch so farbig und bunt ist, und ordnet sie dem Ton unter, für den er in seinem malerischen Vortrag das wirkungsvollste Mittel zum Ausdruck seiner ganzen künstlerischen Empfindung findet. Daß gerade diese Seite seiner Kunst von jeher am stärksten in die Augen gefallen, am meisten bewundert wurde, zeigen die Worte, die Houbraken dem Anton van Dyck in bezug auf unsern Maler in den Mund legt: »Niemals habe er jemand gekannt, der den Pinsel so sehr in seiner Gewalt habe, daß er nach Anlage eines Porträts die wesentlichen Züge in den Lichtern und Schatten mit einem Pinselstrich, ohne zu verschmelzen oder zu ändern, am richtigen Platz wiederzugeben verstand; er legte seine Porträts fett und verschmolzen an und brachte erst dann die breiten Pinselstriche darin an, indem er sagte: jetzt muß noch die Handschrift des Malers hinein.«

Die Haarlemer Gruppenbilder erstrecken sich über die ganze lange Zeit seiner Tätigkeit, über mehr als ein halbes Jahrhundert, und bringen seine Entwickelung in allen Phasen, seine Zeichnung, Färbung und Technik in der anschaulichsten und wirkungsvollsten Weise zum Ausdruck. Denn, so ausgeprägt und eigenartig Hals' ganze Kunstweise ist, so verschieden ist sie doch innerhalb dieses allgemeinen Typus in den verschiedenen Zeiten seiner langen künstlerischen Tätigkeit. Ist der Künstler anfangs kräftig in der Farbe, tief im Ton und sorgfältig in der Durchführung, so wird er in den zwanziger Jahren reich im Kolorit, breit und keck in der Behandlung, zerstreut im Licht, hell und kühl im Ton, bis unter Rembrandts vorübergehendem Einfluß die Lokalfarbe zurücktritt, die Beleuchtung konzentrierter wird, der Ton noch stärker ins Graue fällt. Dieser grauliche Gesamtton, der für den Künstler von vornherein charakteristisch ist, hat anfangs einen tiefgoldigen Schein, dann fällt er ins Olivgrün, wird später mehr aschgrau und schließlich beinahe schwärzlich, bleibt aber in der Regel leuchtend und fett. Und wie der Künstler immer sparsamer mit der Farbe wird, so wird sein Vortrag immer breiter, immer skizzenhafter. Wenn wir vom Ton eines Bildes auf die Stimmung des Künstlers schließen dürfen, dann verrät uns die graue Färbung der letzten Bilder des Frans Hals traurige Tage und trübe Stimmung: eine Gestalt aus alter Zeit, von Freunden fast verlassen, im Innern ohne den nötigen Halt, sieht er die Welt nur in trüber Färbung, gönnt ihr nicht mehr ihre frischen Farben und kaum ihre natürliche Form. Wie seine Mitmenschen ihm selbst nur das Notdürftigste zum Fristen des Lebens verabreichten, so bewilligt der Greis den Gestalten in seinen letzten Bildern, namentlich in den berühmten Regentenbildern von 1664, die er mit 85 Jahren malte, auch gerade nur so viel Zeichnung, so viel Farbe, um sie als lebendige Menschen erscheinen zu lassen. Und doch, wie lebendig sind sie, wie gewaltig ist die Tatze, mit der sie auf die Leinwand gehauen sind!

Die Kraft des Persönlichen gibt der Kunst des Frans Hals eine überragende Stellung in seiner Zeit und macht sie zugleich zu einem Brennpunkt aller künstlerischen Bestrebungen, die damals im Bildnisse, wie vor allem im Genre ihren höchsten Ausdruck finden. Die Bedeutung des Künstlers als Genremaler aber kommt der des Porträtisten fast gleich. Schon seine Bildnisse wirken durch ihre lebendige Bewegung genrehaft, namentlich die Bildnisse kleinen Formats. Bei eigentlichen Genrefiguren, bei denen er nicht wie im Bildnis eine Gestalt so darzustellen braucht, wie sie sich dauernd zeigt, kann er seine Kunst, mit der er es versteht, den plötzlichen Wechsel in der Empfindung, jeden vorübergehenden Moment in der psychischen Erregung wiederzugeben, voll entfalten. Der Humor, der als ein Stück des eigenen Geistes aus allen Gemälden des Künstlers spricht, bildet für ihn den Grundton allen Ausdrucks. Die kleine Zahl der Charakterfiguren, auf welche Frans Hals sich beschränkt: das typische Völkchen von den Straßen Haarlems, wie die Fischermädchen, die Gassenbuben, der Rommelpotspieler, der buntgekleidete Ausrufer, dann wieder das ausgelassene Volk der Kneipen: die jungen Zecher, der lustige Fiedler, die derbe Dirne und die alte Kneipmutter: sie alle sind nur von dem einen Geiste beseelt, von der Lust am Leben, von einer Fröhlichkeit, die Hals in allen Stufen des Lachens, vom silberhellen Jubeln des Kindes und dem Schmunzeln der Schönen bis zum Aufjauchzen des weingeröteten Zechers und zum heiseren Krächzen der alten Matrosendirne in einer naiven Frische, in einer meisterhaften Sicherheit wiedergegeben hat, die auch den Beschauer unwiderstehlich zur Heiterkeit mit fortreißt. Seine Charakterbilder aus dem Volksleben, die der Künstler freilich da, wo er mehrere Figuren zusammenstellt, noch nicht zum vollen Sittenbild abzurunden versteht, sind in ihrer Art Meisterwerke, die an Frische und Lebendigkeit der Auffassung, an individueller Darstellung, an malerischer Breite der Wiedergabe einzig und unübertroffen sind.

Kaum ein Vergleich ist geeigneter, die Bedeutung des Frans Hals als Genremaler in das hellste Licht zu setzen, als der seiner Werke mit verwandten Darstellungen der Utrechter Sittenbildmaler wie Honthorst, Terbruggen oder Bylert. Die Spieler, Sänger und Dirnen dieser holländischen Nachfolger Caravaggios sind theatermäßig aufgeputzte Modelle, die keine rechte Heimat haben, denen kein warmes Blut durch die Adern rinnt. Die nüchterne, barocke Art der Auffassung, die meist reizlose Färbung und Behandlung lassen dies doppelt stark empfinden. Wie anders bei Frans Hals! Allzu tugendhaft ist das Völkchen, das er uns schildert, freilich nicht; aber jede seiner Figuren ist unmittelbar aus dem Leben gegriffen und uns mit solcher plastischen Bestimmtheit und solcher malerischen Wirkung vor Augen geführt, wie es nur der eine Velazquez gleich meisterhaft verstanden hat. Von dem Volksleben in Holland zur Zeit des dreißigjährigen Krieges geben alle jene figurenreichen Genrebilder der Utrechter Meister kein so vollständiges, kein so packendes Bild wie diese anspruchslosen Einzelfiguren des Frans Hals. Seine Bänkelsänger und Narren, seine Schankdirnen und Kneipwirte, seine Fischermädchen und Heringsverkäufer, seine Rommelpotspieler und musizierenden Knaben sind die volkstümlichen Figuren der Straßen und Märkte, der Wirtshäuser uud öffentlichen Vergnügungsplätze Haarlems, die jeder Stadtbewohner bei ihrem Spitznamen kannte, und denen die harmlose Schar der ausgelassenen Jugend jubelnd oder höhnend folgte. Wie er sie täglich sah, so hat sie der Künstler in wenigen Stunden auf die Leinwand gebracht, treu und unverfälscht, aber mit einem naiven Humor und einer malerischen Meisterschaft, daß auch die Gestalt der garstigsten Dirne, des häßlichsten Trunkenboldes anziehend erscheint.

DAS HOLLÄNDISCHE SITTENBILD

Das Sittenbild ist diesseits der Alpen entstanden, es hat nur hier eine wirkliche Heimat gefunden und eine vielseitige glänzende Entwickelung gehabt. Nicht im öffentlichen Leben, sondern im Familienleben hat es seinen Boden; nur wo dieses die Basis des Volkslebens ausmacht, kann es sich voll entfalten. Den Schauplatz für seine Entstehung und Blüte kann nur ein freies Volk bieten; in seiner Existenz liegt der Beweis für den Geist der Unabhängigkeit, der sich in ihm spiegelt. In den Niederlanden und in Deutschland zeigt sich schon in den Anfängen der modernen Malerei, seit den Tagen der Brüder van Eyck, Freude am Sittenbild; den religiösen Darstellungen fehlt der große monumentale Charakter der gleichzeitigen italienischen Kunst, ihnen eignet ein ausgeprägter genreartiger Zug. Die Heiligengeschichte spielt im eigenen Heim; die Figuren treten in den Kostümen und mit den Zügen der eigenen Familie auf. Im Laufe des 16. Jahrhunderts beginnt sich daraus, meist durch den Einfluß der italienischen Kunst, der es die nordischen Meister an Größe des Stiles und Erhabenheit des Ausdruckes gleichtun wollen, ein eigentliches Sittenbild loszulösen. Zunächst eine Schilderung des Volkslebens, das Treiben auf den Gassen und Landstraßen, auf den Märkten und in den Markthallen, Straßenküchen und schlechten Häusern. Die Künstler dieser Richtung, an ihrer Spitze der große Pieter Brueghel, interessieren sich noch wenig für das einzelne Individuum, vielmehr für die großen Volksklassen als Ganzes, vor allem für die untersten Stände, deren Leben sich offen und ungeniert im Freien, auf den Straßen und Plätzen und auf dem Felde abspielt. Sie schildern sie in ihren mannigfachen Beschäftigungen und ihrem bunten Treiben und geben mehr ein lustiges Bilderbuch mit zahlreichen kleinen Episoden als einzelne geschlossene Handlungen.

Nach der Loslösung der holländischen Freistaaten von den spanischen Niederlanden nimmt das Sittenbild in der nun selbständig dastehenden holländischen Kunst sogleich eine besondere und hervorragende Stellung ein. Ja, während in den spanischen Niederlanden das Genrebild auch im 17. Jahrhundert kaum über die Anfänge, über ein mehr typisches Bild des Bauernlebens hinauskommt und es dort überhaupt ohne Anregung von Holland aus nicht wohl denkbar ist, sehen wir hier durch etwa zwei Generationen das Sittenbild vom rein malerischen Bauern- und Soldatenstück bis zum tendenziösen Sittenroman der obersten Klassen sich entwickeln, so reich und mannigfaltig, von einer solchen Fülle bedeutender Künstlerindividualitäten gepflegt, daß selbst das 19. Jahrhundert nichts Ähnliches aufzuweisen hat.

Wenn wir die holländische Genremalerei auf den Inhalt ihrer Darstellungen prüfen, so ergibt sich uns, im Gegensatz zum vlämischen Sittenbild und zu dem, was die romanischen Schulen an Stelle des ihnen fehlenden eigentlichen Sittenbildes darzubieten haben, eine deutliche Entwickelung vom Typischen zum Individuellen, von der Wiedergabe der äußeren Erscheinung zu der des inneren Lebens, und im letzten Stadium die Rückkehr zur Verherrlichung äußerlichen Prunkes und zu typischen Szenen.

Für die erste Zeit der holländischen Malerei ist es charakteristisch, daß die Künstler nicht auf den Einzelnen eingehen, sondern das Treiben ganzer Gesellschaftsklassen zu schildern suchen. Sie wählten dafür gerade die Stände, deren Treiben sich am wenigsten der Öffentlichkeit entzog und deren Benehmen fast jeden Zwanges und jeder Rücksicht bar war. Das Volksleben, wie es sich dem Beschauer auf Schritt und Tritt darstellte: das ungenierte Treiben der Bauern und der ärmsten Klasse der Bevölkerung auf der Dorfgasse oder dem Jahrmarkt, in der Bauernhütte oder in der Kneipe und daneben das ausgelassene Treiben der Soldateska und ihres Anhanges in ihrer hellen farbigen Erscheinung reizt diese Künstler zur malerischen Darstellung. Während Pieter Brueghel und seine Nachfolger das Gehaben des Landvolkes nur in der allgemeinen malerischen Erscheinung, meist in der Verbindung mit der Landschaft und mit moralisierenden oder selbst allegorischen Anspielungen geben, suchen die holländischen Genremaler vom Anfang des 17. Jahrhunderts schon charakteristische Situationen aus dem Bauernleben herauszuheben und diese in abgerundeter Darstellung und schärferer Individualisierung der Szenen und selbst der einzelnen Typen wiederzugeben.

Als eine neue Erscheinung in der Kunst tritt uns daneben die Schilderung des Soldatenlebens entgegen, die sich gleichzeitig entwickelt und sich rasch in ganz Holland der größten Beliebtheit erfreut. Erst mit dem großen Freiheitskriege und als Folge desselben waren die Soldaten ins Land gekommen, die spanischen Truppen wie die Söldner, welche die nördlichen Provinzen gegen sie geworben hatten. In den Städten hatten sie den Winter hindurch ihre Standquartiere, und auf dem verwüsteten Lande spielten sich unablässig schreckliche Szenen von Kampf und Plünderung ab. Der ungewohnte Anblick, den das neue Leben in seiner malerischen Erscheinung darbot, mußte die Künstler anziehen; denn nachdem der furchtbare Vernichtungskampf der ersten Jahre sich ausgetobt und einem wechselvollen Kleinkrieg Platz gemacht hatte, gewöhnte man sich schließlich an diesen unliebsamen Zustand und fand Mut, dem Soldatentreiben zuzuschauen. So bringen eine Reihe von Künstlern in Holland, ähnlich wie gleichzeitig in den spanischen Niederlanden, Scharmützel, Überfälle, Reitertrupps auf dem Marsche oder dem Auslug, Biwakszenen, wie Bilder aus dem Räuber- und Marodeurleben zur Darstellung. Den Hintergrund für diese Vorgänge bildet regelmäßig ein Stück der heimatlichen Landschaft.

Noch beliebter waren die Darstellungen aus dem Treiben der Söldner in den Städten während der Winterquartiere. Ihre bunten Trachten, ihr freies Leben zogen die Maler an, von denen gar mancher mit der jeunesse dorée des Landes in das ausgelassene Treiben der Soldateska hineingezogen wurde. Welche Gesellschaft in den Darstellungen, die in den Katalogen als »Vornehme Gesellschaft« bezeichnet zu werden pflegen, in Wahrheit wiedergegeben ist, darüber lassen uns die alten holländischen Auktionskataloge nicht im Zweifel, die solche Bilder kurzweg als »bordeeltjes« oder ähnlich bezeichnen. Freilich war zu jener

Zeit das Treiben in diesen Häusern, die in der Nähe des Marktes und der Hauptkirche lagen, vielfach harmloser, als wir uns gewöhnlich vorstellen. Sie bildeten zugleich die Kneipen und Cafés chantants von heutzutage. Selbst manchen harmlosen Vergnügungen, wie dem Tanz, dem Spiel- und Weingelage, dem Rauchen, das in manchen Städten bis in die Mitte des 17. Jahrhunderts verboten war, konnte die vergnügungslustige Jugend in Holland nur hier nachgehen.

Im Bauernbilde entwickelt sich zuerst mit der Wiedergabe der Innenräume der Sinn für ein intimes Eingehen auf die Lebensgewohnheiten der Insassen wie für das Innenlicht, das Helldunkel, und in den Gesellschaftsstücken bildet sich das Verständnis für Abrundung der Komposition, malerische Erscheinung und delikate Durchbildung aus. So vorbereitet geht die holländische Kunst rasch weiter zur Darstellung des bürgerlichen Lebens in seinen verschiedenen Kreisen. Bei der Charakterisierung der mannigfachen Beschäftigung des Einzelnen kommt das Individuum mehr und mehr zur Geltung. Während Frans Hals auf die malerische Ausbildung des Gesellschaftsbildes von hervorragender Bedeutung war, so vertiefte sich unter Rembrandts Einfluß die Schilderung des bürgerlichen Lebens zur intimen Wiedergabe des holländischen Familienlebens in seiner schlichten Einfalt und Herzlichkeit. Die Werke der Meister dieser Richtung, die Rembrandts künstlerische Mittel, namentlich sein Helldunkel verwenden, stellen zugleich den Höhepunkt der künstlerischen Wiedergabe und die vollendete Ausbildung des Genrebildes überhaupt dar.

Wie der niederländische Humor im Treiben der Bauern von vornherein komische und lächerliche Seiten entdeckte und mit Vorliebe auch in den Bildern zur Darstellung bringt, so geschieht es bald auch bei den Schilderungen aus dem bürgerlichen Leben. Diese bekommen allmählich, namentlich durch Jan Steen, einen satirischen Zug; nicht zum Vorteil der Kunst, die nicht selten schon an Karikatur streift oder zur Buchillustration wird. Die Indiskretion, mit der jetzt intime Szenen des häuslichen Lebens, wenn sie einen komischen Anflug haben, in den Gemälden an die Öffentlichkeit gezogen werden, reizte das Publikum mehr als feine Charakteristik und künstlerische Vollendung. Mit der Verkümmerung und Entsittlichung des bürgerlichen Lebens verkommt schließlich das Sittenbild in schlüpfriger Darstellung delikater Szenen, für die aber der hohle Pathos der Zeit das Mäntelchen biblischer oder mythologischer Geschichten verlangte. Die Kunst erstirbt auch hier in äußerlicher, kalter Stoffmalerei, bei der die Figuren wieder zu leeren, schablonenhaften Gestalten werden.

Diese Entwickelung, die von ihren ersten Anfängen bis zu den letzten Ausläufern etwa ein Jahrhundert umfaßt, vollzieht sich im einzelnen in zahllosen feinen Abstufungen und brachte eine Fülle eigenartiger Künstler hervor. Der Vorgang und Einfluß der großen Meister, vor allen von Hals und Rembrandt, bestimmt zwar die verschiedenen Richtungen und treibt sie zur Blüte, aber die starke Individualität zahlreicher bedeutender Künstler unter ihnen und verschiedenartige Einwirkungen ermöglichten die vielseitige Gestaltung des holländischen Sittenbildes.

HOLLÄNDISCHE GENREMALER UNTER DEM EINFLUSS VON REMBRANDT

NICOLAS MAES, PIETER DE HOOCH, JAN VERMEER

Rembrandts Kunst war zu eigenartig, zu subjektiv und innerlich, um auf dem eigensten Gebiete des Künstlers, in der Schilderung biblischer Motive, eine erfolgreiche Nachfolge möglich zu machen. Unter seinen Schülern nehmen daher nur die Landschafter und vor allem die Genremaler eine selbständige und bedeutende Stellung in der holländischen Kunst ein. Seine poetische Schilderung des holländischen Landes und die Verklärung des holländischen Familienlebens, wie sie in seinen biblischen Bildern enthalten ist, war ganz dazu geeignet, seinen Schülern in der Darstellung der heimischen Landschaft und des Alltagslebens den rechten Weg zu weisen. Wie Frans Hals die Anfänge des holländischen Sittenbildes bestimmt, so ist Rembrandts Einfluß für die spätere, für die große Zeit der holländischen Kunst maßgebend gewesen; die hervorragendsten Genremaler Hollands sind seine Schüler oder mittelbar aus seiner Schule hervorgegangen und stark von ihm beeinflußt.

Die holländische Feinmalerei hat ihren Ausgangspunkt in Gerard Dou, der in Rembrandts Werkstatt trat, als dieser erst 21 Jahre alt war. Dou war drei Jahre lang sein Lehrling; die Kunst des Meisters in dieser Zeit blieb für den Schüler durch sein ganzes Leben bestimmend. Das kühle Licht, die gedämpften Farben, die saubere Durchführung, die hohen Räume mit dem einfallenden Licht finden wir bei ihm wie in den Frühwerken Rembrandts; nur daß diese Räume nicht mit Heiligengestalten, sondern mit schlichten holländischen Bürgersleuten belebt sind.

Mit größter Sorgfalt und Liebe hat sie Dou in ihrem Alltagsleben und inmitten ihrer behaglichen Häuslichkeit mit allem Kleinkram, mit dem sie ihr Heim ausstatten, abgeschildert. Die Auffassung des Künstlers ist intim, die Behandlung in der Wiedergabe äußerst delikat, aber Nüchternheit und übertriebene Sorgfalt, eine Überfülle von Details und der kühle Ton der Färbung lassen uns bei seinen Bildern nicht recht warm werden, sowenig wie bei den meisten, freilich viel größer angelegten Gemälden seines Meisters, die entstanden, als Dou bei ihm in der Lehre war.

Die auf pathetischen Ausdruck und übertriebene Bewegung gerichtete Auffassung Rembrandts in der Zeit nach seiner Übersiedelung nach Amsterdam war nicht dazu angetan, seine Schüler, die er gerade damals in stattlicher Zahl um sich versammelte, auf das Gebiet sittenbildlicher Darstellung zu leiten. Erst seit den vierziger Jahren bewegte sich seine Kunst wieder in einer Richtung, wie sie der Förderung der Genremalerei günstig war. Damals begegnen wir unter Rembrandts Werken jenen kleinen Bildern mit heiligen Familien, den Darstellungen aus der Tobiaslegende, der Sage Simsons und ähnlichen biblischen Schilderungen des Familienlebens, über denen ein einzig überirdischer Zauber ruht, die Wunderwerke sind zugleich in der Wiedergabe des Helldunkels und in der malerischen Durchführung. Eine Reihe von Rembrandts Schülern aus dieser Zeit wendet sich daher der Malerei des Sittenbildes ausschließlich oder doch gelegentlich zu; so Jan Victors, Philips Koninck, Carel Fabritius, Heerschop, Hoogstraeten und vor allen Nicolas Maes. Die Auffassung des großen Meisters teilt sich im letzten Grunde auch der ganzen holländischen Kunst mit und führt eine Blüte herauf, die namentlich dem Sittenbild zugute kam. Die großen Genremaler Hollands: Maes, Vermeer, P. de Hooch gehören dieser Richtung an, und Metsu, die beiden Ostade und selbst Terborch sind dadurch beeinflußt worden; ihre Kunst hat sich erst unter dieser Einwirkung zu ihrer seltenen Blüte entfaltet.

NICOLAS MAES

Als eigentlicher Schüler Rembrandts unter diesen großen Künstlern ist Nicolas Maes bezeugt, der etwa seit 1650 in der Werkstatt des Künstlers arbeitete. Von 1655 an, einem Jahr, nachdem er sich in Dordrecht niederließ, können wir in datierten Gemälden seiner Entwickelung nachgehen. Eine kleine Gruppe von Bildern, die einen besonderen Charakter haben, dürfte aber wohl noch ein oder zwei Jahre früher entstanden sein; es sind dies ein paar Sittenbilder mit lebensgroßen oder fast lebensgroßen Figuren, die engen Anschluß an gleichzeitige Gemälde seines Lehrers verraten. So die beiden Einzelfiguren im Rijksmuseum: das junge Mädchen im Fenster, »Die Träumerei« genannt, und »Das Tischgebet«, eine blinde alte Frau, die das Gebet über ihr kärgliches Mahl spricht; beide von warmer, tiefer, leuchtender Färbung und von einer Feinheit der Empfindung, die Rembrandt nahe kommt. Diesen schließen sich ein paar größere Kompositionen mit beinahe lebensgroßen Figuren an, die erst in neuerer Zeit in England aufgetaucht sind: die »Jungen Kartenspieler« in der National Gallery zu London, die »Kinderfrau«, die mit der Sammlung Galton verkauft worden ist, und »Kinder mit einer Ziegenbockequipage« bei der Baronin N. Rothschild in London. Alle kennzeichnet das starke Helldunkel, eine kräftige, warme Färbung mit vorherrschendem Rot und etwas Gelb, breiter, zum Teil kecker und derber Behandlung; kein Wunder, daß die Bilder, soweit sie nicht bezeichnet sind, früher unter Rembrandts Namen gingen. Unter diesen seinem Meister zugeschriebenen großen Gemälden finden sich auch mehrere mit alten Frauen, mit der Bibel im Schoß oder sinnend vor sich hinschauend. Sie unterscheiden sich unvorteilhaft von den Vorbildern seines Meisters durch sorgfältigere, nüchternere Behandlung, flauere Färbung und gleichmäßigere Beleuchtung. Ein großes Bild der Art besitzt Lord Spencer in Althorp; ein paar andere befinden sich in den Galerien zu Leipzig und Budapest.

Kaum ein Schüler Rembrandts kommt dem großen Meister so nahe wie Maes in dieser Reihe von Bildern; sie leiden nur an der Schwäche, daß sie einfache Motive in großem Format und derber Ausführung ohne die gewaltige persönliche Formensprache, mit der Rembrandt ähnliche Genrestücke vorträgt, zur Darstellung bringen. Der Künstler hat das offenbar selbst erkannt; er führt jetzt seine Gemälde in kleineren Verhältnissen aus und bleibt hinfort dabei, einzelne Bildnisse ausgenommen. In diesen kleinen Sittenbildern, die Maes etwa zwischen den Jahren 1655 und 1665 malte, hat der Künstler sein Bestes geleistet. Gelegentlich ist er zwar auch hier noch etwas gesucht und absichtlich im Motiv, ähnlich wie in dem eben erwähnten großen Bilde des »Tischgebetes« im Rijksmuseum, wo der rührende Eindruck durch die Katze, die im Begriff ist, das Laken und damit das kärgliche Mahl vom Tisch zu zerren, empfindlich gestört wird. So ist in der »Lauscherin« der Sammlung Six zu Amsterdam (von 1657; veränderte Wiederholungen von 1665 im Buckingham Palace und im Apsley House in London) ein kleiner Roman erzählt. Die verschiedenen Originalwiederholungen und alten Kopien dieses Bildes beweisen, daß das große Publikum auch in jener klassischen Zeit nicht viel anders war als heute: auch damals interessierte man sich in erster Linie für das Motiv eines Bildes. Doch dieses und ähnliche Gemälde sind nur Ausnahmen; in der Regel sind solche Genrebilder des Künstlers von größter Einfachheit und sprechen unmittelbar zum Herzen. In dem Eck eines bescheidenen Zimmers, in dem nur wenig Detail zur Charakteristik des Milieus und zur Steigerung der koloristischen Wirkung angegeben ist, sitzt ein altes Mütterchen, in die Lektüre der Bibel vertieft oder über ihre Näharbeit gebeugt, am Spinnrad oder bei der Herrichtung des einfachen Mahles. In anderen Bildern sehen wir eine Mutter mit ihren Kindern bei der Arbeit, ein kleines Mädchen, ihr Schwesterchen in der Wiege hütend, oder Kinder eng aneinander geschmiegt, halb ängstlich vor den eingebildeten Gefahren der Hexen und Nixen, von denen ihnen Großmütterchen erzählt hat, und ahnungslos in die Welt blickend. Aus dem Dunkel dieser Bilder strahlt sonniges Glück, spricht stilles Behagen und Freude an der Arbeit; ein warmes goldiges Licht und das leuchtende Rot, das die wenigen Farben beherrscht, wirken einschmeichelnd auf den Beschauer. Den schlichten Begebnissen aus dem kleinbürgerlichen Alltagsleben ist ein Heiligenschein gegeben, sie sind mit einer Einfachheit und einer gemütvollen Erzählerkunst vorgetragen, daß man an Rembrandts Schilderungen aus dem friedlichen Familienleben biblischer Gestalten erinnert wird. Ausnahmsweise hatte sich ja auch Maes in biblischen Motiven versucht, so in dem »Abschied der Hagar« im Besitz des Earl Denbigh, welches Rembrandt so nahe kommt, daß es unter seinem Namen geht, und in einigen heiligen Familien, die aber noch mehr den Charakter von Genrebildern tragen als die gleichen Darstellungen seines Meisters.

Leider ist die Zahl solcher Bilder von Nicolas Maes nur eine kleine; kaum mehr als dreißig werden uns erhalten sein. Noch weilte Rembrandt unter den Lebenden, als das Verständnis für diese Auffassungsweise dem holländischen Volke schon abhanden gekommen war; auch katte der Künstler nicht mehr den Sinn dafür. Das jüngste datierte Bild dieser Art, das mir bekannt ist, ist aus dem Jahre 1667, und dieses ist obendrein eine freie Wiederholung eines älteren Bildes; wesentlich später ist wohl keines entstanden, obgleich Maes noch bis Ende des Jahres 1693 in Amsterdam lebte. Hatte er schon lange seinen Lebensunterhalt wesentlich durch Porträtieren gewinnen müssen, so war er in den letzten fünfundzwanzig Jahren seines Lebens fast nur noch als Bildnismaler tätig. Diese Spätwerke, die den Dargestellten bald in Lebensgröße, bald in kleinem Format wiedergeben, lassen den Schüler Rembrandts kaum noch erkennen; sie zeigen die eleganten Posen, die man dem van Dyck ablernte, weiche, verflüchtigte Malweise, matte Beleuchtung und kokett wirkende Farben. Ihr Geist ist so weit von Rembrandt entfernt, daß man sie eine Zeitlang nicht einmal für holländisch hielt und einen zweiten Nicolas Maes, den »Brüsseler Maes«, erfand. Indes sind die Dargestellten, soweit sie sich feststellen lassen, stets Holländer, meist Amsterdamer. Und zudem läßt sich die Verbindung zwischen dieser späteren Zeit des Künstlers und seinen früheren Gemälden, besonders in den kleinen Bildnissen der älteren Zeit, sehr wohl feststellen. Es gibt nur Einen Nicolas Maes, der aber den gleichen Weg ging wie alle seine Landsleute, die

Rembrandt überlebten: sie alle verfielen in schwächliche Manier, welche die großzügige, meisterhafte Kunst ihrer früheren, von Rembrandt beeinflußten Zeit kaum noch ahnen läßt.

JAN VERMEER VAN DELFT

Unter den Schülern und Nachfolgern Rembrandts ist der Delfter Jan Vermeer der Antipode von Nicolas Maes. Und fast so verschieden wie von ihm ist sein Wesen und sein Stil von der Kunst des großen Meisters, dessen Enkelschüler er durch Carel Fabritius war. Denn er ist ein Maler der Atmosphäre eines kühlen, hellen Tages, nicht des einfallenden warmen Lichtes. Er liebt nicht das konzentrierte eigene, übernatürliche Licht, das Maes von Rembrandt übernimmt, sondern das diffuse wirkliche, wie es jedem bei gewöhnlicher Beleuchtung erscheint, und gibt es mit größter Feinheit und höchstem Verständnis wieder. So sind die Farben auch bei Maes warm und goldig, bei Vermeer kühl und weißlich; bei jenem sind die Schatten stumpf bräunlich, bei diesem von einem feinen durchsichtigen Grau. Die Meisterschaft in der Beobachtung des Lichts, die Richtigkeit, der Geschmack und die überraschende Art, mit der er sein Wissen anzubringen weiß, ohne damit zu prahlen, haben den Künstler in unserer Zeit, in der die Künstler mit der Hellichtmalerei ein gleiches Streben verfolgen, zu einem der beliebtesten und gefeiertsten Künstler gemacht. Die Sauberkeit der Durchführung und die Schönheit der Färbung, die liebenswürdige Auffassung der schlichten, aber ansprechenden Motive haben seine seltenen Bilder schon zu seiner Zeit und durch das ganze 18. Jahrhundert zu den am meisten geschätzten Werken der holländischen Kleinmeister gemacht. Erzählt uns doch ein vornehmer Herr vom französischen Hofe, M. de Monconys, der 1663 Holland besuchte, daß er am 11. August in Delft den Maler Vermeer aufsuchte, der aber kein Bild vorrätig gehabt habe; doch habe er bei einem Bäcker ein Bild des Künstlers gesehen, das mit 600 Livres bezahlt worden sei, obgleich die Darstellung nur eine einzige Figur enthalten habe. Trotzdem lebte Vermeer nicht im Überfluß, ja er hatte gelegentlich selbst mit Not zu kämpfen. Mußte er doch schon im zweiten Jahre seiner Ehe, damals erst 22 Jahre alt, ein Darlehen aufnehmen. Auch wurde bei seinem Tode ein Vermögensanwalt bestellt, weil es unsicher war, ob der Nachlaß nicht überschuldet wäre; und was seiner Witwe an Bildern verblieb, mußte sie verpfänden. Seine frühe Heirat und die Schar der Kinder, die sich bald einstellte — als er starb, waren acht am Leben — mögen an dieser Notlage mit schuld gewesen sein, nicht am wenigsten aber der Umstand, daß er bei der großen Sorgfalt, die er auf seine Bilder verwandte, wenig produzierte. Denn es lassen sich nur einige dreißig mit Sicherheit nachweisen, die sich auf etwa zwanzig Jahre verteilen. Da diese Zahl etwa der Summe der urkundlich genannten Gemälde entspricht und die Quellen über Vermeers Werke recht reichlich fließen*), so können wir annehmen, daß der ursprüngliche Bestand nicht viel größer war. Was wir sonst von Vermeers Leben erfahren, beweist, daß er in geregelteren Verhältnissen lebte, als manch anderer seiner Genossen in Holland, und daß er eine geachtete Stellung unter ihnen einnahm;

---

*) Die beste Quelle für die Kritik der Gemälde des Jan Vermeer ist die von G. Hoet in seinem »Catalogus« I, Seite 34 mitgeteilte Liste von 21 ziemlich genau beschriebenen Bildern des Künstlers, die am 16. Mai 1696 in Amsterdam unter 134 Gemälden der verschiedensten Meister ohne Namen der Besitzers versteigert wurden. Davon lassen sich jetzt noch 14 oder 15 nachweisen. Man hat vermutet, daß diese Bilder aus dem Nachlaß des Künstlers stammten und sich unter den 26 Schildereien befanden, die 1676 in der Hand des Malers und Kunsthändlers Jan Coelembier in Haarlem waren, wohl um von ihm versteigert zu werden. Daß der Künstler, der im Jahre 1663 dem Herrn de Monconys nicht Ein Bild in seinem Besitz zeigen konnte und der so begeisterte Liebhaber für seine Gemälde hatte wie seinen Landsmann Dissius, eine so beträchtliche Zahl seiner Werke sollte bei sich aufgestapelt haben, scheint mir sehr unwahrscheinlich. Dagegen spricht auch der Umstand, daß seine Witwe nach seinem Tode eines seiner Hauptbilder ihrer Mutter, zwei andere einem Bäcker verpfändete, mit der ausdrücklichen Bedingung, sie zurückerwerben zu können. Dagegen liegt die Vermutung nahe, daß die 19 »Schilderijen van Vermeer«, die 1682 im Nachlaß jenes Buchdruckers J. A. Dissius zu Delft angeführt werden, leider ohne jede nähere Angabe, den Hauptbestandteil der 13 Jahre später in Amsterdam versteigerten Sammlung seiner Bilder ausmachten.

war er doch wiederholt im Vorstande der Malergilde von Delft und einmal ihr Vorsitzender.

Er trat am 29. Dezember 1653 in die Gilde; da er sich bereits im April verheiratet hatte, war er sicher damals schon eine Zeitlang als Künstler selbständig tätig. Das erste, leider fast das einzige datierte Bild, das wir von ihm besitzen, ist aus dem Jahre 1656, »Der Antrag« in der Dresdener Galerie. Zwar ist es in der Farbe und dekorativen Einfachheit der Ausführung schon ein vollendetes Meisterwerk, aber doch zeigt es den Künstler noch nicht in seiner entwickelten Eigenart; die Figuren sind lebensgroß, die Darstellung ist bewegter und pointierter in der Auffassung, als wir es sonst beim Künstler gewohnt sind. Für andere Jugendwerke müßten wir also von diesem Bilde ausgehen. Nun hat sich vor einigen Jahren im Kunsthandel in London ein zweites bezeichnetes Gemälde gefunden, das zwar ein völlig anderes, ein biblisches Motiv zur Darstellung bringt, aber gleichfalls lebensgroße Figuren enthält und in der etwas derben, hier fast übertrieben breiten Auffassung mit jenem Bilde übereinstimmt: »Christus bei Maria und Martha«. Es befindet sich jetzt in der Sammlung Coets zu Glasgow. Von dem Dresdener Bilde unterscheidet es sich durch eine flüchtigere, flockigere Malweise; auch ist es noch nicht so geschickt in der Anordnung und Zeichnung, verrät aber einen Maler von seltener Anlage und außergewöhnlichem Blick für die Erscheinungen des Lichtes, das hier noch in der Art von Rembrandts Werken am Ende der fünfziger Jahre unruhig fleckig auffällt und deutliche Kontraste von Hell und Dunkel erzeugt. Auf Grund dieses Bildes lassen sich noch wenige andere Gemälde in etwas kleinerem Formate als Jugendwerke Vermeers bestimmen. Das eine davon trug die volle Bezeichnung, die man einmal in N. Maes verändert hatte. Es ist die »Diana mit ihren Nymphen« in der Galerie des Haag, in der es eine Zeitlang dem Jan Vermeer von Utrecht zugeschrieben wurde. Das Bild verrät auf den ersten Blick einen Schüler oder Nachfolger von Rembrandt; die Färbung und lockere malerische Behandlung steht namentlich dem Carel Fabritius nahe, und da es Vermeer bezeichnet ist, können wir nicht daran zweifeln, daß der Schüler dieses Künstlers der Maler des Bildes ist. Die starken Farben, das vorwiegende Gelb neben Rot, Blau und Violett, das flackerige Licht, die flockige breite Behandlung, das Halblicht, in dem alle Köpfe gesehen sind: alles das erscheint charakteristisch für seine Frühzeit. Für diese spricht auch der für ihn außergewöhnliche mythologische Vorwurf, in dem er sich eng an das 1648 datierte Bild gleichen Gegenstandes von J. van Loo im Berliner Museum anschließt. Vermutlich ist das Bild noch zu Lebzeiten seines Lehrers Fabritius, vielleicht unter dessen Augen entstanden.

Dürfen wir uns diese Bilder in den Jahren vor der Ausführung jenes Dresdener Bildes, etwa zwischen 1650 und 1655, entstanden denken, so sind zwei Phantasiebildnisse eines jungen Mädchens wohl gleich nach diesem Bilde gemalt worden. Das eine besitzt die Galerie des Haag, ein Legat der Frau La Tombe, das andere, welches voll bezeichnet ist, die Sammlung Arenberg zu Brüssel. Sie zeigen schon den entwickelten Stil des Künstlers. Die Köpfe sind vom hellsten Licht umflossen und stehen in graugetöntem Halblicht vor dunkler Wand; das zarte Rosa des Fleischtones, wie die hellblauen und gelben Farben der Tracht erhöhen die starke Wirkung des weißlich-flutenden Lichtes. Dazu gibt das Momentane und doch Träumerische im Ausdruck, der malerisch flackerige Auftrag, der doch so weich in den Übergängen verschmolzen ist, daß die Technik wie ein Rätsel erscheint, den Werken einen unerklärlichen Reiz. Vollendete, wahrere Studien des Hellichts lassen sich nicht denken.

Alle übrigen Gemälde nun, in denen uns der Künstler in seiner vollen Eigenart entgegentritt, müssen in den zwanzig Jahren von der Vollendung des großen Dresdener Bildes bis zum frühen Tode Vermeers entstanden sein. Die Zahl ist, wie gesagt, beschränkt, und bei dem Eifer, mit dem man dem Künstler seit längerer Zeit nachgegangen ist, und bei den hohen Preisen, die für seine Gemälde gezahlt werden, ist es nicht wahrscheinlich, daß diese Zahl noch wesentlich vermehrt werden wird. Der treffliche französische Kunstforscher W. Bürger (Thoré), dem das Verdienst gebührt, zuerst wieder auf den Künstler aufmerksam gemacht zu haben, meinte zwar eine größere Zahl von Bildern zu kennen, aber in seinem Übereifer hat er die Werke der verschiedensten stilistisch verwandten oder gleichnamigen Maler mit dem Delfter Meister verwechselt; so den Haarlemer Landschaftsmaler Jan van der Meer, den Architekturmaler Vrel, weiter Pieter de Hooch, Koedijck, C. de Man und andere. Man stand zu seiner Zeit eben erst in den Anfängen der Forschung über holländische Malerei, und die Preise, die für Gemälde des Künstlers bezahlt wurden, bewegten sich in der Höhe von einigen tausend Mark. Tatsächlich ist die Zahl der echten Werke seit Bürgers Aufsätzen in der »Gazette des beaux arts« im Jahre 1866 etwa verdoppelt; sie beläuft sich auf einige dreißig Bilder.

In seinen Motiven ist der Künstler einfach, ja fast nüchtern, wie kaum ein zweiter Maler Hollands. Wenige Bilder zeigen zwei oder drei Figuren in harmlosem Verkehr, andere, die zahlreicher sind, enthalten nur eine einzelne Halbfigur: etwa ein junges Mädchen, das liest oder klöppelt, das am Klavier sitzt oder am Putztisch beschäftigt ist. Gelegentlich finden wir einen Gelehrten oder einen Maler bei der Arbeit. Zweimal hat der Künstler auch Ansichten seiner Heimatstadt Delft gemalt. Vereinzelt steht in seinem Werk die Allegorie des Neuen Testaments im Besitz von Dr. Bredius im Haag; charakteristischerweise ist auch hier nur eine einzelne Figur dargestellt, die der Künstler in herzlich nüchterner Weise als »Novum testamentum« hergerichtet hat. Alle diese Szenen im Innenraum sucht der Künstler nicht etwa durch pikante oder intime Auffassung, durch schöne Gestalten, durch raffiniertes Arrangement oder ähnliche Mittel interessant zu machen: n alledem ist er eben so schlicht wie naiv. Selbst der Raum, den Pieter de Hooch durch Überschneidungen, reiche Ausstattung und Ausblicke in Nebenräume so gefällig zu gestalten weiß, ist leer und wenig gegliedert wie ein einfaches Bürgerzimmer seiner Zeit. Wenn Vermeer ausnahmsweise, wie bei der jungen Dienstmagd, die bei der Arbeit eingeschlafen ist, in der Sammlung R. Kann in Paris, und in der »Liebesbotschaft« des Rijksmuseums nach Hoochs Vorbild den Blick in einen Nachbarraum fallen läßt, so geschieht dies in bescheidener und wenig geschickter Weise. Seine ganze Kunst beruht auf der malerischen Darstellung, auf der Wahrheit, mit der er das Motiv erfaßt, und der pikanten Beleuchtung, auf dem Reiz der Farben und der Behandlung. Wie bei Rembrandt und den zahlreichen Meistern, die sich diesem um die Mitte des Jahrhunderts unmittelbar oder mittelbar anschließen, ist es das Sonnenlicht, das seinen Bildern höchsten Reiz verleiht; aber der Künstler gibt nicht die Wirkung einzelner Lichtbündel wieder, die voll und warm in das Dunkel hineinfallen, wie Rembrandt, sondern die des hellen Sonnenscheines, der den ganzen Raum durchdringt und die Schatten auflichtet. Die Farben, die er bevorzugt, sind daher hell; vor allem wählt er ein lichtes Zitronengelb und ein kühles Blau. Um den Fleischton kräftig und farbig erscheinen zu lassen, liebt er es, seine jungen Frauen mit einer großen weißen Kopfhaube oder mit einem weißen Kragen um den Hals darzustellen und die Gestalten von der vollbeleuchteten hellen Wand abzuheben. Durch einen bunten orientalischen Teppich oder einen farbigen Vorhang im Vordergrund gibt er dem Bilde Tiefe und den Farben Zusammenhalt; gern verstärkt er das prächtige Farbenkonzert durch einen bunten Marmorfußboden, ein farbiges Fenster, einzelne groß und einfach gezeichnete Möbelstücke, durch Bilder und Spiegel, Geräte und Arbeitszeug, einen Fruchtkorb und ähnliche Dinge, die wie zufällig im Raume angebracht sind. Die Technik ist malerisch und weich und trotz der Selbstverständlichkeit, mit der sie ausgeübt erscheint, äußerst überlegt und sorgfältig; im stärksten Licht ist sie pastos und körnig, voll täuschender stofflicher Wirkung. Wer sich vor einem dieser Bilder von der Art der Entstehung, von der Arbeit des Künstlers genaue Rechenschaft zu geben sucht, wird begreifen, daß Vermeer nicht viel malte. Den einzelnen Farbton — seinen emailartigen Schmelz, seine Leuchtkraft und seinen einschmeichelnden Zauber — hat wohl kein Maler seit Jan van Eyck zu so wundervoller Wirkung zu bringen gewußt wie er.

Der Künstler hat sich auch als Landschaftsmaler versucht. Freilich wer wollte von einem Versuch sprechen vor einem Gemälde wie die Ansicht von Delft in der Galerie des Haag! Um so wunderbarer bei einem so einzigen Meisterwerk, daß sich der Künstler wie es scheint nur ausnahmsweise mit der Landschaftskunst beschäftigte. Auch in der Versteigerung von 1696 sind nur drei Landschaften, unter ihnen die eben genannte, erwähnt, von denen nur eine verloren gegangen ist: die andere ist die Ansicht einer Straße in Delft mit einem Blick auf die Fassade eines Giebelhauses in der Sammlung Six zu Amsterdam; das Haager Gemälde erzielte damals schon die für jene Zeit außerordentliche Summe von zweihundert Gulden. Man mag geahnt haben, daß man eines der wunderbarsten Landschaftsbilder, die je gemalt worden sind, vor sich habe. In die Allgemeinheit ist die Erkenntnis von dem Wert des Werkes freilich erst in neuerer Zeit gedrungen, vor allem durch die moderne Kunst. Man kann sagen, daß sich die neuere Landschaftsmalerei in Holland und zum Teil selbst in Belgien, seitdem das Bild in der Galerie des Haag ausgestellt ist, unter dem direkten Einfluß dieses Gemäldes entwickelt hat. In Ton und Färbung weicht es einigermaßen von den Innenbildern ab: die tief rotbraune Farbe der Backsteinbauten mit ihren schwärzlich-blauen Schieferdächern bestimmten den Künstler, dem Bild einen warmen Ton zu geben, den er durch die nachmittägliche Färbung des Himmels und seiner Reflexe in dem breiten Kanal verstärkt hat. Der tiefblaue Anstrich der Boote und einige gelbe Flecke hier und da tragen weiter zu der wunderbar harmonischen, leuchtenden und kräftigen Gesamtwirkung der Farben bei.

Die Gemälde Vermeers lassen sich, mit Ausnahme der wenigen abweichenden Jugendwerke, nur schwer nach der Zeit ihrer Entstehung ordnen, zumal sich ein Datum nach 1656 nur noch auf einem einzigen Bilde findet. Nach den Kostümen, nach der glatteren Malweise und der kälteren Färbung zu urteilen, werden Bilder wie die »Gesellschaft« in der Braunschweiger Galerie, die ähnliche Darstellung der Versteigerung Burger (1892), der »Astronom« in der Sammlung der Baronin Alphonse de Rothschild in Paris (datiert, wahrscheinlich 1673) und andere seiner letzten Zeit angehören, während wohl die leuchtenden, trocken impastierten Bilder, wie das »Milchmädchen« in der Sammlung Six, die »Briefleserin« im Rijksmuseum, der köstliche »Brief« der Sammlung J. Simon in Berlin, die Ansicht von Delft im Haag in den Jahren bald nach 1656 entstanden sind. Wichtig ist aber zu bemerken, daß, wenn auch nicht alle Gemälde auf gleicher Höhe stehen, doch im Ganzen ihr künstlerischer Wert nicht wie bei Maes und Pieter de Hooch in der Spätzeit abnimmt. Gewiß ein bedeutsames Zeichen der Kraft und Eigenart des Meisters!

PIETER DE HOOCH

Neben Nicolas Maes und Jan Vermeer pflegt man Pieter de Hooch zu nennen. Er nimmt in der Tat zwischen beiden eine vermittelnde Stellung ein. War er doch Altersgenosse von beiden und lebte, wie sie, lange in Amsterdam und Delft; und war er auch nicht Rembrandts Schüler, so hat er doch dessen Werke so stark auf sich einwirken lassen, daß er unter seinen Nachfolgern gleich neben Maes genannt werden muß. Bürger glaubt noch an seine unmittelbare Herkunft von dem großen Meister (»peut-être decouvrira-t-on quelque jour qu'il a travaillé chez Rembrandt, ou peut-être chez Nicolaas Maes?«); aber dem widerspricht nicht nur die Angabe Houbrakens, auch die neueren Funde über die Biographie des Künstlers und vor allem seine Jugendwerke stehen dem entgegen.

Die Lebensschicksale Pieter de Hoochs gewähren ein bezeichnendes Beispiel für die geringe Achtung der Künstler in dem kunstsinnigen Holland jener Zeit, für das geringe Verständnis, welches das große Publikum wahrer Kunst auch damals entgegenbrachte. Der Künstler war der Sohn eines Metzgers in Rotterdam; er wurde hier am 20. Dezember 1629 getauft. Dem jungen Maler begegnen wir zuerst im Jahre 1653, wo er »Maler und Diener« bei dem Kaufmann Justus de la Grange, einem reichen Abenteurer, ist. Nicht weniger als zehn »Schildereien« des Künstlers werden 1655 in der Bildersammlung dieses Mannes aufgeführt, leider ohne jede nähere Angabe über die Darstellungen. Mit la Grange war de Hooch wohl abwechselnd auch im Haag und Leiden. Doch scheint er schon 1655 nicht mehr in seinem Dienst zu sein, denn wir hören, daß er sich am 12. April des Jahres zuvor in seiner Vaterstadt Rotterdam mit einem jungen Mädchen aus Delft, Jannetje van der Burch, verlobte. Nach der Heirat, die im Mai folgte, siedelte er wieder nach Delft über. Ein erstes Kind wurde im folgenden Jahr getauft, dem im November 1656 ein zweites folgte. Am 20. September 1655 war der Künstler in die Gilde von Delft getreten, der er noch 1657 angehörte. Erst etwa zehn Jahre später begegnen wir ihm wieder, und zwar in Amsterdam, wo er sich, wie man nach den Urkunden schließen kann, vielleicht schon seit drei Jahren aufhielt. Daten auf seinen Gemälden beweisen, daß er 1677 noch lebte; bald darnach muß er gestorben sein.

Houbraken nennt als Lehrer des Pieter de Hooch den Nicolas Berchem; die Ausführlichkeit seiner durch die Urkunden zum Teil bestätigten Nachrichten über diesen Künstler, wie der Umstand, daß er mit de Hooch auch den ihm verwandten gleichaltrigen Landsmann Jacob Ochtervelt als Berchems Schüler angibt, machen seine Angabe glaubhaft. Nach der großen Zahl von Schülern und ihrer Verschiedenheit zu urteilen, scheint Berchem ihre Eigenart sehr gepflegt zu haben. Bei Pieter de Hooch läßt sich jedenfalls nichts von Berchems Art bemerken, auch nicht in den bisher meist nicht erkannten Jugendwerken, die einen Einfluß von ganz anderer Richtung her beweisen. Dargestellt sind Wachtstuben oder Interieurs mit einigen Soldaten und jungen Mädchen beim Spiel und Trunk oder in Unterhaltung, wie auf Bildern von Duyster und Kick in Amsterdam, von Dirk Hals und E. van de Velde in Haarlem und von andern Malern, wie sie zwischen den zwanziger und fünfziger Jahren in fast allen Städten Hollands auftraten. Solche Gemälde besitzen Herr Alexander Tritsch in Wien, die Galerie Borghese und das Museo Nazionale in Rom (aus der Sammlung Torlonia stammend), die Galerie zu Dublin, die Eremitage zu St. Petersburg (Nr. 943 Matinée d'un jeune homme) und Herr Dr. Hofstede de Groot im Haag. Unter diesen ist die Wachtstube in Dublin voll bezeichnet. Alle diese Bilder waren bisher meist unerkannt, da sie in den Motiven beträchtlich von den späteren Werken abweichen, doch läßt sich bei näherem Zusehen der stilistische Zusammenhang und der Übergang von der einen zur anderen Gruppe durch Zwischenglieder sehr wohl nachweisen. Sie sind breit und zum Teil selbst flüchtig in der Behandlung, stark im Licht und reich und kräftig in der Färbung. Bestimmend ist meist ein helles Zitrongelb und Weiß, zu denen ein kräftiges Rot, schmutziges Grauschwarz, Braunrot und gelegentlich einige blaue Töne hinzutreten. Das Ganze vereinigt sich zu einer starken koloristischen Wirkung. Die Zeichnung ist vernachlässigt und bei der Flüchtigkeit der Ausführung oft verfehlt; auch die Komposition ist meist kunstlos, die Innenräume erscheinen leer und entbehren der Reize perspektivisch reicher Anlage, wie wir sie aus den späteren Werken des Künstlers kennen. Noch weniger ist auf feineren Ausdruck oder gar auf Intimität der Gruppierung abgesehen; wie die älteren Gesellschaftsmaler will der Künstler nur ein malerisches Bild von dem pikanten Treiben der Soldateska und ihres weiblichen Anhanges geben. Er verzichtet auf das Zusammendrängen zahlreicher Figuren, auf die prächtigen Stoffe und das gefällige Beiwerk, mit dem Künstler wie Dirk Hals oder W. Duyster ihre Gemälde wirkungsvoll zu machen wissen. Er gibt sich vielmehr mit dem Problem ab, die Wirkung des Sonnenlichts, das auf die starken Farben fällt, zu studieren, und weiß es gelegentlich schon mit wahrer Künstlerschaft zu lösen. So in dem Bild »Die Wachtstube« in der Borghesegalerie, einem koloristischen Meisterstück, dessen Bestimmung lange die Kritik genarrt hat, oder dem »Lever des Offiziers« in der Eremitage, das in der feinen reichen Färbung, in der schon das Rot vorherrscht, und in der Durchführung des prächtigen Innenraumes den Bildern aus der Blütezeit des Künstlers ganz nahe steht. Wie Licht und Farben den Meister verraten, wie er sich in seinen späteren Werken gibt, so begegnen uns auch einige Modelle in diesen Frühwerken, die aus seinen bedeutendsten Gemälden allbekannt sind. Vor allem ist es eine junge Frau — ist es die Gattin des Künstlers? —, die, wie in dem »Hofinterieur« der National Gallery, in dem »Nachmittag« im Buckingham Palace, in der »häuslichen Szene« des Germanischen Museums und anderen um 1658 entstandenen Bildern, so auch in mehreren dieser frühen Bilder schon vorkommt. Derartige Jugendwerke werden es gewesen sein, welche 1655 die Sammlung des Herrn Justus de la Grange schmückten. Ihre auffallende stilistische Verwandtschaft mit den Gemälden Rembrandts und seiner Schüler vom Ende der vierziger Jahre macht es wahrscheinlich, daß Pieter de Hooch bei Berchem in der Lehre war, als dieser in Amsterdam lebte. Die Motive mag er den obengenannten Gesellschaftsmalern, deren Malweise schon von Rembrandt beeinflußt war, entnommen haben, in der malerischen Wirkung geht er jedoch weit über seine Vorbilder hinaus.

Die schönsten Bilder unseres Künstlers, jene Meisterwerke die heute fast gesuchter sind als Gemälde Raffaels oder Rembrandts, entstanden in den Jahren bald nach der Vermählung des Künstlers, während er in Delft lebte. Verraten die Jugendwerke den Einfluß von Meistern aus Rembrandts Umkreis (falls de Hooch auch seine Jugend in Delft verlebt haben sollte, so müssen wir wohl an Carel Fabritius denken), so vollzog sich die Entwickelung zur Meisterschaft in Delft unter der Einwirkung und im Wettstreit mit dem wenig jüngeren Jan Vermeer. Stehen doch einzelne Gemälde dieser Zeit, namentlich solche mit etwas größeren Figuren, wie das Interieur in der Sammlung Salting in London und die Familie in einem Garten vor Delft in der Akademiegalerie zu Wien, diesem so nahe, daß sie ihm lange zugeschrieben worden sind. Wieder andere, und zwar meist solche mit einfachen Motiven, erinnern indes auch unmittelbar an Nicolas Maes, mit dem sie denn auch öfters verwechselt wurden; so der Innenraum mit einer jungen Frau und einem Kind neben dem Bette in der Berliner Galerie und die ähnlichen vor einigen Jahren versteigerten Gemälde der Sammlungen Mildmay und Adrian Hope, die nach Amerika gekommen sind. Allein auch hier verrät sich der Künstler trotz dem warmen Ton und dem vorwiegenden Rot in der Färbung durch die reichere Farbenskala, das hellere Sonnenlicht mit seinen mannigfachen Reflexen und die charakteristischen Typen, nach denen man annehmen darf, daß diese behaglichen Räume das eigene Heim des Künstlers und die Figuren seine Gattin mit den Kindern vorstellen.

Pieter de Hooch ist in seiner Auffassung, auch in diesen Meisterwerken seiner Blütezeit, nicht so intim wie Maes. Nur selten sehen wir seine Gestalten bei der Arbeit, gewöhnlich erfreuen sie sich am Spiel, am Gelage, ruhen sich behaglich aus oder sitzen in geselliger Unterhaltung beieinander. Der Künstler zeigt uns ihr Gesicht nicht deutlich, läßt uns auch nicht in ihr Inneres blicken wie Maes. Während bei diesem ein starker Lichtstrahl voll auf das Gesicht der Hauptfiguren fällt und den umgebenden Raum im Dunkel versinken läßt, füllt bei de Hooch ein zerstreutes helles Sonnenlicht den ganzen Raum und hüllt die Köpfe der Figuren in unbestimmten Lichtschimmer. Der Zauber der Sonne ist es, der seinen Bildern so wunderbaren

Reiz gibt, der auch das Motiv, so einfach oder unbedeutend es sein mag, heiter und anheimelnd gestaltet. Der warme Schein, der durch hohe Fenster fällt, verteilt sich, bricht sich und reflektiert hier und da im ganzen Raum; alles bis in die stillste Ecke ist aufgelichtet, und die Konturen zerfließen in weiche Töne. Wie heimliches Halbdunkel liegt es über dem Zimmer. Denn der Künstler weiß durch Kontraste zu beleben. Draußen vor der Tür, durch die man blickt, liegt ein Nebenraum, der Hof oder die Straße in glühendem Sonnenschein, und der Glanz wirkt zurück auf den traulichen Frieden im Zimmer.

Das helle zerstreute Licht bringt die Lokalfarben, mit denen der Künstler nicht spart, zu reichster, prächtiger Wirkung. Zitrongelb, Rot und Blau fehlen fast in keinem Bilde, und neben ihnen steht ein fast reines Weiß und sattes Schwarz, durch die das Licht noch kräftiger, die Farben noch reiner erscheinen. Die Schönheit, Harmonie und Mannigfaltigkeit in der Zusammenstellung der Töne, die Abwechslung im Einfall und in der Verteilung des Lichtes und die Feinheit in der Beobachtung seiner Wirkung auf Zeichnung und Farben machen jedes dieser Bilder zu einem vollendeten Meisterwerk, dessen Zauber sich niemand entziehen kann.

In der kurzen Blütezeit des Künstlers, welche etwa die Zeit von 1655—1665 umfaßt, lassen sich zwei Gruppen von Bildern unterscheiden. Die einen, meist wohl die früheren, haben einen satten goldigen Ton bei vorherrschendem Rot und Braunrot, Farben, die wie bemerkt, an Nicolas Maes denken lassen; andere, wie das schöne Innenbild in der Galerie Arenberg zu Brüssel, sind in einem helleren weißlichen Ton gehalten, zeigen ein vorherrschendes Blau und stehen darin dem Jan Vermeer näher.

Wie bei Nicolas Maes, so läßt auch bei Pieter de Hooch die künstlerische Kraft in den letzten Jahren seines kurzen Lebens bedenklich nach. Schon in der zweiten Hälfte der sechziger Jahre werden die Motive reicher, aber die Beleuchtung erscheint einförmig und die Behandlung nüchtern; in den Bildern, die wir den siebziger Jahren zuweisen können (das letzte bekannte Datum ist 1677), wird diese veränderte Auffassung zur Schwäche. Der Künstler gibt nicht mehr einfache Szenen aus dem häuslichen Leben der mittleren Bürgerklasse: er führt uns in Marmorhallen und Prachtsäle, in denen sich modisch gekleidete junge Kavaliere und ihre Damen mit Musik und Gesang, mit Tanz und Spiel unterhalten. Er gibt seine Persönlichkeit um des Zeitgeschmackes willen auf und sucht durch pikante Darstellungen und Kostümmalerei zu ersetzen, was seine Bilder an Reiz der Beleuchtung, Schönheit und Harmonie der Farben und lebendigem Ausdruck eingebüßt haben. Heute erscheinen uns diese Bilder in dem bunten Flitter und dem tändelnden Treiben der hohlen Gesellschaft doppelt unerfreulich.

GABRIEL METSU

Unter den frühreifen Talenten, deren die holländische Kunst in der Zeit ihrer höchsten Blüte eine ganze Reihe aufzuweisen hat, steht Gabriel Metsu mit obenan. Wir wissen jetzt, daß der Künstler im Jahre 1646, damals erst etwa sechzehn Jahre alt, in seiner Vaterstadt Leiden sich mit verschiedenen Künstlern zusammentat, um eine besondere Künstlergilde zu errichten; als dies 1648 gelang, war er unter den ersten Mitgliedern. Doch bedurfte es für den jungen Maler noch einer verhältnismäßig langen Zeit, bis er sich zu voller Eigenart entwickelt hatte. Seine Jugendwerke zeigen, daß er sich auf verschiedenen Darstellungsgebieten versuchte und mancherlei Einflüsse auf sich wirken ließ, bis er in der intimen Wiedergabe des Lebens der wohlhabenden Bourgeosie sein rechtes Feld fand, auf dem ihn kein anderer Maler übertroffen hat.

Metsu war in Leiden bis um 1655 ansässig. In diesem Jahre siedelte er dauernd nach Amsterdam über. Sein Vater, ein aus Flandern gebürtiger Maler, hatte ihn nicht mehr unterrichten können; er starb schon 1633. Gabriels Lehrer soll nach Houbraken sein Stadtgenosse Gerard Dou gewesen sein. Wenn dies wirklich der Fall gewesen ist, so verraten jedenfalls seine Bilder von diesem Meister nur wenig, am wenigsten gerade seine Jugendwerke, deren uns allmählich eine ganze Reihe bekannt geworden ist, die früher unbeachtet geblieben oder nicht anerkannt worden waren. Keines seiner Bilder vor dem Jahre 1653 ist datiert, aber wir können aus ihrer künstlerischen Beschaffenheit, aus den Kostümen und der Art ihrer Darstellung doch mit Wahrscheinlichkeit ersehen, in welcher Folge sie etwa gemalt worden sind.

Die frühesten Werke des Künstlers, wohl noch vor Ende der vierziger Jahre entstanden, sind zwei Darstellungen in der Eremitage zu St. Petersburg und in der Liechtenstein-Galerie zu Wien (zurzeit im Magazin oder als Ausschuß verkauft), beide mit derben holländischen Bordellszenen. Die Ausführung ist so flüchtig wie bei einem Duck oder J. B. Weenix. An diese erinnern sie auch in den gesuchten und noch etwas ungeschickten Verkürzungen und in der hellen Färbung. Dagegen ist ihnen Metsu in der Komposition und Lebendigkeit der Auffassung, in dem Liechtensteinschen Bilde auch in der Kraft der Färbung schon überlegen. Die Gemälde der folgenden Jahre behandeln vorwiegend biblische Motive; wir dürfen daher annehmen, daß auch jene ausgelassenen Szenen als Darstellungen aus der heiligen Schrift gedacht sind: der verlorene Sohn unter den Dirnen, ein Motiv, das die niederländischen Maler schon seit dem 16. Jahrhundert benutzten, um Zeitbilder wiederzugeben. Ein anderes Bild der Art, das nach der sehr malerischen Behandlung und geschickten Komposition sicher schon im Anfang der fünfziger Jahre entstand, der »Arme Lazarus« im Museum zu Straßburg, macht gleichfalls einen derb genrehaften Eindruck, und zwar verrät sich hier in der Auffassung, wie im Aufbau, selbst in der Färbung, deutlich der Einfluß eines etwas älteren Leidener Landsmannes, des Jan Steen. Andere biblische Darstellungen, die sich mehr an den Text halten, befriedigen sehr viel weniger, da sie kalt und nüchtern in der Auffassung, dazu meist flüchtig und lieblos in der Ausführung sind. Am meisten gilt dies von dem »Abschied der Hagar«, einem Bilde größeren Formates, das sich früher in der Sammlung Thoré in Paris (Versteigerung Lacroix 1892) befand. Einen ähnlichen Eindruck machen das »Scherflein der armen Witwe« in der Galerie zu Schwerin, die »Ehebrecherin« im Louvre vom Jahre 1653, die »Frau am Altar« der Sammlung Schönborn in Wien (vermutlich eine Darstellung der büßenden Magdalena oder eine Allegorie des Glaubens), endlich der »Goldwäger« von 1654, der sich 1880 in der Versteigerung Demidoff zu Florenz befand, Werke, die jedoch malerisch schon wesentliche Vorzüge vor der »Hagar« besitzen. In die gleiche Richtung gehörte wohl auch »Samsons Rätsel«, das G. Hoet in einer Versteigerung vom Ende des 17. Jahrhunderts anführt.*)

*) Das Bild mit der Darstellung Christi, der der Maria Magdalene erscheint, das aus der Sammlung Oppolzer kürzlich in das Hofmuseum

In den meisten dieser biblischen Gemälde macht sich ein Einfluß Rembrandts geltend, nicht nur in der Wahl der Motive, sondern auch in Auffassung, Ausstattung und Anordnung; ob diese Einwirkung durch Bilder dieses Künstlers, durch Besuche des jungen Metsu in Amsterdam oder durch Schüler Rembrandts in Leiden, wo der große Meister auch damals noch einen mächtigen Anhang hatte, vermittelt wurde, konnten wir bisher nicht entscheiden. In denselben Jahren machte aber auch der Antipode Rembrandts in der holländischen Kunst, Frans Hals, starken Eindruck auf Metsu. Das früheste Bild, das die Bekanntschaft mit dessen Kunst verrät, ist ein Bild mit lebensgroßen Figuren, im Besitz des Earl of Lonsdale in Lowther Castle: die Auslage einer Fischhändlerin mit Einkäuferinnen und Fischern. Flott und derb, selbst flüchtig in einem hellen bräunlich-grauen Ton gemalt, erinnert das sehr lebendig aufgefaßte und bewegte Bild in der Technik noch an die beiden Darstellungen des verlorenen Sohnes. Ein ähnliches Motiv, von verwandter Färbung und Behandlung, aber sehr viel feiner in der Komposition, befand sich 1887 beim Kunsthändler Lessar in London: die Auslage einer Wildhändlerin. Von der derben, in frische Farben gekleideten Person hat ein zierliches junges Mädchen in Trauer Hühner gekauft; rings herum liegen Enten, eine Gans und anderes Geflügel, das ein Hund beschnüffelt. Die Tiere sind so vorzüglich gezeichnet und charakterisiert, wie es die größten holländischen Tiermaler nicht besser vermochten. Die Färbung läßt bei außerordentlicher Helligkeit in der grauen Stimmung einige feine Lokaltöne matt zur Geltung kommen. Die Behandlung ist von einer Breite und Sicherheit, die an die späteren Werke des Frans Hals erinnert; im Ausdruck der Figur ahnt man hier zuerst den feinen, liebenswürdigen Charakterzeichner. Ganz ähnlich ist ein Bild in halb lebensgroßen, bis zu den Knien gesehenen Figuren, das in Motiv und Auffassung wieder mehr auf jene Szenen aus dem Leben des verlorenen Sohnes zurückgeht: ein junges Pärchen neben dem ungemachten Bett sitzend und zechend, in der Samm-

zu Wien gekommen ist, ist eines der seltenen biblischen Gemälde aus spätester Zeit (1667) und erscheint schon mehr von A. van Dyck als von Rembrandt beeinflußt.

lung Warneck in Paris. In den fetten Farben und dem feinen lichtgrauen Ton ist es einem der hellen Werke von Bega ähnlich, während die flotte Behandlung sich mehr den späteren Werken nähert.

Wie der junge Künstler mit seinem lebhaften, leidenschaftlichen Sinn und mit einer nicht minder intensiven Empfindung alles rasch erfaßt, was sich ihm aufdrängt, und in künstlerische Form zu zwingen sucht, wie er selbst naive Freude daran hat, Erlebtes wiedergeben zu können, und wie er sich bemüht, neu gewonnene Eindrücke innerlich so lange zu verarbeiten, bis er die treffendste Form gefunden hat, das beweist ein von Metsu mehrfach wiederholtes Motiv, das kaum von einem älteren Künstler dargestellt wurde, der Blick in das Innere einer Schmiede. Der starke Lichteffekt und das pikante Helldunkel in dem seltsam vom Feuer erhellten, malerisch ausgestatteten Raum muß ihn gepackt haben; er machte seine Studien an Ort und Stelle, die er dann für geschlossene Kompositionen verwertete. Wir kennen jetzt vier solcher »Schmieden«, die alle dem Anfang der fünfziger Jahre angehören und die gleiche tonige Wirkung, die breite und zum Teil flüchtige Behandlung haben wie die eben beschriebenen Bilder, aber geschlossener in der Lichtwirkung sind und zum Teil schon ein ausgesprochenes Helldunkel zeigen. Das eine in der Galerie zu Stockholm ist noch flau und matt in der Färbung, in der Zeichnung vielfach schwach. Kräftiger und besser gezeichnet sind zwei Varianten, die im Handel wiederholt aufgetaucht sind, bis das eine in das Rijksmuseum gelangte, während ich das andere aus den Augen verloren habe. Das beste, das schon im kleineren Formate der meisten Werke des Künstlers ausgeführt ist, besitzt George Salting in London. In Zeichnung und einheitlicher Wirkung, in geistreicher Behandlung des malerischen Raumes und des mannigfachen Handwerkszeugs, das in bunter Unordnung umherliegt, und in der Anordnung erscheint Metsu hier schon als der vollendete Genremaler, während die früheren Darstellungen sich mehr als flüchtige Studien geben oder zu einer (bisher nicht gedeuteten) mythologischen Szene aufgebauscht sind, wie das Bild in Stockholm.

Um 1655 übersiedelte Metsu nach Amsterdam, erst fünfundzwanzig Jahre alt, aber doch schon ein Meister, der sich, wenn auch mit ungleichem Erfolg, in vielen Sätteln versucht hatte und sich jetzt nach unstäter Studienzeit auf sein eigenstes Gebiet zu konzentrieren begann. Der Eindruck von Werken Rembrandts und seiner näheren Umgebung — vor allem des Nicolas Maes — wirkte weiter günstig auf ihn ein. Gemälde wie das »Scherflein der Witwe« in Schwerin oder die »Schmiede« in der Sammlung Salting sind nach ihrem ausgeprägten Helldunkel und der kräftigen Färbung wohl schon in Amsterdam entstanden. Seit der Künstler sich in dieser Stadt aufhielt, hat er fast nur noch Genrebilder gemalt, und in diesen schildert er fortan fast ausschließlich die behagliche Existenz des gutsituierten Bürgers, die kein anderer holländischer Maler mit gleich freundlichen, klugen Augen gesehen hat. Von seiner Leidener Arbeitsweise her bleibt dem Künstler auch in Amsterdam in den ersten Jahren noch eine unruhige Komposition, Hast in der Bewegung und derbe, flüchtige Behandlung eigentümlich. Dies beweist ein Bild der Sammlung Perkins, die 1893 zur Versteigerung kam, das »Konzert«, welches mit der Jahreszahl 1659 datiert ist. Nach der Übereinstimmung mit diesem Bilde gehören in diese Zeit auch Bilder wie der flott gemalte »Dreikönigsabend« in der Münchener Pinakothek, auch im Motiv noch eine Erinnerung an ein Zusammenleben des Künstlers mit Jan Steen in Leiden, die »Klöpplerin« im Hofmuseum zu Wien, das sogenannte Selbstbild in der Versteigerung Beurnonville zu Paris (1881) und andere mehr. In diese Zeit fällt auch die Entstehung des schönen Bildes im Rudolfinum zu Prag, die »Fischhändlerin«, ein Bild von außerordentlicher Tiefe der Farbe bei feinem schwärzlichen Ton und markiger, geistvoller Behandlung.

Um das Jahr 1660 hatte Metsu sich selbst gefunden; schon aus den folgenden Jahren stammen verschiedene seiner Meisterwerke. Anfangs nimmt der Künstler seine Motive noch gelegentlich aus der Kneipe oder von der Straße. Eine besonders malerische, auch von Rembrandt in Zeichnungen verwertete Tracht Amsterdamer Bürgermädchen, bei der das verschnürte Mieder einen roten Brusteinsatz durchscheinen läßt und die Ärmel mit Pelz besetzt sind, gefällt ihm so, daß er sie bei zwei unter sich nahe verwandten Bildern mit einem jungen Paar beim Frühstück in den Galerien zu Karlsruhe und Dresden (1661) anbringt. Seine Freude an der Darstellung von Marktszenen, Auslagen von Wild- und Fruchthändlern und dergleichen betätigt er hin und wieder noch in seinen Bildern, von denen die beiden Gegenstücke in der Dresdener Galerie, die im Jahre 1662 entstanden, die bekanntesten sind. Doch derartige Motive sind Ausnahmen, in der Regel malt der Künstler in der kurzen Zeit von sieben oder acht Jahren, die ihm bis zu seinem frühen Tode noch vergönnt waren, einfache Szenen aus dem Heim des wohlhabenden Amsterdamer Bürgers, ohne gesuchte Pointe, ruhig in Ausdruck und Bewegung, aber vollendet in der Abrundung der Komposition, der delikaten Ausführung und dem koloristischen Reiz, nicht am wenigsten in dem Ausdruck des Behagens und häuslichen Glückes.

Metsu hat es wie kein anderer verstanden, die Vorgänge aus dem Leben des guten holländischen Bürgerstandes mit den harmlosen Freuden der Behäbigkeit und dem inneren Glück der Leute zur Anschauung zu bringen und diese Szenen auch malerisch zu kleinen Meisterwerken abzurunden. Er erzählt uns von der soliden Tüchtigkeit seiner Landsleute, von dem sauer verdienten Wohlstand nach der Not des langen Freiheitskampfes, nur gelegentlich auch von dem verfeinerten luxuriösen Leben, das nach kurzer Zeit diesen glücklichen Jahren folgte. Es sind die gleichen Motive, wie sie uns andere Künstler seiner Zeit, namentlich G. Terborch und Frans van Mieris, schildern: eine Einzelfigur, etwa eine junge Dame beim Klöppeln, eine Mandolinenspielerin, ein Herr am Klavier, ein alter Mann am Kamin, der das Pfeifchen raucht, oder eine Alte bei der Lektüre der Bibel; dann größere Kompositionen mit einer jungen Dame oder einem jungen Herrn, die einen Brief schreiben oder einen Brief empfangen; ein zartes junges Mädchen am Klavier, das ein Jüngling unterweist; ein Herr, der seiner Dame einschenkt; ein Kavalier, der seine Jagdbeute der Auserwählten überbringt; gelegentlich auch ein reicherer Vorwurf, wie der Besuch bei einer jungen Wöchnerin (Galerie R. Kann in Paris, 1661) oder die Familie beim Mahl (Eremitage). Solchen Motiven, in denen die fröhliche Zeit der Jugend, das Glück der Liebe und des jungen Ehestandes verherrlicht wird, stellt der Künstler ausnahmsweise auch einmal eine Darstellung entgegen, die uns an die Sorgen des menschlichen Lebens erinnert: einen Besuch des Arztes bei der kranken Frau, die Sorge der Magd um die ohnmächtige Herrin (in der Berliner Galerie, kürzlich aus der Sammlung Leuchtenberg erworben) oder eine Mutter bei der Pflege des kranken Kindes, wie in dem rührenden Bilde der Steengracht-Galerie im Haag. Aber auch dann bleibt der Künstler nicht bei der Darstellung des Leidens stehen; er deutet leise an, daß die Krankheit keine schwere ist oder daß die Kranke sich auf dem Wege zur Besserung befindet. Diese intime und doch meist absichtslose Auffassung, der Ausdruck des Behagens und heiteren Glückes zeichnet Metsus Bilder vor den verwandten Darstellungen eines Terborch und Mieris, ja selbst vor denen Pieter de Hoochs und Jan Vermeers aus. Darin steht der Künstler Nicolas Maes am nächsten; aber er erzielt seine Wirkungen nicht durch die Wiedergabe des einfallenden Sonnenlichtes und des Helldunkels im Raum wie dieser, sondern durch die Feinheit der Beobachtung und Zeichnung, durch Blick und Bewegung, durch die ganze Ausstattung von den Räumen bis zur Tracht seiner Figuren, die in ihrer frischen Reinlichkeit und ihrem farbigen Schimmer jenes eigentümliche Gefühl des Behagens mit herbeiführen.

Einen ganz besonderen Reiz besitzen diese Bilder Metsus durch ihre feine Färbung und die malerische Behandlung. War der Künstler anfangs durchaus Tonmaler gewesen, so daß einzelne seiner frühesten Bilder fast monochrom erscheinen, so hatte er in Amsterdam unter Rembrandts Einfluß wieder die Freude an starker und reicher Lokalfarbe bekommen, in deren harmonischer Zusammenstellung er Meister ist. Bald hüllt er den Grund des Zimmers in Dunkel: dann sind die Farben warm und tiefgestimmt und durch ein schönes Rot beherrscht; bald läßt er, nach Art des Delftschen Vermeers und wohl von ihm beeinflußt, mattes Sonnenlicht in das Zimmer fallen und stellt die Figuren vor die helle, beschienene Wand, wie in dem »Briefschreiber« und der »Briefempfängerin« der Beitschen Sammlung in London und im »Kranken Kind« bei Baron Steengracht: dann ist die Färbung reich und durch kühle Farben, wie gelb und blau, bestimmt. In jenen Bildern ist die Behandlung leicht und tuschend, der bräunliche Grund in den Halbschatten hie und da durchscheinend; in diesen ist die Malweise vertrieben und weich. Aber nie wird des Künstlers Stil zur Schablone, er wiederholt sich fast niemals und zeigt in jedem Bilde neue Schönheiten. Erst in den letzten Jahren werden seine Bilder gelegentlich steifer in der Haltung, kälter in der Färbung und glatter in der Technik, nüchterner und gleichgültiger im Ausdruck. Dies gilt selbst für so gute Bilder wie »Herr und Dame am Spinett« in der früheren Sammlung Schubart in München und für die »Familie Geelvink« in der Berliner Galerie; und geringere Bilder dieser Zeit, namentlich wenn sie nicht ganz intakt sind, lassen uns geradezu kalt. Als Metsu im Oktober des Jahres 1667 infolge einer ungeschickten Operation plötzlich verstarb, hatte er den Höhepunkt seiner Kunst schon überschritten. Mit seinem frühen, tragischen Scheiden aus einer rastlosen Tätigkeit versöhnt der Gedanke an den Ausspruch Goethes: die Vorsehung habe weise dafür gesorgt, daß jede geniale Natur auch in kurzer Lebenszeit ihre Aufgabe voll erfülle.

GERARD TER BORCH

Neben Metsu pflegt man Ter Borch zu nennen. Beide Künstler zeigen große Verwandtschaft in ihren Darstellungen, und doch sind sie in ihrer Auffassung wie in der malerischen Wiedergabe wesentlich verschieden.

Von Gerard Ter Borch meint W. Bürger: »je ne sais pas, si après Rembrandt, on ne devrait pas le mettre tout à fait hors ligne, seul à son rang, comme les vrais grands hommes«. Eugène Fromentin nimmt diesen Platz für Jacob Ruisdael und Paulus Potter in Anspruch, und Jan Veth möchte Albert Cuyp auf ihn erheben. Andere werden vielleicht Jan Vermeer oder Pieter de Hooch dafür namhaft machen. Sie alle haben recht; die großen Künstler der holländischen Schule sind, jeder in seiner Weise, so vollendet, daß es nur individuell verschieden ist, ob man dem einen oder anderen den Vorrang einräumt — immer natürlich den einen, Rembrandt, ausgenommen.

Für die Biographie von Ter Borch waren wir bis vor kurzem auf die unzuverlässigen Angaben Houbrakens beschränkt. In einer älteren Arbeit hatte ich daher den Versuch gemacht, aus den uns erhaltenen Gemälden und Zeichnungen zu scheiden zwischen dem, was einem älteren Ter Borch, was unserem Meister und was seiner Schwester Gesina angehört, und für Gerard den eigenartigen Gang seiner Entwickelung nachzuweisen. Unverhofft wurde inzwischen ein reiches Familienalbum im Nachlasse eines Nachkommen der Familie Ter Borch aufgefunden, welches in das Rijksmuseum gelangte. Dadurch hat die Biographie des Künstlers und die Geschichte seiner künstlerischen Entwickelung einen sicheren Halt gewonnen; das, was ich als Vermutung aussprach, ist zur Gewißheit geworden. Das Album ist uns zugleich für das Künstlerleben in Holland im allgemeinen eine wertvolle Quelle.

Gerard Ter Borch war der Sohn eines Malers, der aber, um seinen Unterhalt zu verdienen, noch einen Posten als Beamter versah. Als Steuereinnehmer in Zwolle trat der alte Gerard Ter Borch, der 1584 in Zwolle geboren war, in die Stellung, die sein Vater schon bekleidete; und kurz vor seinem Ableben (20. April 1662) wußte er diesen Posten seinem jüngeren Sohne Herman zuzuwenden. Den Lehrer des alten Ter Borch kennen wir nicht. Reisen, die er in den Jahren 1602 bis 1611 nach Deutschland, Italien und Frankreich ausführte, galten ebensosehr der Erlernung fremder Sprachen, wie der Vervollkommnung in der Kunst. Bald nach seiner Rückkehr vermählte er sich in Zwolle mit Anna Lancelots Byfkens aus Antwerpen. Das erste Kind dieser Ehe ist der berühmte Gerard Ter Borch, der Ende des Jahres 1617 in Zwolle geboren wurde.

Der Vater des Künstlers war ein vorzüglicher Mann, von strengen Sitten und doch herzlich und liebevoll; ein guter, kleinbürgerlicher Holländer, der indes durch seinen langen Aufenthalt im Auslande einen weiteren Blick gewonnen hatte. Ein Brief an seinen Sohn Gerard, der auf uns gekommen ist, sowie seine eigenen Aufzeichnungen und die seiner Kinder, die in jenem Familienalbum und in einzelnen Familienpapieren erhalten sind, verraten fast in jedem Satze ein besonders inniges Verhältnis zwischen Vater und Kindern, wie zwischen diesen untereinander. Der alte Gerard Ter Borch sorgte auch für eine gründliche und vielseitige Erziehung seiner Kinder, deren künstlerischen Unterricht er in den ersten Jahren selbst leitete. Die Stiche und Zeichnungen von seiner Hand im Album beweisen, daß er sehr wohl dazu befähigt war; er gibt sich darin als tüchtiger Künstler in der Richtung von A. Bloemaert, Lastman und Moeyaert, der, bei aller Manier, doch da, wo er der Natur gegenübersteht, ein gutes Verständnis und naive Anschauung verrät. Das Talent seines Sohnes Gerard hat der Künstler früh entdeckt; Zeichnungen seiner Hand bewahrt er schon auf, als der Sohn erst acht Jahre zählt. In diesen ersten Zeichnungen aus den Jahren 1625 bis 1627 ist der Knabe natürlich noch ganz abhängig von der Manier seines Vaters, der ihn jedoch gleich unmittelbar der Natur gegenüberstellte: schon 1626 läßt er ihn eine männliche Figur »naer het leven« zeichnen. Im folgenden Jahre zieht der Knabe ins Freie, zeichnet in den Straßen, auf dem Markte und auf dem Eise und bildet in diesem jugendlichen Alter schon eine eigene Auffassung aus. In solchen Zeichnungen steht der junge Gerrit Meistern wie dem alten Claes Jansz Visscher und Hendrik Avercamp nahe. Die Werke des letzteren und wohl auch der Künstler selbst waren dem jungen Ter Borch gewiß bekannt; liegt doch Kampen, die Heimat Avercamps, nur zwei Wegstunden von Zwolle entfernt.

Im Jahre 1632 finden wir Gerrit in Amsterdam, wie die Beischrift auf der Zeichnung eines Studienkopfes von seiner Hand beweist. Der Vater war einsichtig genug, den Augenblick wahrzunehmen, in dem der begabtere Sohn seiner Lehre entwachsen war. Welchem Künstler er ihn in Amsterdam anvertraute, läßt sich noch nicht mit Sicherheit angeben. Da verschiedene mit den Jahreszahlen 1632 und 1633 versehene Skizzen von »cortegaerdjes«, von Offizieren auf dem Eise und verwandten Motiven vorkommen, denen sich eine Reihe undatierter Zeichnungen mit ähnlichen Darstellungen anschließen, so liegt die Vermutung nahe, daß hier einer der Gesellschaftsmaler: W. Duyster, S. Kick oder Pieter Codde, der Lehrer des jungen Gerard wurde. Dafür spricht auch der Charakter dieser Zeichnungen und verschiedener, jetzt für den Künstler gesicherter Gemälde gleichen Motivs, die in dem kühlen graulichen Ton, der feinen Färbung, flüssigen Behandlung wie in der Anordnung, in der Zeichnung, ja selbst in den Typen den früheren Werken dieser Künstler, besonders des W. Duyster, nahe stehen. Freilich brauchen sie deshalb keineswegs alle schon damals in Amsterdam entstanden zu sein; das einzige datierte Gemälde dieser Art, das mit dem Vermächtnis Jonides an das Viktoria- und Albert-Museum in London übergegangen ist, ist sogar erst vom Jahre 1638, als Ter Borch Amsterdam schon seit vier Jahren wieder verlassen hatte. Doch ist dies das vollendetste und daher auch wohl das jüngste dieser Gemälde; die Wachtstuben in der Kunsthalle zu Bremen und im Besitze von Herrn Werner Dahl in Düsseldorf (versteigert 1905), sowie das ähnliche Bild unter Ducks Namen im Louvre (wenn diese letzteren beiden wirklich mit Recht dem Ter Borch zugeschrieben werden) zeigen in der Anordnung und Zeichnung noch eine zaghaftere, weniger geübte Hand, so daß wir sie einige Jahre früher ansetzen können. Schon in diesen Jugendwerken, den Arbeiten eines halberwachsenen Jünglings, ist Ter Borch allen eigentlichen »Gesellschaftsmalern« überlegen.

Lange kann der Aufenthalt des Künstlers in Amsterdam nicht gewährt haben, da ein Brief des alten Ter Borch an seinen Sohn vom 3. Juli 1635 schon nach England gerichtet ist und in diesem Briefe von einem Studienaufenthalte Gerards in Haarlem die Rede ist. Hier war, wie wir aus demselben Schreiben erfahren, Pieter Molyn sein Lehrer. Dies bestätigt ein Dutzend Zeichnungen dieses Meisters im Familienalbum, die sämtlich die Jahreszahl 1634 tragen. Sein Einfluß läßt sich auch unschwer in einer Reihe von Studien und Zeichnungen des jungen Ter Borch (zum Teil mit Motiven aus Haarlem und seiner Umgebung) verfolgen, von denen mehrere mit dem gleichen Datum bezeichnet sind. Daß Molyn seinen jungen Schüler hoch genug schätzte, um mit ihm zusammen Bilder zu malen, ergibt die Urkunde über eine Versteigerung, die der Maler Jan van Goyen 1647 im Haag abhielt; hier wird ein »Hauptstück von Ter Borch und Molyn« namhaft gemacht, das mit der ansehnlichen Summe von 50 Gulden bezahlt wurde. Das einzige durch ein Datum gesicherte Gemälde dieses Haarlemer Aufenthaltes ist »Die Konsultation« in der Berliner Galerie aus dem Jahre 1635. Die Figuren dieses kleinen Bildes treten zurück gegen das Beiwerk: Bücher, Spiegel, Totenschädel, Stundenglas, die malerisch auf einem Tische übereinander liegen. Im Motiv wie in Auffassung und Anordnung, in dem etwas schweren, einförmigen grauen Tone und der malerischen Behandlung steht hier der junge Ter Borch verschiedenen Stillebenmalern aus der Schule des Frans Hals nahe, namentlich dessen gleichnamigem Sohne. Wir dürfen hieraus wohl auf Beziehungen zu dem großen Meister von Haarlem schließen, dem der Künstler auch in einem ganz abweichenden, großen Gemälde der späteren Zeit, dem Fischhändler in der Sammlung Glitza zu Hamburg vom Jahre 1669, nach Motiv, Komposition, Umfang, breiter Behandlung und grauem Ton noch verwandt erscheint.

In der Liste der Künstler Haarlems von Laurens van der Vinne ist Gerard Ter Borch, wie A. van der Willigen angibt, im Jahre 1635 verzeichnet; er wurde also sehr wahrscheinlich im Frühling dieses Jahres als Meister aufgenommen, damals noch nicht achtzehn Jahre alt. Unmittelbar darauf scheint er seine Reisen angetreten zu haben, zu denen ihn der weitgereiste Vater jedenfalls selbst aufmunterte. Anfangs Juli 1635 befand er sich schon in London, wohin ihm der sorgsame alte Herr eine Gliederpuppe (»leemann«) nachsandte. Hier ist A. van Dyck, damals der Mittelpunkt der Künstlerschaft und der Günstling des Hofes, gewiß nicht ohne Einfluß auf den empfänglichen jungen Künstler gewesen, der in seinen späteren Bildnissen in der vornehmen Auffassung und Haltung seiner Figuren mit ihm wetteiferte. Einen gewissen Einfluß auf ihn könnte damals in London und vorher in Haarlem auch Hendrik Pot geübt haben, mit dessen kleinen Bildnissen Ter Borchs frühere Porträts auffallende Verwandtschaft haben.

Wie lange Ter Borch in England blieb, wohin er von dort aus seinen Wanderstab setzte, dafür bieten weder die neuen Urkunden noch das Skizzenbuch den nötigen Anhalt. Houbraken, dessen Angaben über den Künstler sich freilich für die Daten als ungenau, aber inhaltlich doch im wesentlichen als richtig herausgestellt haben, gibt nur ganz allgemein an, daß der junge Künstler »toen hy op eigen wieken kon dryven, reislustig was, en vreemde landen heeft bezocht, als Duitsland, Italie, Engelant, Vrankryck, Spanje en de Nederlanden«. Damit hat aber Houbraken offenbar nicht die richtige Reihenfolge, in der Ter Borch diese Länder besuchte, angegeben. Denn vor der Londoner Reise kann er nicht wohl außerhalb Hollands gewesen sein. Erst sechs Jahre nach jenem Briefe aus London begegnen wir dem Künstler wieder, und zwar in Rom, wie E. W. Moes gezeigt hat. Im Jahre 1641 malte er dort die kleinen Bildnisse von Jan Six und einer jungen Dame (auf Kupfer), die sich noch in der Galerie Six zu Amsterdam befinden. 1645 ist er, wahrscheinlich schon seit längerer Zeit, wieder von seinen Reisen zurück. Er lebte damals in Amsterdam, wie ein aus diesem Jahre datiertes Bildnis des Caspar Barlaeus im Senatssaal der Amsterdamer Universität lehrt.

Der Künstler kehrte als vollendeter Meister in die Heimat zurück; dies beweist aufs glänzendste das berühmte Kongreßbild in der National Gallery zu London vom Jahre 1648. Sehr verschiedenartige Studien und die Kenntnis mancher hervorragenden Maler jener Zeit in England, Italien, Spanien und den Niederlanden müssen zur Ausbildung der vollen Eigenart des Künstlers beigetragen haben. Zwei Meister lassen sich dabei meines Erachtens mit Bestimmtheit namhaft machen: Tizian und Velazquez. Ein Gemälde des Venezianers war sein unmittelbares Vorbild bei seinen Studien für das Kongreßbild; vor allem bekundet sich aber dessen Einfluß in der Fleischfarbe des Ter Borch. Mit den sonst so verschiedenen Bildnissen des Velazquez verbindet ihn die vornehme Zurückhaltung in der Charakteristik, die außerordentliche Einfachheit der Anordnung und Umgebung, der einfarbige Fond, der feine graue Ton der Färbung, aus dem sich wie bei jenem oft ein mattes Hellrot oder Lila des Stuhlüberzuges oder einer Tischdecke heraushebt, und das klare Schwarz des Kostüms.

Über Ter Borchs äußere Schicksale seit der Mitte der vierziger Jahre kann ich mich kurz fassen. Im Jahre 1646 war der Künstler nach Münster gegangen, da ihm dort die Versammlung der vornehmsten Abgesandten fast aller europäischen Staaten Aussicht auf lohnende Tätigkeit durch die Anfertigung von Bildnissen bot. Denn er hatte mancherlei Verbindungen auf seinen Reisen angeknüpft; für Empfehlungen hatte ihm schon der Vater durch seine Beziehungen in Rom, Neapel und Madrid behilflich sein können. Der Künstler muß sich in seinen Erwartungen nicht getäuscht haben, da er bis zum Schlusse des Kongresses 1648 in Münster blieb; in diesem letzten Jahre vollendete er das bereits erwähnte berühmte Bild sämtlicher Abgesandten, das Sir Richard Wallace, nachdem es der Marquis of Hertford einige Jahre vorher um 220000 Francs auf der Versteigerung Delessert erstanden hatte, der National Gallery in London zum Geschenk machte. Die Skizze eines anderen Kongreßbildes im Louvre, der Einzug der Gesandten und Minister in der Galerie zu Münster, für welches der Künstler nur die Figuren gemalt hat, und eine leider nicht erhaltene Allegorie auf die Vermählung des Großen Kurfürsten am 26. Dezember 1646 sind, wie Moes hervorhebt, weitere Beweise für die umfangreiche Tätigkeit des Künstlers und die Beziehungen zu den verschiedensten vornehmen Persönlichkeiten während seiner Anwesenheit in Münster. Nach Houbrakens Angabe hätte die Beziehung zu einem der Gesandten, dem spanischen Abgesandten Grafen Peñaranda, den Künstler nach dem Friedensschluß noch zu einer Reise nach Spanien veranlaßt, wo er König Philipp IV. gemalt haben und von ihm aufs reichste beschenkt worden sein soll. Die letzte Tatsache wird allerdings dadurch bestätigt, daß der gleichnamige Neffe des Künstlers im Jahre 1692 eine goldene Medaille Philipps um 70 Gulden an seine Tante, die Witwe van der Werff, verkaufte; aber der Künstler könnte sehr wohl schon während seiner Studienreisen in Madrid gewesen sein und dort den König gemalt haben. Sicher ist, daß er schon im Jahre 1648 wieder in Amsterdam und im Dezember 1650 in der engeren Heimat und zwar in Kampen war, wo ihm der Rat der Stadt eine Zahlung machen läßt. Am 14. Februar 1654 vermählt er sich in Deventer mit Geertruida Matthyssen; wenige Monate später läßt er sich als Bürger von Deventer aufnehmen, um fortan hier ansässig zu bleiben. Seinem Ansehen verdankte er die 1666 erfolgte Wahl zum Mitglied des Bürgerkollegiums; 1667 stellte er in dem bekannten Regentenstücke auf dem Rathause zu Deventer die Magistratsmitglieder der Stadt dar, und 1672 malte er den Prinzen Wilhelm III., dessen Bildnis er später noch zweimal ausführte. Der Tod des Künstlers erfolgte Anfang Dezember 1681. Am 8. Dezember wurde er zu Grabe getragen. Die Leiche des Meisters wurde von Deventer nach seinem Geburtsorte Zwolle überführt und dort feierlich in der Michaelskirche in der Gruft seines Vaters beigesetzt. Aus seiner Ehe waren keine Kinder entsprossen.

Können wir die Tätigkeit des jungen Künstlers während der dreißiger Jahre jetzt schon in einer, wenn auch kleinen Anzahl von Bildern verfolgen, so haben wir für die Zeit nach

1638 bis zu seiner Reise nach Münster 1646 bisher nur wenigen und ungenügenden Anhalt in den beiden Miniaturen von 1641 der Sammlung Six, ferner in drei kleinen Brustbildern des Geistlichen H. van der Schalcke, seiner Frau und seiner kleinen Tochter im Rijksmuseum von 1644 und in dem oben genannten Porträt des Barlaeus von 1645. Da er auch nach Münster berufen wurde, um Bildnisse anzufertigen, so scheint es, als ob er sich nach der Rückkehr von seinen Reisen zunächst hauptsächlich als Porträtmaler versucht habe. Der Künstler war auf dem Wege, Miniaturmaler zu werden; nicht nur die eben genannten kleinen Bildnisse, auch die Kongreßbilder haben, was Größe der Porträts und Sauberkeit der Ausführung anlangt, noch einen Miniaturcharakter, wie ja auch die Wachtstuben und Gesellschaftsstücke seiner ersten Zeit Figürchen von einer Kleinheit und Zierlichkeit der Ausführung aufweisen, die wir sonst bei keinem der zahlreichen gleichzeitigen Gesellschaftsmaler finden. Genrebilder aus den vierziger Jahren lassen sich überhaupt nicht mit Sicherheit nachweisen; doch sind nach ihrem Charakter Bilder wie die Spieler in der Sammlung Brockhaus und in der früheren Dahlschen Sammlung, der Knabe, der seinem Hunde das Ungeziefer absucht, in der Münchner Pinakothek, und einige ähnliche Gemälde mit Wahrscheinlichkeit dieser Zeit zuzuschreiben.

Von den Wachtstuben und ähnlichen Soldatenbildern, die Ter Borch als junger Anfänger gemalt hatte, war ihm die Freude an Darstellungen aus dem Soldatenleben geblieben. Daher sehen wir ihn Motive, wie die Abfertigung einer Depesche durch den Trompeter, die Abstattung einer militärischen Meldung, Offiziere in Unterhaltung oder im Verkehr mit jungen Schönen und ähnliche Motive bis in seine spätere Zeit wiederholen. Daß diese »Damen«, denen junge Offiziere die Kur machen, nicht gerade spröde waren, verrät die Art ihres Verkehrs; aber man tut dem Künstler doch sehr unrecht, wenn man annimmt, daß seine einfachen Gesellschaftsszenen sich regelmäßig im Kreise der Demimonde abspielen. Im Gegenteil; nicht nur die dezente, vornehme Haltung der Figuren macht dies unwahrscheinlich, wir können auch beweisen, daß wir hier in der Regel in den Kreis seiner Bekannten, seiner eigenen Familie blicken. Denn dank den Bildnissen, die uns im Familienalbum erhalten sind, können wir feststellen, daß die eine der häufig wiederkehrenden Gestalten die Schwester und Schülerin Gezina, eine andere sein Bruder Moses ist. Ähnliche Beziehungen zum Künstler werden wir daher auch bei anderen Figuren dieser Bilder annehmen dürfen, in denen man vermutlich seine zweite Schwester Katharina, seinen Bruder Herman und andere nahe Verwandte zu erkennen hat.

Der Wiederholung der Typen entspricht die Einfachheit in der Komposition, die Schlichtheit in der Darstellung des Raumes und seiner Ausstattung. Fast alle Bilder Ter Borchs zeigen Interieurs; er führt uns in sein holländisches Zimmer, von dem er uns nur eine nüchterne Wand, etwa mit einer Landkarte geschmückt oder durch einen Kamin gegliedert, zeigt; davor steht ein Himmelbett, im Vordergrund ein Tisch mit Teppich und ein bis zwei Stühle. Mit der gleichen anscheinenden Nüchternheit und Ärmlichkeit gehaben sich die Figuren, die wenig bewegt und ruhig im Ausdruck sind. Diese äußerste Zurückhaltung ist durchaus berechnet und in Verbindung mit einer natürlichen Grazie und einer gewissen Grandezza, für welche die gewählten Trachten, der Schick in ihrem Sitz Bedingung sind. Sie gibt den Bildern Ter Borchs ihre vornehme, distinguierte Erscheinung. Dank seinem unaufdringlichen aristokratischen Wesen und seiner weltmännischen Bildung weiß der Künstler uns seine Landsleute von einer Seite zu schildern, von der sie uns keiner seiner Kollegen kennen lehrt. Sie geben sich mit scheinbar kühler Würde und Eleganz, aber ihr Umgang weckt keine Kälte der Empfindung, sondern intime behagliche Stimmungen, daß wir uns in dieser Welt ruhig sicheren Benehmens wohl fühlen, uns interessieren für das, was in ihr vorgeht und mit Goethe versucht sind, den Inhalt novellistisch auszuklügeln.

Neben jener ernsten, vornehmen Gesinnung sind es rein künstlerische Mittel, mit denen Ter Borch diese außerordentliche Wirkung erzielt. Der Künstler ist gleich vollendet in der Zeichnung wie im Kolorit und in der malerischen Durchführung; er ist darin allen niederländischen Meistern überlegen. Auch hier ist das weise Maßhalten der ausgeprägte, anziehende Zug seiner Kunst. In der Zeichnung ist keiner seiner Landsleute so korrekt, in der Ausführung so geschmeidig; den ganzen Nachdruck legt der Künstler aber auf die malerische Durchbildung. In der koloristischen Wirkung, in der Harmonie der Farben entspricht der Feinmaler Ter Borch etwa dem Monumentalmaler P. Veronese. Wenn das Helldunkel einmal stärker hervortritt, so dient es dem Zwecke, die Lokalfarben lebhafter wirken zu lassen. In der Reinheit und Schönheit dieser Lokaltöne ist er unübertroffen. Um sie in voller Pracht zur Geltung zu bringen, wählt er die kostbarsten Gewänder; seine Atlasroben sind mit vollem Recht berühmt, aber auch beim Plüsch, beim Pelzwerk, den Teppichen, dem Silbergerät gibt er das Stoffliche, die Schönheit der Farbe mit gleicher Meisterschaft, ohne die Pinselführung, ohne den Auftrag der Farben zu zeigen oder gar glatt und geleckt zu erscheinen.

Man muß eines seiner häufigen Bilder, in denen ein weißes Atlaskleid die Hauptrolle spielt, einmal genauer betrachten, um zu sehen, wie er diese zauberische Wirkung erzielt, zu welchen raffinierten Mitteln er greift: eine Fülle mannigfacher zarter, farbiger Töne, die sich in den Lichtern und Reflexen der Stoffe bilden, sind über die Fläche zerstreut und zu dem geistreichsten Farbenbukett vereinigt. Mancher flüchtige Beschauer wird sich dessen kaum bewußt, da der Künstler bei aller Schönheit der Färbung, bei aller klugen Berechnung in der Behandlung doch immer den Ausdruck, die Situation anregend gestaltet. Wenn in dem »Konzert« der Berliner Galerie die Cellospielerin im Vordergrunde, die vom Rücken gesehen ist, wegen der unerreichten Schönheit der Farbenstimmung und Feinheit der Stoffbehandlung nicht genug gepriesen werden kann, so ist doch die Wahrheit, mit der die Gestalt in ihren prächtigen Kleidern zur Geltung kommt, die Feinheit, mit der ihr Spiel wiedergegeben ist, fast noch bewunderungswürdiger. Wir glauben ihr Gesicht zu erraten, ihr Spiel zu hören: so richtig ist jeder Kontur, so fein belebt jede Bewegung.

Fast befremdend erscheinen demgegenüber auf den ersten Blick die Bildnisse, die bis vor wenigen Jahrzehnten fast unbekannt waren, weil sie in den Familien der Heimat des Künstlers, in Deventer und Zwolle verblieben waren, aus denen sie erst neuerdings in die öffentlichen und privaten Sammlungen übergegangen sind. Und doch wird ihre Zahl der seiner Genrebilder etwa gleich kommen. Diese Porträts sind zumeist fast farblos. Ihre Vorbilder haben sie in ihrem kleinen Format, in der Vorliebe für Darstellung der ganzen Figur, des einfarbigen Kostüms und der nüchternen Umgebung in den Bildnissen der älteren Sittenbildmaler, eines Hendrik Pot, S. Kick und W. Bartsius. Allein bei Ter Borch begründet sich diese Einfachheit in Ausstattung, Haltung und Färbung nicht mehr auf Naivetät und Ungeschicklichkeit wie bei jenen: sie ist vielmehr das Ergebnis kluger und doch echt künstlerischer Berechnung. Dafür war ihm, wie schon angeführt, Velazquez maßgebend. Während ihn die Bildniskunst Rembrandts und die des van Dyck nur wenig berührte, wurde der spanische Hofmaler für seine Auffassung wie seine malerische Empfindung bestimmend. An Stelle der ehrlichen, selbst derben Wiedergabe der Individualität jener alten holländischen Meister tritt bei Ter Borch eine gesuchte, fast raffinierte Auffassung der Persönlichkeit; der Ausdruck erscheint übertrieben kühl und distinguiert, die Umgebung dementsprechend übertrieben schlicht. Wie bei Velazquez, ist meist nur ein Tisch oder ein Stuhl der einzige Schmuck des Zimmers; zuweilen fehlen auch diese, und wie bei ihm ist dann kaum durch einen Strich angedeutet, wo sich der graue Fußboden von der gleich gefärbten Wand abhebt. Die gleiche Verwandtschaft in der Färbung: mit Vorliebe sind die Dargestellten in schwarzes Tuch gekleidet, seltener in Seide; ist das Kostüm farbig, so pflegen Silbergrau und Weiß die bevorzugten Farben zu sein, die höchstens durch ein kokettes rotes oder blaues Bändchen belebt werden. Der Bezug des Stuhles oder die Decke des Tisches neben dem Dargestellten ist von einem mattroten, graulichen oder violetten Plüsch, für den Ter Borch bei seinen Bildnissen dieselbe Vorliebe zeigt, wie für den Atlas in seinen sittenbildlichen Darstellungen. Selten nur ist er ganz farbig, wie ja auch Velazquez zuweilen; und dann ist die Zusammenstellung der Farben von einer Feinheit in Haltung und Ton, die wieder in dem großen spanischen Bildnismaler das auffallendste Gegenbild hat; so in zwei köstlichen Bildnissen eines jungen schönen Holländers und seiner Gattin, im Besitz von Baron Gustav Rothschild in Paris, in einem Frauenporträt der Sammlung von J. Simon in Berlin und anderen mehr.

Daß Ter Borch nebst Rembrandt die bedeutendste, stärkste malerische Begabung der holländischen Kunst war, zeigt sich auch darin, daß seine künstlerische Kraft bis in sein Alter die gleiche bleibt. Bilder wie die Musikstunde der Galerie Six vom Jahre 1675 oder das schon um 1680 entstandene männliche Bildnis im zopfigen Schlafrockkostüm in der Sammlung Michel zu Mainz geben seinen besten Gemälden aus den fünfziger und sechziger Jahren kaum etwas nach.

Ter Borch hat diejenigen Motive, in denen er uns bis vor kurzem allein bekannt war und denen er seinen großen Ruf verdankt, erst etwa seit der Mitte des Jahrhunderts, seitdem er sich in der Heimat wieder seßhaft gemacht hatte, gemalt. War es etwa Rembrandt, der ihm allmählich den Sinn für eine größere Auffassung, für breitere Behandlung beibrachte? Mit ihm lebte er ja nach der Rückkehr von seinen Reisen in Amsterdam mehrere Jahre zusammen. Die ältere Gruppe seiner Genrebilder, die bis Ende der fünfziger Jahre entstanden sind, läßt uns diesen Einfluß am deutlichsten erkennen. Das voll einfallende Licht, das Helldunkel, das kräftige Zitrongelb als maßgebender Ton der Farbenskala, die körnige Behandlung im Licht lassen bei aller Eigenartigkeit doch herausfühlen, daß Ter Borch den Bildern des großen Meisters aus jenen Jahren dasjenige abzulernen verstand, was für seine Richtung und Begabung paßte. Auch gewinnt er erst unter Rembrandts Einfluß die Sicherheit der Komposition, die Meisterschaft in der taktvollen Wiedergabe der Situation, die ihn vor allen holländischen Malern des Sittenbildes auszeichnet. Kaum ein anderer Künstler ist so anspruchslos in seinen Motiven, so einfach, ja anscheinend indifferent in Handlung und Bewegung. Seine Bilder, von mäßigem Umfange, enthalten meist nur zwei oder drei Personen, häufig nur eine einzige Figur. Ein junges Mädchen, musizierend oder singend, die ein junger Kavalier oder ein anderes junges Mädchen begleitet, eine Dame, der ein Herr oder ein Page einen Trunk anbietet, die einen Brief empfängt oder schreibt oder ihre Toilette vor dem Spiegel ordnet, der

Besuch eines jungen Paares bei Bekannten: solche und ähnliche Motive wiederholt der Künstler mit geringen Veränderungen. Daß sich der Herr, der seinen Besuch macht, der zu dem Zitherspiel singt oder den Unterricht erteilt, für die junge Dame vor ihm interessiert, läßt uns der Künstler gelegentlich wohl aus seinem Blick erraten, aber diese Beziehung ist doch nur nebensächlich. Die Darstellung der malerischen Erscheinung ist ihm Hauptzweck; aber gerade dadurch haben die gleichgültigsten Situationen bei ihm die überzeugende Wahrheit, die Wirkung mannigfaltigster und feinster Charakteristik, welche unseren größten deutschen Dichter zu der bekannten novellistischen Deutung des Berliner Bildes geführt hat, das seither unter dem Namen der »väterlichen Ermahnung« geht. Solche Bezüge lagen Ter Borch gewiß fern, aber daß die Charakteristik eine so scharfe, die Situation eine so natürliche ist, um solche Deutungen nahe zu legen, ist wahrlich nicht das kleinste Lob für den Künstler. Denn nur die größten Maler verstehen es, durch ihre Werke einen Zauber über die Grenze ihrer Kunst hinaus auszuüben, poetische oder musikalische Stimmungen im Beschauer hervorzurufen.

JAN STEEN

Wohl über keinen Künstler der holländischen Schule ist ein gerechtes Urteil so schwer, wie über Jan Steen. Seine Charakteristik läßt sich auch nicht in wenigen Worten zusammenfassen, da seine Kunst in den verschiedensten Farben schillert. Zu verschiedenen Zeiten wurde sie sehr verschieden beurteilt. Von den Zeitgenossen wenig beachtet — der Künstler wurde schlecht bezahlt und hatte oft mit der Not zu kämpfen, so daß er durch eine Brauerei und schließlich durch eine Wirtschaft seinen Lebensunterhalt zu gewinnen suchte — ist sie seit dem 18. Jahrhundert, seit Hogarth und Troost verwandte Töne angeschlagen hatten, recht eigentlich zu einer Lieblingskunst des Publikums geworden. Erst in neuerer Zeit ist ihr diese Stellung streitig gemacht worden, zuerst durch orthodoxe Moralprediger, dann aber durch unsere Künstler, die Jan Steen nicht mehr als voll anerkennen, nicht mehr mit Ter Borch und P. de Hooch, geschweige mit Vermeer auf eine Stufe stellen wollen. Das große Publikum läßt sich jedoch dadurch nicht irre machen; ihm bleiben Steens »amüsante« Bilder immer ein Hauptanziehungspunkt in den Galerien, und dem Publikum folgen auch die Liebhaber, die nach wie vor hohe Preise für seine Bilder bezahlen, wenn auch nicht so außerordentliche wie für die Vermeers oder de Hoochs.

Die Vorwürfe, die man Jan Steen macht, sind freilich nicht ganz unberechtigt. Der Künstler ist in seinen Gemälden außerordentlich ungleich, auch wenn man absieht von den Kopien aus der Zeit des Künstlers, die nach zahlreichen seiner Bilder erhalten sind und regelmäßig als Originale ausgegeben werden. Es gibt Bilder von ihm, die so schlecht sind in der Zeichnung, so disharmonisch in der Färbung und unerfreulich im Ton, gelegentlich auch so unangenehm im Motiv, wie wir es selbst bei manchen holländischen Malern zweiten Ranges selten finden. Dazu ist er oft pointiert in seinen Motiven, so absichtlich im Haschen nach humoristischer Wirkung, daß er die Grenze des Bildmäßigen leicht überschreitet und zum Illustrator wird. Ein gerecht abwägendes Urteil wird sich aber dadurch nicht irre machen lassen. So blieb sich auch das Urteil der Kunstgeschichte über Jan Steen ziemlich gleich. Waagen sagt von ihm, daß er »unbedingt nächst Rembrandt der genialste Maler der ganzen holländischen Schule« gewesen sei, ähnlich urteilt W. Bürger, und A. Bredius nennt ihn den »größten Maler des Sittenbildes des 17. Jahrhunderts, einen der geistreichsten Darsteller der menschlichen Torheiten, den Charaktermaler par excellence«. In diesem starken Lob ist doch zugleich angedeutet, worin die Schwäche des Künstlers liegt: er ist zu sehr und oft in erster Linie Dichter; die Erfindung, das Motiv interessiert ihn oft mehr wie die malerische Erscheinung und ihre Wiedergabe. Aber doch ist er auch in der künstlerischen Durchführung gelegentlich so ausgezeichnet wie nur die größten unter den holländischen Genremalern. Zugleich fesselt er persönlich als ein Künstler voll vielseitiger, großer Anlagen. Man wird ihn daher immer unter den ersten Meistern Hollands nennen müssen.

Jan Steen ist einer der fruchtbarsten und bekanntesten Künstler. Seine zahlreichen Bilder finden sich in allen öffentlichen und privaten Sammlungen. Schon die alten Künstlerbiographen erzählen uns viel von ihm, es sind allerlei Urkunden über sein Leben bekannt geworden, und die neuere Kritik hat sich mit Vorliebe mit ihm beschäftigt: und doch gibt es auch für ihn noch manches Rätsel zu lösen. Die Würdigung des Künstlers, seine Charakteristik kann noch vielfach berichtigt und erweitert werden, die Geschichte seiner Entwickelung soll überhaupt erst geschrieben werden.

Über Jan Steen weiß uns schon Houbraken allerlei zu berichten, bot ihm der Künstler doch die schönste Gelegenheit, um lustige Schnurren zu erzählen. Die Urkunden haben bewiesen, daß er über die Tatsachen nicht schlecht unterrichtet war;

sein Gewährsmann war der Maler Carel de Moor, ein jüngerer Zeit- und Stadtgenosse und guter Bekannter des Jan Steen. Aber wie gewöhnlich hat er sie nur oberflächlich nacherzählt, novellenhaft zugestutzt und aus seinen Bildern zu ergänzen gesucht. Er gesteht dies halb und halb selber zu; »seine Schildereien sind wie seine Lebensweise, und seine Lebensweise war wie seine Schildereien«, so urteilt er über den Künstler. Daß Jan Steen ein verbummeltes Genie war, der nur malte, wenn die Not am höchsten war, der es vorzog, eine Kneipe zu halten und darin sein bester Gast war, sind Märchen, die Houbraken aus dem lustigen Inhalt der Bilder des Künstlers und aus den Erzählungen älterer Zeitgenossen über dessen Humor herausgedichtet hat. Die Urkunden sagen zwar aus, daß es Jan Steen so schlecht ging wie den meisten großen Künstlern unter seinen Landsleuten, und daß Gläubiger und Pfändungen ihn ebenso belästigten; aber nicht weil er zu träge zum Malen war, sondern weil ihm seine Bilder zu schlecht bezahlt wurden, um seine große Familie anständig durchs Leben zu bringen. Denn vom Künstler, der schon im dreiundfünfzigsten Jahre starb, sind so viele Gemälde erhalten, wie von keinem zweiten holländischen Genremaler; ist doch die Zahl von etwa fünfhundert Bildern, die man dafür anzugeben pflegt, offenbar noch zu niedrig gegriffen; und daß Dutzende von Bildern verloren gegangen sind, läßt sich aus den alten Auktionskatalogen nachweisen. Dieses reiche Oeuvre verteilt sich aber auf die kurze Zeit von wenig mehr als fünfundzwanzig Jahren.

Was wir aus den Urkunden von ihm wissen, macht dem Künstler durchaus keine Schande. Nach dem Tode seiner ersten Frau 1669 ließ ihn ein Apotheker im Februar des folgenden Jahres wegen der elenden Summe von zehn Gulden pfänden und seine Bilder verkaufen. Einige Jahre früher hatte er für die hohen Zinsen einer Schuld von vierhundertfünfzig Gulden Zahlung durch die Anfertigung von drei Porträts zusagen müssen. Auch daß er eine Schuld in Delft mit einer alten Forderung ausglich, ist wahrlich nichts, was man ihm zum Vorwurf machen könnte. Was Houbraken von der Art, wie er seine Frau Margrit, die Tochter seines Lehrers Jan van Goyen, gewonnen haben soll, erzählt, ist — wie die Urkunden beweisen — eine häßliche Erfindung oder wahrscheinlicher noch eine Verwechslung, da nicht er, sondern sein Schwager, der Maler Claeuw, eine zweite Tochter des Haager Landschaftsmalers etwas übereilt heiraten mußte. Auch daß der Künstler 1672 in Leiden um eine Wirtshausgerechtsame einkam, und daß er auf Grund derselben bis zu seinem Tode eine »openbare herbergh« hielt, ist bei seiner Lebensstellung nicht befremdend. Besaß er doch schon früher in Delft zusammen mit seinem Vater, der von Haus aus Brauer war, eine Brauerei, mit der gleichfalls Schankgerechtigkeit verbunden zu sein pflegte. Die Braugerechtigkeit war damals an einzelne große Häuser gebunden und ursprünglich nur ein Vorrecht der Patrizier. In der Tat war der Vater Havick Steen der Sproß einer alten Patrizierfamilie in Leiden, wo er als angesehener Kaufmann lebte. Als Inhaber der Wirtschaft brauchen wir uns den Künstler keineswegs hinter den Laden schnapsschenkend oder als Trunkenbold am Kneiptisch zu denken, wenn er sich auch, wie es heute noch bei Wirtsleuten in den kleineren Städten Hollands mit guter alter Sitte Mode ist, mit seiner Familie im großen Wirtszimmer zwischen den Gästen aufhielt oder diese eigentlich mitten in der Familie verkehrten. Daß der Künstler dabei gelegentlich ein Gläschen über den Durst mit geleert haben mag, namentlich wenn sich seine Künstlerfreunde, die Mieris, Lievens, A. de Vois, de Moor und andere abends bei ihm versammelten, können wir gern zugeben, aber das berechtigt uns nicht, ihn für einen liederlichen Trunkenbold auszugeben. Wenn wir die hundert und mehr Bilder überblicken, in denen Jan Steen das Leben und Treiben im Wirtshaus darstellt, so werden wir bewundernd anerkennen, wie der Künstler seine Zeit hier ausnützte, mit welchem philosophischen Humor, mit welch offenem Künstlerauge er dem Treiben um ihn her gegenüberstand.

Houbraken verweist uns auf Steens Bilder, um daraus sein Leben und Trachten kennen zu lernen; gewiß mit Recht, aber sie erzählen uns doch etwas ganz anderes als dem alten holländischen Künstlerbiographen. Ein Mann von der Schaffenskraft und Schaffensfreudigkeit, dem Fleiß und Können eines Jan Steen muß schon große künstlerische, aber auch hervorragende moralische Eigenschaften besessen haben. Daß er in seinen Arbeiten sehr ungleichmäßig war, daß er manche geringe, ja geradezu schlechte Bilder gemalt hat, ist freilich ein Beweis, daß er nicht die hohen Anforderungen an seine eigene Kunst stellte, wie etwa ein Terborch oder Vermeer, und daß er sich vielleicht auch in seiner Lebensweise mehr gehen ließ als jene, aber die große Zahl trefflicher Gemälde, die von ihm erhalten sind, lehrt doch auch, daß er ausdauernden Fleiß und große Arbeitskraft besaß.

Jan Steen besitzt eine Phantasie und eine vielseitige Gestaltungsgabe wie kaum ein zweiter Künstler in Holland, Rembrandt ausgenommen. Er ist freilich Genremaler und bleibt es, auch wenn er historische Motive malt, aber innerhalb dieses scheinbar eng begrenzten Gebietes leistet er das nur Denkbare an Mannigfaltigkeit der Motive. Alle die kleinen und großen Begebenheiten des alltäglichen Lebens in Holland, wie er sie mit scharfen Augen beobachtete, hat er in den verschiedensten Abwandlungen wiedergegeben. Von der Wiege bis zur Bahre begleitet er den Menschen, die Freuden und Leiden in den Häusern aller Stände schildert er mit unerschöpflichem Behagen an charakteristischen Situationen. Die Bauern zeigt er uns in der Kneipe, rauchend, spielend und zechend, beim Tanz oder beim Kegelspiel. Vorwiegend ist es aber der Städter aus dem kleinen und mittleren Bürgerstand, dessen Treiben er verfolgt. Bald führt uns der Künstler auf die Straße oder auf den Markt, er läßt einen Hochzeitszug an uns vorbeiziehen, zeigt uns eine Kirmes, eine lärmende Schar von Gassenbuben, die den Preisbullen geleitet, das Getümmel vor dem Wirtshaus, wo Reisende ankommen und angeheiterte Gäste den Heimweg suchen, die Rückkehr vom Markt, ein Picknick im Freien, eine Katzenmusik bei Mondschein, die Vermummte vor dem Haus der Geliebten vollführen, Zigeuner, die wahrsagen, einen Hühnerhof, auf dem ein kleines Mädchen das Geflügel füttert, und manche ähnliche Motive. Auch läßt er uns wohl den Handwerker oder den Gelehrten bei der Arbeit sehen: den Bäcker, der sein Brot ausbläst, den Fischhändler, den Milchbauern, den Trödler, ihre Waren ausrufend, den Schreiber oder Notar am Arbeitstisch, den Alchymisten, vor allem den Arzt, dessen Tätigkeit bei Liebesaffären er uns in Dutzenden von Bildern vorführt. Am liebsten und häufigsten erzählt er uns aber von dem geselligen Leben in Holland und führt es uns in einer Mannigfaltigkeit und Lebendigkeit vor Augen, wie es keines anderen Volkes Künstler je gelang. Er geleitet uns in die Wohnstube, in den Eßsaal, in Küche und Kammer, in den Wirtshaussaal und das Kneipzimmer, in den Biergarten und nicht selten auch in schlechte Häuser. Kein holländisches Nationalfest, das er nicht in Bildern verewigt hätte, wie er auch selbst unter den Gästen ungern gefehlt haben wird. Als begeisterter Musikfreund berichtet er auch über musikalische Vergnügungen und Konzerte mit feinen und mit groben Instrumenten, im Hause und auf der Straße. Volksfeste wie Hahnenkämpfe, des Prinzen Geburtstag, Literatenvorstellungen (die Rhetoryker), Tanz und Schmausereien bis zu den ausgelassensten Orgien ziehen in stets neuer unterhaltender Form an unseren Augen vorüber. Selten kommt es dabei zum Streit; nur ein paar Bilder zeigen uns Schlägereien, Messeraffären oder Plünderungsszenen. Wie dem Bacchus, so bezeugt der Künstler vor allem auch der Venus seine Verehrung. Liebesszenen aller Art, aus allen Ständen, aufgeführt von den Vertretern jeglichen Alters, vom Entstehen erster zarter Zuneigung bis zu den zudringlichsten erotischen Anträgen hat Jan Steen in fast zahllosen Bildern dargestellt; nicht selten eine zweideutige oder selbst laszive Auffassung zulassend, aber stets durch Humor und feinste Beobachtung erfreuend.

Wie sich die Lebensführung der Erwachsenen in dem Benehmen der Kinder mannigfach spiegelt, wie bei diesen die Neigungen zur menschlichen Art und Unart schon lebendig zum Ausdruck kommen, das hat der Künstler mit besonderem Behagen und seltenem Geschick zu schildern verstanden. Das Treiben der Kinder in der Schule, bei ihren Spielen, in der Kinderstube und im Verkehr mit den Eltern und Großen ist der Vorwurf zahlreicher Gemälde, bei denen die feine, gutherzige Art des Künstlers, seine Liebe und sein Verständnis für das Kinderherz meist weit stärker zum Vorschein kommt wie das Gefallen an der Posse oder dem Spott.

Daß bei des Künstlers Hang zur Satire auch zahlreiche historische Bilder, namentlich solche aus der biblischen Geschichte, selbst mythologische Darstellungen und Porträts von ihm vorkommen, muß auf den ersten Blick auffällig erscheinen. Doch ergibt sich eine Erklärung schon bei einem kurzen Aufzählen einiger der dargestellten Gegenstände. Wir finden mehrere Bilder aus der Geschichte des jüdischen Herkules Simson, aus der Geschichte Davids, der Esther, Mosis, dann aus dem Neuen Testament die Predigt Johannes des Täufers, die Hochzeit zu Kana, aus der römischen Geschichte den Raub der Sabinerinnen und die Enthaltsamkeit des Scipio, aus der Mythologie einige Darstellungen nach Ovid; also regelmäßig Motive, die der genrehaften Auffassung des Künstlers entsprechen und seinem Spotte Stoff bieten, vor allem wieder Szenen, in denen die Liebe die Hauptrolle spielt. Die Geschichte der Delila, Bathseba, Kleopatra, der Sabinerinnen versetzt er ohne besondere Umstände in seine holländische Umgebung und steckt die Gestalten selbst in holländische Kostüme, so daß solche Motive uns heute nicht selten wie Parodien erscheinen, die sie gewiß nicht sein sollen. Auch in den selteneren Porträts, Einzelbildnissen wie Familienporträts, ist der sittenbildliche Charakter stark ausgeprägt, das einzige Selbstporträt im Rijksmuseum ausgenommen. Nur in Nebendingen äußert sich bei ihm eine Begabung, die nicht auf dem Gebiet des Genremalers liegt: in den Hintergründen seiner Landschaften, die oft einen bedeutenden Raum im Bild einnehmen, und im Stilleben, das er gelegentlich im Vordergrund oder bei Gastszenen auf den Tischen anbringt.

Der erfinderischen Gabe des Künstlers kommt sein Geschick in der Anordnung, sein Kompositionstalent gleich. Steen wird sich keine akademischen Skrupel über den Aufbau seiner Bilder, über Tiefenwirkung, Kulissen, Kontrapost und so fort gemacht haben, aber halb unbewußt folgt er allen künstlerischen Gesetzen und wirkt durch sie, ohne daß wir die Absicht verspüren. Er liebt figurenreiche Kompositionen, und da sie voll sprudelnden Lebens sind, gibt er die einzelnen Gestalten in starker Bewegung, und doch wirkt das Ganze ruhig und geschlossen. Er weiß die Figuren geschickt im Raum zu verteilen und versteht es gleich gut, die Handlung auf einen bestimmten wirkungsvollen Moment einzustellen, alle Hauptfiguren daran teilnehmen zu lassen und die Nebenfiguren zur Charakteristik von Ort und Darstellung zu verwenden. In der Individualisierung des Einzelnen aber ist er unerschöpflich. Freilich kommen manche seiner Gestalten wiederholt, einzelne sogar sehr häufig in seinen Bildern vor, weil er es liebt, seine Modelle, wie die Motive, aus seiner Umgebung zu nehmen. Trotzdem ist der Reichtum an verschiedenen Typen bei den zahllosen Gemälden immer noch groß genug, und unter ihnen finden sich Figuren von so köstlicher Lebenswahrheit, daß sie wie echte Illustrationen zu den Lustspielen eines Shakespeare, Molière oder Rabelais wirken. Man glaubt Gestalten wie Falstaff, Poyns, Malvolio vor sich zu haben und denkt an den Witz in den Volksszenen des großen Britendichters. Denn der Grundzug seiner Charakteristik ist der Humor; er ist recht eigentlich die belebende Kraft seiner Bilder. Er ist nicht so derber und doch gutmütiger Art wie der des Frans Hals, nicht so übermütig und zugleich harmlos überlegen wie bei Brouwer, sondern leicht absichtlich, satirisch und selbst moralisierend. Freilich wird uns die Moral nicht durch die Darstellung selbst aufgedrängt, die nur allgemein menschliche Vorgänge gibt; nur gelegentliche Aufschriften an versteckter Stelle weisen auf eine lehrhafte Nebenabsicht (»Soo d'ouden songen, soo pypen de jongen«; »hier helpt geen medesyn, want het is minnepyn«; »wat baeter kaers of Bril, als den Uil niet zien en wil« und so fort). Bisweilen kommen solche Bilder über das Niveau flüchtiger oder selbst roher Illustrationen nicht hinaus, aber meist wirkt seine Vorführung nicht als ausgeklügelte Moralpredigt. Sie reizt mehr zum Lachen als zum Nachdenken über Wert und Unwert der Personen, die in die komische Situation kamen. Das gilt auch für die oft derben Doktorszenen. Wenn er zeigt, wie der Scharlatan auf dem Markt den Geistesschwachen am »Stein« operiert, der Doktor mit bedenklicher Miene das »Wasser« besieht, der Zahnarzt den Bauer beim Ausreißen eines kranken Zahnes durchs Zimmer zerrt, der Bader einer feisten jungen Frau ein Klistier gibt oder einem jungen Burschen das Pflaster auf die Wunden von der letzten Keilerei legt, wenn er erzählt, wie die verliebte junge Schöne dem gelehrten alten Herrn, den sein spitzer Hut als Arzt kennzeichnet, ihr eingebildetes Leiden klagt, oder wie dieser der Jungvermählten die Gründe ihrer Klagen anzudeuten sucht: da kommt nicht nur der Sinn für Spott und Hohn über Menschen, die sich betören und verführen lassen, zum Ausdruck, der Künstler lebt und fühlt doch auch mit den Verlachten und läßt oft die ihm eigene herzliche Gutmütigkeit mitsprechen, die in manchen intimen Familienszenen und Kinderbildern so unmittelbar auf den Beschauer wirkt.

Der Humor ist die Hauptstärke des Künstlers, nicht selten aber auch seine Schwäche, da er leicht das Maß überschreitet, die Charakteristik bis zur Karikatur übertreibt und ihr die künstlerischen Anforderungen unterordnet oder sie darüber vernachlässigt. Dies ist namentlich der Fall bei den Nebenfiguren, die er zur Bereicherung der Komposition im Hintergrund anbringt. Sie sind meist nur skizzenhaft angedeutet und mehr Typen als Individuen, ähnlich wie bei Brouwer. Aber während dieser in solchen Figuren mit wenigen Strichen die Form sicher und groß angibt, kommen bei Steen arge Verzeichnungen und schludrige Ausführung nur zu häufig vor.

Solche Flüchtigkeiten und Fehler stören nicht selten in Bildern, die sonst zu seinen schönsten gehören. Daneben haben viele seiner Gemälde auch in malerischer Beziehung mehr oder weniger große Schwächen; sie sind leicht unharmonisch in der Farbe oder durch einen schweren schokoladenfarbenen Ton in der Wirkung beeinträchtigt. Doch ist zum Glück auch die Zahl von Bildern, die bis in alle Einzelheiten aufs liebevollste durchgeführt und in ihrer Färbung und Behandlung von höchstem Reiz sind, recht beträchtlich. In solchen Bildern müssen wir den Künstler mit den übrigen großen Sittenbildmalern Hollands vergleichen, um uns zu überzeugen, daß er neben ihnen genannt zu werden verdient. Merkwürdigerweise steht er dann in malerischer Qualität bald dem einen, bald dem andern unter ihnen auffallend nahe, ohne doch dabei abhängig von ihnen zu erscheinen. Die paradox klingende Behauptung, daß Jan Steen am besten ist, wenn er sich selbst am wenigstens gleicht, ließe sich mit Erfolg verteidigen. Es gibt von ihm kleine Bilder mit einer oder zwei

Figuren: ein junges Mädchen bei der Toilette, Frau Margrit Steen beim Lever (im Buckingham Palace und in der Galerie R. Kann zu Paris), der Klavierunterricht (in der Londoner National Gallery) und andere mehr, worin der Künstler in der Delikatesse der Zeichnung, in Verschmolzenheit und Schönheit der Farben, selbst in der ruhigen Beschaulichkeit einem Gabriel Metsu oder Frans van Mieris verwandt ist. Andere Bilder, wie Jan Steen beim Austernfrühstück in der Sammlung Neumann zu London (aus der Hope-Collection) und das ähnliche Bild in Lowther Castle, erinnern in der sonnigen Wirkung des Innenraumes und in der Pracht der Stoffe an Gemälde des Pieter de Hooch, während Darstellungen aus dem Bauernleben dem Adriaen van Ostade gleichkommen, wie ähnliche Motive im Freien an Isack van Ostade denken lassen. Selbst der Delftsche Vermeer und Nicolas Maes werden uns bei einzelnen seiner Bilder ins Gedächtnis gerufen. In den Stilleben, die er bei seinen Festen auf den Tafeln oder im Vordergrunde anbringt, kommt der Künstler bald einem Gerard Dou, bald Willem Kalf oder seinem Schwager Claeuw nahe, aber in der leichten, spitzigen Behandlung, in der reicheren Färbung, in der bewegteren Komposition unterscheidet er sich auch in solchen Bildern von allen anderen Künstlern.

Die Verwandtschaft bald mit diesem, bald mit jenem gleichzeitigen holländischen Maler hat zu dem Schluß verführt, den Künstler zu diesen Malern in ein gewisses Abhängigkeits- oder Schulverhältnis zu bringen und darnach den Verfolg seiner künstlerischen Entwickelung zu bestimmen oder richtiger zu erraten. Da er angeblich Schüler seines Schwiegervaters Jan van Goyen war, so hat man die Bilder mit landschaftlichem Hintergrund für Jugendwerke gehalten; man hat die Bilder aus dem Bauernleben in die sechziger Jahre gesetzt, als er in Haarlem lebte und mit Adriaen van Ostade in naher Beziehung gestanden haben könnte, während man seine fein durchgeführten Bildchen in der Art des Frans van Mieris seinem letzten Aufenthalt in seiner Vaterstadt Leiden (seit etwa 1670) zugeschrieben hatte, wo er mit Mieris befreundet gewesen sein soll. Auch nach der Qualität glaubte man seine Werke chronologisch ordnen zu können, indem man die flüchtigen und meist ziemlich eintönigen Gemälde bald in die frühe, bald in die späte Zeit gesetzt hat. Aber es gibt ganz frühe Werke, die vortrefflich sind, und ebenso noch solche aus seinem späteren Leben, während die Mehrzahl seiner durch Komposition, Humor und malerische Vorzüge ausgezeichneten Bilder in den sechziger Jahren zur Zeit seines Aufenthalts in Haarlem entstand. Dies läßt sich dadurch feststellen, daß weitaus die meisten der auf seinen Gemälden selten vorkommenden Daten sich gerade auf Bildern dieser Zeit finden. Es fehlt übrigens auch nicht ganz an datierten Gemälden aus früherer und aus späterer Zeit; Daten kennen wir von 1653 bis 1678, also bis kurz vor seinem Tode im Februar 1679. Auch läßt sich zum Teil aus den Trachten*) und dem Alter seiner Familienmitglieder, die er so häufig zur Darstellung bringt, die Zeit der Entstehung mancher seiner Bilder ziemlich genau bestimmen. Darnach möchte ich annehmen, daß Jan Steen vielleicht noch vor seiner Lehrzeit bei Knupfer, dessen Einfluß bis in die letzte Zeit gelegentlich zur Erscheinung kommt, bei Jacob de Wet in Haarlem dessen beliebte Zeichenschule durchmachte. Dies wird namentlich aus manchen biblischen Bildern deutlich, wie aus der Johannespredigt im Dessauer Schloß (J. Asselyn genannt), die wohl schon um 1650 oder noch etwas früher entstanden ist. Haarlemer Jugendeindrücke, von J. de Wet und namentlich von Isack van Ostade, verrät auch die bekannte 1653 gemalte »Einholung der Braut« der Sammlung Six zu Amsterdam, das verwandte Bild »Der Markt zu Leiden« in der Städelschen Sammlung zu Frankfurt, der »Jahrmarkt« im Besitz von Albert von Goldschmidt-Rothschild in Berlin und andere mehr. Damals wird auch Frans Hals einen tiefen Eindruck auf den jungen Künstler gemacht haben, wie es sich in seiner ganzen Auffassung, in seinem Humor, in dem köstlichen Lachen seiner Gestalten, namentlich seiner Kinder, verrät. Eine Studie, die in der Art der Halsschen Werkstattbilder gemalt ist, der gewiß sehr früh entstandene Rommelpotspieler, befindet sich in der Sammlung M. Kappel zu Berlin, noch sorglos und ungeschickt in drei

*) Aus den Trachten läßt sich bei Steen die Entstehungszeit seiner Bilder nicht immer mit Zuverlässigkeit ableiten, da er seine Figuren nur selten in modischen Kostümen zeigt.

Halbfiguren komponiert, aber breit und sicher hingesetzt, die Hauptfigur ganz wie von Jan oder Harmen Hals oder Judith Leyster.

Damals war Steen schon lange ausübender Künstler, hatte er doch schon 1648 die Gilde in seiner Vaterstadt Leiden mit aufgetan. Hier hatten neue Eindrücke auf ihn eingewirkt; Bilder eines Gerard Dou, eines Metsu und F. van Mieris schwebten ihm vor, als er Werke wie die früher in der Sammlung Rothan zu Paris befindliche »Junge Dame am Toilettetisch« (wohl seine Gattin Margrit) malte, die aus dem Jahre 1654 datiert ist. Schon in diesem und in den folgenden Jahren müssen seine ersten Familienfeste: seine »Dreikönigsabende«, »St. Nikolasfeier« und »Bohnenfeste« entstanden sein, in denen wir ihn mit seiner jungen, gleichgesinnten Gattin, seinen Eltern und Kindern, gelegentlich auch mit einzelnen Verwandten und dienenden Geistern in heiterem Verein beim Mahl, bei Musik und Gesang beisammen sehen. Auf einem dieser Bilder, das sich 1896 bei Ch. Sedelmeyer in Paris befand, ist das Ehepaar noch ganz jung, das einzige Kind ist etwa zwei Jahre alt; demnach muß das Bild um 1653 gemalt sein. Auf dem ähnlichen, sehr feinen Bilde im Mauritshuis des Haag ist der reizende Bube, der die Eltern mit seinem Flötenspiel erfreut, schon etwa sieben Jahre alt, und zwei jüngere Geschwister sind da; wir müssen das Bild darnach um 1658 setzen, was auch mit dem Alter der Eltern und Großeltern übereinstimmt. Ähnliche Gemälde sind aus diesem und den folgenden Jahren erhalten, bis im Jahre 1669 aus dem heiteren Kreise die jovialste, anziehendste Gestalt, die Gattin des Künstlers, durch den Tod abberufen wurde. Noch im Jahre vorher hatte er sie in dem Meisterwerk der Kasseler Galerie köstlich frisch und ungeniert geschildert, wie sie dem Jüngsten zuschaut, der als Bohnenkönig tapfer seinen Trunk tut, während der Künstler, schon in behäbiger Fülle, lachend sich zu einem steifen Philister am Nebentische wendet. Der vereinsamte Gatte zog bald darauf nach seiner Heimat Leiden zurück, erhielt 1672 die Erlaubnis zur Eröffnung einer Wirtschaft und heiratete wenige Monate darauf im Frühjahr 1673 die Witwe eines Leidener Buchhändlers, Maria van Egmont. Nach Houbrakens Angabe lebten beide, obgleich oft schmale Küche bei ihnen war, friedlich und vergnüglich; aber von diesem Zusammenleben hat uns der Künstler, soviel ich sehen kann, keine Bilder hinterlassen.

Aus den zahlreichen Gemälden, welche uns Jan Steen zwischen den Seinen im Haus und in der Wirtsstube zeigen, wie aus der subjektiven Art seiner Auffassung können wir uns ein Bild des Mannes machen, das sehr viel klarer und günstiger ist, als das Bild, welches die halb erfundenen Schnurren Houbrakens und die nüchternen Urkunden ergeben. Das Selbstbildnis des Künstlers im Rijksmuseum, das einzige lebensgroße Porträt seiner Hand, zeigt den etwa Fünfunddreißigjährigen ganz wie er aus seinen Bildern zu uns spricht. Aus den kleinen, scharf beobachtenden Augen, den mephistophelisch hochgezogenen Augenbrauen, der kräftigen Nase, den vollen Lippen, dem halb sarkastischen, halb jovialen Zug um den feingeschwungenen Mund spricht eine frische und offene Natur von starker Sinnlichkeit, voll Lebenslust und Kraft, voll von der überlegenen Lebensweisheit eines Diogenes und doch beseelt von echtem gutherzigen Humor. Offen und gefällig, leichtlebig und heiter, so charakterisiert ihn Houbraken, und so schildert er sich selbst in den zahlreichen Werken, in denen er sich bald als humorvollen Beobachter, bald als heiteren Gast inmitten seiner Freunde und Familienmitglieder dargestellt hat.

DIE LANDSCHAFTSMALEREI IN HOLLAND

Schon die niederländischen Meister, die mit dem Beginn des 15. Jahrhunderts die Malerei in den Niederlanden zu einer selbständigen Kunst neben und trotz der italienischen erhoben, zeigen einen stark entwickelten landschaftlichen Sinn. Ja, die landschaftlichen Hintergründe in den Gemälden der Brüder van Eyck und ihrer Nachfolger, wie in den Kalenderbildern und einzelnen Darstellungen der Miniaturmaler ihrer Richtung sind in der naiven Treue der Beobachtung und in der vollendeten Wiedergabe der Einzelheiten unübertroffen. In den nördlichen Provinzen war Albert Ouwater in Haarlem, wohl ein Nachfolger der van Eyck, von dem uns bisher leider nur ein Innenbild bekannt ist, gerade wegen der Landschaften in seinen Gemälden besonders berühmt. Bei den ihm folgenden Frühholländern Geertgen tot St. Jans und Lucas van Leiden können wir noch heute die feine landschaftliche Empfindung, den Sinn für starke Licht- und Lufttöne, der sie vor den Vlamen auszeichnet, bewundern. Auch Hieronymus Bosch und namentlich Pieter Brueghel, deren landschaftliche Schöpfungen ebenso groß erfunden wie ursprünglich gesehen und durch einheitliche Stimmungen zusammengehalten sind, waren auf halbholländischem Boden geboren. Aber die schwere politische Spannung, die über dem Lande lag, unterbrach schon vor der Mitte des 16. Jahrhunderts diese Entwickelung. In den folgenden Jahrzehnten machte der verheerende Krieg jeder bedeutenden Betätigung der Kunst in den holländischen Provinzen ein Ende. Die Erfolge, welche die Staaten allmählich über die spanischen Heere errangen, das rasche, außerordentliche Aufblühen der Städte und die religiöse Duldung wirkten zusammen, um gegen die Wende des Jahrhunderts eine Reihe tüchtiger Künstler aus den spanischen Niederlanden nach dem Norden zu locken. Diese Emigranten, die um ihres Glaubens willen ihr Land verließen und in Amsterdam eine neue Heimat fanden, waren meist Landschaftsmaler. Naturgemäß verleugnen sie ihren vlämischen Charakter auch in ihren späteren Bildern nicht. Um sie versammelt sich eine jüngere Schar gleichfalls meist aus dem Süden ausgewanderter Maler, die eine ähnliche Richtung verfolgen. Den Waldesbildern eines Gilles van Coninxloo mit den mächtigen Baumriesen und dem heimlichen Dunkel, den Berglandschaften eines Pieter Schoubroeck mit den reichen Tälern und waldigen Höhen bei effektvoller Beleuchtung fehlt zwar noch die individuelle Belebung, die richtige Raum- und Lichtwirkung und malerische Behandlung, aber die poetische Empfindung ihrer noch allgemein gesehenen, überfüllt komponierten Weltlandschaften bleibt nicht ohne Einfluß auf die spätere Entwickelung der holländischen Malerei, namentlich der Kunst, wie sie sich in Amsterdam entwickelt.

Neben dieser halb fremden und daher vielfach fremdartig wirkenden Kunst entwickelt sich frühzeitig eine selbständige holländische Landschaftsmalerei auf rein nationaler Basis; anfangs nur langsam und unsicher, seit dem zweiten Viertel des Jahrhunderts aber in raschem, zielbewußtem Anwachsen. Wie die Ausbildung des Stillebens und des Sittenbildes, so ist auch die der Landschaftsmalerei bis zu einem gewissen Grade, namentlich anfangs, an bestimmte Kunststätten des Landes geknüpft. In der engen Weltstadt Amsterdam schafft die Sehnsucht nach der freien Natur das Seebild und die Gebirgslandschaft; in Haarlem begeistert man sich für die schönen farbigen Szenerien der Umgebung mit den buschigen Dünen und den weiten Blicken in die Ferne; im Haag, in dem nahen Leiden und Dordrecht geht den Künstlern bei ihren Studien am Meeresstrand und an den breiten Flußläufen das Verständnis auf für die feinen Veränderungen, welche die Luft auf die Erscheinung der Landschaft hervorbringt: sie entdecken die tonige Landschaft. Aber diese lokalen Unterschiede, die schon an sich schwer zu erkennen sind, verwischen sich noch mehr infolge der Wanderlust der holländischen Künstler, zumal der Landschaftsmaler. Zudem wirkt die Anziehungskraft der Weltstadt Amsterdam übermächtig. So vereinigt sich hier allmählich die Mehrzahl bedeutender Meister. Durch sie werden dann auch die lokalen Richtungen der Nachbarstädte wesentlich beeinflußt. Die Landschaftsschule von ganz Holland schließt sich zusammen und treibt gemeinsam die Blüte hervor, die sich mehr als ein viertel Jahrhundert erhält, bis sie, schon in den siebziger Jahren, plötzlich und rasch verkommt, da die Meister in Manier und kleinliche Nachahmung verfallen.

Der Waffenstillstand mit Spanien im Jahre 1609 wirkte wie ein Zauberschlag auf das nationale Leben; auch in der Kunst sproß die schlummernde Saat mit frischer Keimkraft hervor. Holland hat fortan seine eigene Kunst, der die Schilderung der eigenen Person wie die schlichte, naive Wiedergabe der Heimat und des Heims mit allem, was dem Holländer darin lieb und teuer war, darstellungswert erschien. Hatte die Malerei, da die Kirchen schmucklos bleiben mußten, doch vornehmlich die Aufgabe, für das bürgerliche Haus zu schaffen. Durch ihre anspruchslose bescheidene Auffassung, mit der sie alles dauernd festhielt, was das stolze Eigentum ihrer Landsleute war, wurde sie rasch populär, füllte sie mit ihren Schöpfungen auch die bescheidenste Bürgerwohnung. Porträtisten der heimischen Landschaft erstehen gleichzeitig in den ersten beiden Jahrzehnten des neuen Jahrhunderts fast im ganzen Lande, selbst in kleineren Städten. Ihre kleinen Landschaften, Ölbilder wie Aquarelle und durchgeführte Zeichnungen, häufig noch in Anlehnung an alte Monats- oder Jahreszeitenbilder entstanden, sind nüchterne und knappe Schilderungen des holländischen Landes, ohne besondere Wahl und größere Kunstfertigkeit, aber treu und ehrlich wiedergegeben mit dem Leben, wie es sich täglich abspielte: die einfachsten Motive vom platten Lande, das glücklich vom Feinde befreit war, vom Strand und vom Meer, das die eigenen Schiffe jetzt beherrschten. Noch erscheinen diese Bilder und Bildchen wie das Stammeln eines Kindes, denn alles war neu, alles mußte von vorn wieder gelernt werden. Aber dieses fröhliche Entdecken im eigenen Lande, unter den nächsten Menschen, der Wagemut, mit dem das Neue naiv gegeben wird, gibt ihnen eine frische Erscheinung, erweckt unsere Mitfreude, muß diese auch den hohen künstlerischen Genuß ersetzen.

Das unverdrossene, ehrliche Naturstudium brachte die Künstler allmählich zur Beobachtung komplizierterer Erscheinungen in der Landschaft. Sie gewannen Verständnis für den Reiz in der Verschiebung und Durchschneidung der Linien, für die Bedeutung des Horizontes, der Ausblicke in die Ferne und aus der Höhe, für die Wölbung des Himmels und der reichen Wolkenbildungen, für die Beleuchtung zu verschiedenen Tageszeiten; und mit der Erkenntnis der Linien- und Luftperspektive wurde ihnen auch die eigentümliche Schönheit der holländischen Landschaft in der Abtönung ihrer Lokalfarben durch den Dunst des nahen Meeres, der die Luft ganz durchtränkt, bewußt. Mit den zwanziger Jahren entwickelt sich die holländische Landschaftsmalerei nach dieser Richtung zu einer ersten, sehr beachtenswerten Blüte. Eine Reihe von Künstlern im Haag, in Haarlem, Rotterdam und Amsterdam, voran Jan van Goyen, wissen die mannigfachen Reize der heimischen Gefilde mit der eigentümlichen Luftstimmung an den Kanälen und an der See in einer Fülle meist kleiner Bilder verschiedenartig, oft pikant und voller Kunst in der malerischen Wiedergabe zur Anschauung zu bringen.

Weiter in der Entwickelung gefördert wurde diese Tonmalerei durch die Beobachtung des Sonnenlichtes, das durch den Einfluß der holländischen Atmosphäre golden gebrochen wird. Die im Sonnenglanz gebadeten Weiden Hollands oder das träge Wasser, welches das Licht schimmernd zurückstrahlt, gelegentlich auch die flache Landschaft im milden Glanze des Mondlichtes, haben damals einzelne Künstler, vor allen Aelbert Cuyp und Jan van der Cappelle, mit einer Leuchtkraft und Klarheit geschildert, die noch über die Lichtwirkung der klassischen Landschaften eines Claude Lorrain hinausgeht.

Indem diese Künstler so die heimische Landschaft, Land und Meer, in ihrer charakteristischen Form unter der Einwirkung von Licht und Luft in der mannigfachsten und oft vollendetsten Weise zur Darstellung brachten, hatten sie doch die Vielfältigkeit der sie umgebenden Erscheinungswelt noch keineswegs erschöpft; andere Eigentümlichkeiten der holländischen Landschaft waren vernachlässigt oder noch unberücksichtigt geblieben. Der strenge, durch gleichmäßige Horizontalen und kürzere Vertikalen geregelte

Aufbau, ihr Reichtum in den Einzelheiten, die Lokalfarben waren über dem Streben nach impressionistischer Wiedergabe der tonigen Wirkung nicht zu genügender Geltung gekommen. So beginnt sich, als eben die Tonmalerei in der Landschaft ihre höchsten Triumphe feierte, die Opposition gegen diese Auffassung zu regen. Hatte der Amsterdamer Hercules Segers in seinen Alpentälern neben dem Verständnis für Lichtwirkung und Ferne wieder den Sinn für große Formen und stilvollen Aufbau der Landschaft geweckt, so entdeckten jüngere Haarlemer Maler, voran Cornelis Vroom, die Schönheiten des Waldes mit seinen alten Bäumen, seinem frischen Grün und seinem heimlichen Dunkel. Damit führten sie zugleich ein neues Element in die Landschaftsmalerei ein, die Stimmung, die Übertragung unserer menschlichen Empfindungen auf die Natur, die Einwirkung bestimmter Beleuchtungen und Färbungen in der Landschaft auf unser Gemüt. Diese Stimmung hatten neben und vor jenen Haarlemer Meistern mit sehr viel größerer Entschiedenheit Segers und vor allem Rembrandt recht eigentlich zum Grundmotiv der landschaftlichen Kompositionen gemacht. Auf dieser Grundlage bringt ein jüngerer Haarlemer Maler, Jacob van Ruisdael, die holländische Landschaftsmalerei zu ihrer höchsten und letzten Blüte. Auch in seinen Bildern ist die Stimmung ein wesentliches Moment, ja das, welches ihnen ihren besonderen Reiz gibt; aber der Künstler vernachlässigt darüber nicht die detaillierte Wiedergabe der Natur, durch die er seinen Landschaften den Eindruck strenger Objektivität wahrt. So geht ihm auch erst der Reichtum der Motive seiner Heimat auf. Die mannigfachen Schönheiten des holländischen und niederdeutschen Landes: die weiten Fernsichten mit dem hohen Himmel, die dunklen Wälder, den belebten Strand mit dem Blick auf die See und das einsame Meer selbst, ja auch Städtebilder schildert Ruisdael und schildern die zahlreichen Meister, die mehr oder weniger selbständige Nachfolger werden, unter Beobachtung der vielfachen atmosphärischen Einwirkungen, der Beleuchtung beim Wechsel der Tageszeiten und zu den verschiedenen Jahreszeiten, bald in stiller Einsamkeit, bald mit dem bunten Treiben, das sich darin abspielt.

Neben dieser durch mehr als ein Vierteljahrhundert in glänzender Blüte sich entfaltenden nationalen Kunst geht eine andere Richtung der holländischen Landschaftsmalerei, die in Italien ihre Motive sucht und durch die Künstler in Rom, anfangs durch den deutschen Maler Elsheimer, später durch Claude, wesentlich beeinflußt wird. Vom katholischen Utrecht ausgehend und hier schon wegen der Beziehungen zu Rom besonders gepflegt, erfreut sie sich, wie die klassizierende akademische Kunst überhaupt, der Protektion der gelehrten Kreise. Mit der zunehmenden Verbreitung der klassischen Bildung, mit der Steigerung von Luxus und Formalismus, mit dem Eindringen des romanischen Einflusses und der Verzopfung des ganzen Lebens in Holland erhält diese Richtung der Landschaftsmalerei mehr und mehr das Übergewicht über die urwüchsige Lust an der Heimatsschilderung. Der Sinn für das Große, für Wahrheit und Stimmung in der Landschaft verliert sich und macht der Freude am Kleinen und Glatten, dem Unwahren Platz. Die zierlichen idyllischen Landschaftsbildchen mit Motiven aus der Umgebung Roms und mit lüsterner mythologischer Staffage werden wieder die allgemeine Mode. Die Künstler kehren zur Nachahmung eines Elsheimers, selbst eines Brueghels, von der sie fast ein Jahrhundert früher ausgegangen waren, wieder zurück oder gefallen sich in der faden und kleinlichen Nachäffung der Kulissenmalerei italienischer Nachahmer des Salvator Rosa und Gaspard Poussin. Während jene Anfänger der nationalen Kunst trotz ihrem Ungeschick in der biederen Naivität und dem Ernst ihres Strebens unser Gefallen erwecken, haben diese Dekadenzler fast nur noch eine kulturhistorische Bedeutung. Mehr als anderthalb Jahrhunderte hat die holländische Landschaftsmalerei gebraucht, bis sie sich aus dem Stadium der Nachahmung zu frischer Naturempfindung und freier Schöpfung wieder durchgearbeitet hat.

HERCULES SEGERS

Unter den Pfadfindern der modernen Landschaftsmalerei steht ein Künstler mit in vorderster Reihe, der bis vor kurzem in der Geschichte der holländischen Kunst nur als prägnantes Beispiel für das Sprichwort »Kunst geht nach Brot« genannt zu werden pflegte; sollte der Arme doch bei seiner Malerei schließlich verhungert sein! Bilder von diesem Künstler, Hercules Segers, wußte man nicht zu nennen, und seine äußerst seltenen Radierungen waren fast vergessen. Auf diese ganz eigenartigen farbig gedruckten Stichelblätter ist die Aufmerksamkeit wieder gelenkt worden, seitdem das Oeuvre des Meisters aus einem Klebebande der Akademie zu Amsterdam in das Rijksmuseum überführt worden ist und auf Versteigerungen für einzelne Blätter Preise wie für Rembrandtsche Radierungen bezahlt worden sind. Auch an Gemälden des Künstlers fehlt es nicht, aber sie waren unter fremden Namen versteckt.

Der neueren holländischen Urkundenforschung verdanken wir für das Leben dieses Künstlers die spärlichen Umrisse. Hercules Segers, der nach seinem Vater Pieter Segers auch Hercules Pietersz genannt wird, wurde 1590 geboren, wahrscheinlich in Haarlem. Doch finden wir ihn schon als Knaben in Amsterdam; hier kam er früh zu Gilles van Coninxloo in die Lehre. Bei dessen Tode 1606 scheint er noch bei ihm gewesen zu sein, da sein Vater noch Lehrgeld an Coninxloo schuldete. Wir begegnen Hercules als selbständigem Künstler zuerst 1612, wo er Mitglied der Gilde in Haarlem war. Bald darauf ging er wieder nach Amsterdam. Hier wurde er am 27. Dezember mit der vierzigjährigen Anneken van der Bruggen aus Antwerpen getraut, die seit dreizehn Jahren in Amsterdam ansässig war. In seinem Hause wird eine natürliche Tochter mit erzogen. Bis 1629 ist er in Amsterdam ansässig, wie die Urkunden mehrfach bezeugen. Im Jahre 1631 wird er in Utrecht erwähnt, und 1633 finden wir ihn im Haag, von wo er bald darauf wieder nach Amsterdam zurückgekehrt zu sein scheint, da ihn der Amsterdamer Samuel van Hoogstraeten »in zijne groene Jaeren« noch kannte. Da dieser 1627 geboren wurde, so dürfen wir Segers' Todesjahr etwa um 1640 setzen.

Die Urkunden, die ihn betreffen, bestehen fast zur Hälfte aus Schuldbekenntnissen. Sie bestätigen also die Aussagen der holländischen Künstlerbiographen, nach denen der Künstler dauernd mit Not zu kämpfen hatte; aber daß er am Hungertuche genagt haben soll, daß er zum Druck seiner Platten seine Hemden und das Leinenzeug seiner Frau hätte verwenden müssen, diese Angaben scheinen doch zu jenen Übertreibungen zu gehören, mit denen Houbraken und seine Nachschreiber ihre Erzählungen auszuschmücken liebten.

Auf dem Wege zur Auffindung der Gemälde von Segers müssen seine Radierungen unsere steten Begleiter sein. Nur wenn wir ihre Eigenart uns völlig eingeprägt haben, werden wir imstande sein, unter den Landschaftsbildern, die bald Rembrandt, bald Ruisdael, van Goyen und anderen Künstlern zugeschrieben werden, allmählich eine kleine Zahl von Werken für unseren Meister zu sichern. Segers' Radierwerk ist beträchtlich; allein das Amsterdamer Kabinett besitzt fünfzig verschiedene Blätter von ihm; im ganzen sind deren bis jetzt fast sechzig bekannt, viele darunter — soweit sie überhaupt in mehreren Abdrücken vorhanden sind — fast in so vielen Etats, als Exemplare davon vorkommen. Der Künstler, der in der durch Konvention gebundenen Landschaftsschule vom Ausgang des 16. Jahrhunderts groß wurde, empfindet doch vielfach schon so modern, daß er in seiner Vorliebe für farbige Drucke, die er bald in einem einzigen Tone, bald in mehreren Tönen druckte und dann hinterher noch stellenweise mit Farbe überging, als Vorläufer unserer modernsten Farbenradierer erscheint. Diese Radierungen gehören zu den größten Seltenheiten. Es gibt nur ein ziemlich vollständiges Werk derselben, das eben genannte im Kupferstichkabinett des Rijksmuseum zu Amsterdam. Außerdem finden sich im Printroom des British

Museum, im Dresdener und Berliner Kabinett, in der Albertina zu Wien und in der Sammlung des Königs Friedrich August II. zu Dresden je etwa zehn bis zwanzig dieser Blätter, nur einige wenige in anderen Sammlungen.

Die Motive sind fast nur landschaftlicher Art, und zwar sind es Landschaften ohne Figuren oder doch mit ganz untergeordneter Staffage. Die wenigen Ausnahmen bestätigen die Regel: Segers war Landschaftsmaler. Die »Beweinung unter dem Kreuz«, das einzige figürliche und zwar rein figürliche Blatt des Meisters, ist eine beinahe treue, im Gegensinn angefertigte Kopie nach dem bekannten Holzschnitt Hans Baldungs. Die Übertragung in eine persönliche Auffassung beweist zwar, daß der Künstler die Wiedergabe der menschlichen Formen beherrschte, aber er hält sich doch so eng an den älteren deutschen Meister, dessen herbe Auffassung ihm verwandt war und dessen Technik ihn besonders interessierte, daß wir daraus wohl schließen dürfen, er habe sich im allgemeinen von eigenen figürlichen Kompositionen ferngehalten. Auch ist die Behandlung des Fleisches und der Gewandung fast die gleiche wie die seiner Felsen und des Steinbodens: voller Furchen, zerrissen und zerfressen, sehr wenig fleischig, und darin sehr abweichend von Baldungs Vorbild. Es kommt ihm besonders auf die Farbenwirkung, auf die Tonwerte an, durch die er aus der schwarzen Zeichnung mit wenigen Tönen ein farbiges Bild gemacht hat. Daß er gelegentlich auch Figürliches gemalt haben kann, ist deshalb nicht ausgeschlossen. Das Madonnenbild (»een lieve vrouwtie met een kinnetie in den arm lesende in een boeck«), welches in einer Versteigerung im Haag 1662 ausdrücklich als ein Werk des Hercules Segers bezeichnet wird, möchte ich nicht, wie Bredius, für ein Werk des Antwerpener Gerard Seghers halten, um so weniger, als auch in einem Verzeichnis der Gemälde des Amsterdamer Kunsthändlers Johannes de Renialme 1655 mitten unter Segers' Landschaftsbildern ein »Mariabeelt van Segers« (taxiert auf 150 Gulden) vorkommt. In den Versteigerungen finden wir mehrfach ein Gemälde mit einem Totenkopf, ein Motiv, das er auf Bestellung eines Arztes gemalt zu haben scheint. Sonst weisen nur noch zwei urkundlich genannte Stilleben und eine Pferdestudie, die gleichfalls sein Verständnis für die Wiedergabe des Körperlichen zeigt, abweichende Motive auf.

In seinen Landschaftsradierungen führt uns Segers gelegentlich weite Flachlandschaften vor, die deutlich den Charakter seiner holländischen Heimat bekunden. Mehr als ein Dutzend Blätter dieser Art sind uns bekannt, sämtlich reich an Details und von vedutenhafter Treue, aber meist sehr einheitlich und malerisch in der Wirkung. Andere behandeln einfache waldige Motive: eine Hütte am Wege zwischen Bäumen, ein Waldinterieur, einen Weg am Waldesrand mit einer Stadt in der Ferne — schon C. Vroom und selbst einem frühen Jacob van Ruisdael und Hobbema verwandt —, dann eine frühe Arbeit: einen großen Baum in der Nähe des Meeres, die Ansicht eines stattlichen Renaissanceschlosses (Hämelscheburg bei Hameln?), die große Ansicht eines holländischen Landsitzes an einem breiten Flusse, aus der Vogelperspektive gesehen, den Ausblick aus einem Fenster auf die Norderkerk von Amsterdam und andere mehr. Die Mehrzahl seiner Radierungen stellt aber Berglandschaften dar, öde Täler mit steilen Wänden, deren nackte Felsen nur hier und da einem verkümmerten Baum, einer bärtigen Tanne Platz und Nahrung bieten. Der gleichen Art sind die wenigen Zeichnungen, die wir von Segers besitzen. Eine Szenerie von ausgesprochen alpinem Charakter. Und in der Tat vermeinen wir noch heute bestimmte Plätze aus dem Reußtal und dem oberen Engadin wieder zu erkennen. Andere Blätter, in denen Ausblicke in weite flache Ferne mit steilen Felsbildungen im Vordergrunde verbunden sind, erscheinen auf den ersten Blick als freie Kombinationen des Künstlers aus seinen Studien von der Alpenreise und aus heimischen Motiven. Bei näherer Betrachtung zeigen jedoch auch diese Blätter nichts von phantastischer Komposition oder willkürlicher Zusammenstellung; sie bieten eine durchaus einheitliche landschaftliche Erscheinung und lassen auf Erinnerungen an die Voralpen schließen. Ein Blatt des Amsterdamer Kabinetts mit einer weitläufigen Ruine, in welche Häuser mit flachen Dächern eingebaut sind, hat so ausgesprochen italienischen Charakter, daß wir annehmen müssen, der Künstler habe auch die Alpen überschritten und Italien gesehen.

Sämtliche Radierungen des Hercules Segers, so verschieden die Gegenden sind, die sie darstellen, und so deutlich sich reifere Arbeiten von früheren unterscheiden lassen, zeigen doch einen geschlossenen persönlichen Stil. Obgleich nicht ein Blatt seinen Namen trägt (die mit dem mehrdeutigen Monogramm H. S. bezeichnete Radierung scheint mir nicht von seiner Hand; leider trägt auch kein Blatt eine Jahreszahl), würde doch selbst ein Laie, der eine Anzahl dieser Radierungen aufmerksam betrachtet hat, in den übrigen leicht dieselbe Hand erkennen, ganz abgesehen davon, daß des Künstlers Eigenart sofort durch die Technik, mit der er seine Blätter in farbigen Tönen druckt und mit matten Farben teilweise ausmalt, in die Augen springt. Segers ist einer der ersten Landschaftsmaler in Holland, die sich als Radierer versuchten; seine Technik hat daher noch die einfache und kräftige, mehr zeichnende Art, wie sie gleichzeitig etwa Jan und Esaias van de Velde oder Willem Buytewech ausüben; aber er ist auch darin, wie in seinen Motiven, mannigfaltiger und origineller als diese Künstler. Auch sind offenbar die meisten einfachen Schwarzdrucke, die uns erhalten sind, als Probedrucke des Künstlers zu betrachten, die nur die Unterlage bildeten, auf welcher er durch verschiedenfarbigen Tondruck und nachträglichen Auftrag einzelner Farben Blätter von vollständiger Bildwirkung hervorzubringen suchte. In den kleinen Landschaften mit weiten Ausblicken beschränkt er sich in der Regel darauf, mit einfachen, fast parallelen kleinen Strichen die Bewegung und den Charakter des Terrains ausdrucksvoll wiederzugeben; die Blätter mit öden Alpengegenden sind dagegen in eigentümlich körniger Manier behandelt, den verwitterten Felsenformen entsprechend, die dargestellt sind; die Schatten scheinen hier wie mit Aquatinta ausgeführt. Gelegentlich geht er so weit, daß er auch die flüchtigsten Wolkenschatten in ganz moderner Weise wiedergibt. Noch andere Eigentümlichkeiten, ein gewisses Kompositionsschema und eine Vorliebe für einige besondere Naturformen geben seinen Werken ein auffallendes Gepräge. So verrät er seine Abkunft von der vlämischen Landschafterschule des 16. Jahrhunderts, insbesondere von seinem Lehrer Gilles van Coninxloo, durch die Versatzstücke, die er meist im Vordergrunde anbringt: eine ragende Felswand in einer Ecke mit einer kahlen Tanne, die sich gespenstisch von der hellen Luft abhebt, seltener ein dunkles Stück Terrain oder dergleichen. Darin wie in der Behandlung der Felsen erinnert er an ältere Mitschüler, wie R. Savery, der gleich ihm die Alpen zu seinem Hauptstudienfeld gewählt hatte. Sehr eigentümlich ist er in der Zeichnung der Bäume. Seine verkrüppelten und vertrockneten Tannen — es sollen wohl Lärchen sein — gleichen schlanken Puppen von Heu. Sie tragen nur vereinzelte kurze Äste mit Nadeln und sind mit Moosen wie mit Bärten behangen. In dieser Form kehren sie auf fast allen seinen Radierungen mit Berglandschaften wieder. Die Verwandtschaft dieser phantastischen Bildungen mit den Bäumen auf den Bildern deutscher Kleinmeister, namentlich Altdorfers, ist gewiß nicht rein zufällig; zeigen doch auch seine Farbendrucke und seine Technik den Anschluß an diese Künstler, die er, wie wir sehen, gelegentlich auch kopierte. Wo Segers Laubbäume anbringt, charakterisiert er sie meist durch derbe, kleine Tupfen, die an die Pointillé-Manier moderner Impressionisten erinnern. Nur in seiner ersten Zeit gibt er die Blätter noch vereinzelt, wie in dem »Großen Baum«. Bei diesen markanten Eigentümlichkeiten wird er jedoch nie einförmig oder gar Manierist; seine hohe Achtung vor der Natur und der Ernst seines Naturstudiums, in dem er alle Landschafter seiner Zeit übertrifft, lassen ihn fast in jedem Blatte neu und naturwahr erscheinen; und doch schafft er dank seiner reichen Phantasie und meisterhaften künstlerischen Anordnung aus jeder treuen Naturstudie ein abgerundetes Bild.

Eine so starke, künstlerische Sprache, wie sie aus diesen Landschaftsradierungen spricht, müßte auch in den Gemälden des Künstlers markant zum Ausdruck kommen. Daß ein Künstler von solchem auf das Malerische gerichteten Streben, mit dem er in seinen Drucken auf Wirkungen ausgeht, die sonst nur ein Gemälde erreicht, auch gemalt hat, können wir von vornherein annehmen. Daß es wirklich der Fall ist, ja daß Segers für seine verhältnismäßig kurze Lebenszeit eine nicht unbeträchtliche Zahl von Landschaftsbildern malte, beweisen uns die Nachlaßinventare und Versteigerungkataloge aus der Zeit des Künstlers und aus den späteren Jahren des 17. Jahrhunderts. So besaß der Amsterdamer Kunsthändler Johannes de Renialme im Jahre 1640 nicht weniger als sechsunddreißig seiner Gemälde. Wahrscheinlich hatte er damals den Nachlaß des einige Zeit vorher verstorbenen Künstlers an sich gebracht, denn fünfzehn Jahre später zählt ein anderes Verzeichnis seines Bilderbestandes nur noch acht Bilder von Segers auf.

Ein bezeichnetes Gemälde des Künstlers kennen wir seit längerer Zeit, die Flachlandschaft der Berliner Galerie, welche mit der Galerie Suermondt erworben wurde. Die Bezeichnung Hercules Segers, die bei einer Reinigung des Bildes unter der falschen Bezeichnung J. v. Goyen zutage kam, verrät dieselbe Hand wie die Unterschrift unter den Urkunden, die den Künstler betreffen. Das Bild ist aber auch durch eine Radierung des Künstlers im Amsterdamer Kabinett beglaubigt, die fast die gleiche Ansicht zeigt. Dargestellt ist ein echt holländisches Motiv, dem augenscheinlich wieder eine beinahe treu benutzte Studie nach der Natur zugrunde liegt: ein Blick auf das Städtchen Rhenen, wie die Situation und die eigentümliche Form des hohen Kirchturmes beweist. Hinter dem erhöhten Ufer, das ziemlich steil nach dem Flusse abfällt, blicken der gotische Turm und die Dächer der höheren Häuser der kleinen Stadt hervor, die sich am Ufer entlang zieht; auf der anderen Seite des Flusses dehnt sich die flache Ebene mit fetten Weiden und Feldern, durchzogen von niedrigen Hecken und belebt durch einzelne Kirchtürme und kleine Häuser, bis in die weite Ferne hinaus. Wie das Motiv auf einigen Radierungen wiederkehrt, so ist auch die Färbung der seiner farbigen Drucke ganz verwandt: kräftig, aber tonig, im Vordergrunde bräunlich-grün, im Mittelgrunde ein sattes Grün hervortretend, das in der Ferne etwas bläulich wird.

Die Berliner Galerie besitzt ein zweites, kleines Gemälde, das nach der großen Verwandtschaft mit diesem bezeichneten Bilde und mit den Radierungen ähnlicher Motive gleichfalls mit Sicherheit unserem Künstler zugeschrieben werden kann. Von einem leicht bewegten, dünenartigen Vordergunde blickt man auf einen kleinen, vor einem Flüßchen oder an einem Teiche gelegenen Ort mit hohem Kirchtum und einer Windmühle zur Seite — angeblich Amersfoort, nach anderen wieder Rhenen —, hinter dem sich die flache Landschaft, von Zäunen und Hecken durchzogen und mit vereinzelten kleinen Ortschaften und Baumgruppen bedeckt, bis in die Ferne ausdehnt. Ein wolkenloser Abendhimmel, am Horizont noch erwärmt von den Strahlen der eben untergegangenen Sonne und nach oben schon von kalter nächtlicher Färbung leicht überschattet, spannt sich hoch über die niedrige Landschaft und verbreitet jene eigenartige melancholische Stimmung, die auch den meisten Radierungen des Künstlers eigentümlich ist. Die Färbung ist kühl; ein mattes grauliches Grün mit gelblichen Lichtern und bräunlichen Schatten herrscht vor und geht am Himmel in ein kaltes Grünblau über. Die Farben sind dünn und leicht aufgestrichen, die Gegenstände in derselben breiten, körnigen Weise eingezeichnet wie in den meisten Radierungen.

Diesen einfachen Motiven des holländischen Flachlandes reihen sich ein paar Alpenlandschaften an, die erst in neuester Zeit zum Vorschein gekommen sind. Sie wären schon durch ihre Übereinstimmung mit den Radierungen mit ähnlichen Motiven zu bestimmen; zum Überfluß ist aber die eine auch voll bezeichnet, und zwar ganz in der gleichen Weise wie das größere Berliner Bild. Es ist das Hochtal im Besitz von Dr. C. Hofstede de Groot im Haag, der es als Jodocus Momper in Innsbruck erwarb, aber sofort als ein Werk von Segers erkannte. Nachdem das Bild aus dem Rahmen genommen war, kam die echte Bezeichnung: hercules segers, zum Vorschein. Dargestellt ist ein felsiges Alpental mit spärlicher Vegetation, vereinzelten Hütten und einer Kirchenruine im Mittelgrunde, ganz im Charakter der zahlreichen Radierungen mit Alpenmotiven. Selbst die merkwürdige Form der Tannen, die vereinzelt auf den Felsen stehen, und die eigentümlich körnige Behandlung des Terrains findet sich wieder. In der bräunlichen, vielfach durchscheinenden Untermalung, in der reichen Färbung und der breiten flüssigen Malweise steht es dem Jodocus Momper nahe, dem es zugeschrieben war. In Einzelheiten wird man auch an die früheren Landschaften eines anderen Vlamen erinnert, der damals seine Schule in Holland durchmachte: Adriaen Brouwer; selbst die verhältnismäßig große, mit Geschick gezeichnete Figur im Vordergrunde gemahnt in der

Art, wie sie gemalt ist, an diesen Künstler. Ganz den gleichen Charakter hat eine andere kleine Gebirgslandschaft in der Sammlung des Comte Cavens zu Brüssel. Auch auf ihr ist ein Gebirgstal wiedergegeben, ganz ähnlich wie auf dem eben charakterisierten Werke; rechts, über dem Flusse türmen sich hohe Felsenberge auf, während der Ausblick in die Ferne eine flache Ebene zeigt. Die Behandlung des Terrains, die Zeichnung der Bäume, namentlich die eigentümliche Form der Tannen und andere charakteristische Merkmale der Gemälde reden überzeugend die Sprache unseres Künstlers. Wie ein Gegenstück dazu erscheint eine etwas kleinere Gebirgslandschaft, die sich im Besitz des Grafen Fürstenberg auf Schloß Herdringen befindet.

Durch diese Bilder wie durch den Vergleich mit den Radierungen wird ein bekanntes großes Gemälde als Werk des Hercules Segers beglaubigt, die bis vor kurzem unter Rembrandts Namen in den Uffizien ausgestellte Gebirgslandschaft. Sie ist das Meisterwerk des Künstlers, eines der eindrucksvollsten Landschaftsbilder aller Zeiten. Dem Namen, den es trug, macht es wahrlich keine Unehre; ist es doch von einer Großartigkeit der Erfindung, daß es Rubens' Landschaft mit Odysseus und Nausikaa im Palazzo Pitti nahekommt, und zugleich von einer so machtvollen Stimmung, daß man sich an Rembrandts »Mühle« in Bowood erinnert fühlt. Nicht nur der Geist, auch die Beleuchtung und der tiefe, warme bräunliche Ton gemahnen an Rembrandt. Die Bergformen und die Zeichnung des Terrains gleichen den uns schon bekannten Bildungen aus der Alpenwelt. Die weite Ferne mit den Feldern und Hecken, den kleinen Bäumen, vereinzelten Häusern und kleinen Ortschaften und dem Flußlauf, der sie durchschneidet, kennen wir aus einer Anzahl seiner Radierungen. Die knubbelige Form der Laubbäume, die phantastischen Tannen und trockenen Baumstrunke haben wir oben charakterisiert. Den eigentümlich körnigen Farbenauftrag im Licht und die dünne Behandlung und braune Färbung der Schatten, den bräunlichen Gesamtton, das tiefe Grün der Vegetation, den hellen, fast wolkenlosen Abendhimmel, der sich nach oben stark verdunkelt, die wenigen ganz kleinen Figuren und Tiere als Staffage fanden wir in den beiden holländischen Fernsichten des Berliner Museums.

In dem Weschsel horizontaler und vertikaler Linien, in der Zusammenstellung massiger, derber, rundlicher Bergformen mit den feinen geraden Linien der weiten Ebene, in dem Kontrast öder Felsengebilde mit reich kultiviertem Ackerland, in der Bewegung der Wolken und der Schatten, die sie über die Landschaft breiten, ist das Bild so durchdacht und fein berechnet, wie wenige andere Landschaftsbilder der holländischen Schule; vielleicht die größte Kunst des Meisters liegt aber in der Art, wie alle diese Mittel geschickt versteckt sind und der Lokalcharakter großartig zum Ausdruck gebracht ist.

Durch den Vergleich mit diesem Florentiner Gemälde läßt sich auch eine andere Gebirgslandschaft, die gleichfalls unter Rembrandts Namen geht und auch von mir noch vor einigen Jahren als solche, wenn auch als fraglich und mit dem Hinweis auf Segers veröffentlicht worden ist, mit Wahrscheinlichkeit als ein Werk des Hercules Segers bestimmen, das »öde Hochtal« in der National Gallery zu Edinburg. Steile Bergwände erheben sich auf der einen Seite eines breiten Bergwassers, daß die flachen Ufer mit Steingeröll überschwemmt hat. Nur unter dem Schutz der Felswand wächst etwas dürftiges Gestrüpp, sonst ist das Tal völlig öde. Die melancholische Stimmung wird noch verstärkt durch die trübe, neblige Luft und den breiten Schatten, welchen die Wolken über das Tal werfen. Komposition und Stimmung sind ganz ähnlich wie in der Florentiner Landschaft; die Färbung ist jedoch einförmiger, kühl bräunlich; die Behandlung sehr verwandt, aber flüssiger und dünner im Farbenauftrag. Allerdings steht das Bild Rembrandt sehr nahe, besonders dessen beglaubigten Landschaftsbildern gegen Ende der dreißiger Jahre, aber die Komposition ist doch charakteristischer für Segers, und namentlich ist der auch hier stark ausgesprochene Lokalcharakter, die treue Wiedergabe des Hochgebirges, das Rembrandt nie gesehen hat, für den älteren Künstler bezeichnend. Kein anderer Landschaftsmaler ist ja Rembrandt so verwandt wie er; wie jener ihn verehrte, beweist die ungewöhnlich große Zahl von Segers' Bildern in seinem Besitz und der Umstand, daß Rembrandt eine seiner Platten nach dessen Tode überarbeitete. Der gebende von beiden Künstlern war aber hier nicht etwa Rembrandt, sondern

Segers, der nach seiner Rücksiedelung nach Amsterdam etwa Mitte der dreißiger Jahre einen starken Einfluß auf den jungen Leidener Maler ausübte und ihn überhaupt erst zur Landschaftsmalerei angeregt zu haben scheint. Charakteristisch für Segers ist in der Edinburger Landschaft auch die puppenhafte kleine Figur des Reiters am Flusse im Mittelgrunde, ebenso wie die vom Künstler übermalte, aber teilweise durchgewachsene reichere Staffage vorn auf dem Wege: ein Frachtwagen mit zwei Pferden, ganz ähnlich wie wir ihn vorn im Florentiner Bilde sehen, und der Hirt mit einer Schafherde, die wir in der bezeichneten Landschaft der Berliner Galerie finden.

Ein anderes kleines Bild, das ich in der Sammlung des Malers Gigoux in Paris sah: eine holländische Flachlandschaft bei Abendstimmung, dem Jacob van Ruisdael zugeschrieben, ist in Komposition, Beleuchtung und poetischer Wirkung wie in der körnigen Behandlung der Lichter, in der emailartigen Wirkung und in der bräunlich-grünen Färbung der Vegetation beiden Berliner Bildern so nahe verwandt, daß nur Segers der Künstler sein kann. Wo dieses stimmungsvolle kleine Bild sich jetzt befindet, weiß ich nicht anzugeben, da es in der Galerie zu Besançon, der Gigoux seine Sammlung vermachte, nicht mit zur Aufstellung gekommen sein soll.

In neuer Art lernen wir Segers in einer größeren Landschaft kennen, die seit einigen Jahren in die Galerie James Simon zu Berlin gekommen ist. Auch hier blicken wir von einem höheren Standpunkt aus in die Ferne über eine weite, flußdurchzogene Ebene, aus der vereinzelte hohe kahle Felskegel hervorragen, die einen wirkungsvollen Gegensatz zu der fruchtbaren Ebene mit ihren Feldern, Baumgärten und freundlichen Ortschaften bilden. Diese Felsbildungen, namentlich das große Versatzstück in der rechten Ecke des Vordergrundes, sind so charakteristisch für Hercules Segers, vor allem in seinen Radierungen, daß sie allein uns schon auf ihn als Künstler dieses Bildes führen müßten: auch seine eigentümliche Bildung der Tannen in ihrer mageren Form und ihrem dichten Behang findet sich hier wieder. Wesentlicher sind noch die Übereinstimmungen mit der oben beschriebenen Bildergruppe und namentlich mit den Radierungen in dem hohen Augenpunkt des Bildes, in der geschickten Art, mit der die zahlreichen horizontalen Linien mit einzelnen energischen Vertikalen konstrastieren und in der Terrainbildung wie in den Wolken und Wolkenschatten durch Linien unterbrochen werden, die das Bild nach der Ferne vertiefen. Ebenso ist die Wiedergabe der flachen Ferne mit dem Fluß und den niedrigen Hecken und Büschen auch in der Färbung und im Farbenauftrag fast die gleiche wie in den späteren Bildern. Charakteristisch für Segers ist sodann die große Treue, mit der hier, wie fast in allen seinen Radierungen und Landschaftsbildern, der Lokalcharakter der Landschaft zum Ausdruck gebracht ist. Der Felsenkegel im Vordergrunde hat den gleichen Typus wie zwei ähnliche Erhebungen weiter unten im Tal; sie erscheinen durchaus naturwahr, und in der Tat finden wir in den Niederlanden solche steinige Erhebungen, die mitten aus der Ebene schroff aufsteigen. So hat das obere Maastal diesen Charakter. Den breiten, trägen Fluß, das fruchtbare Land mit den kleinen Ortschaften, die Ruinen von Klöstern, die roten Häuser mit ihren Treppengiebeln inmitten kleiner Baumgärten und dicht daneben die steilen, stumpfen Felsenkegel finden wir noch heute zwischen Limburg und Maastricht, trotz aller Veränderungen, welche die blühende Industrie seit fast einem Jahrhundert dort hervorgerufen hat. Daß der Künstler, von dem auch eine Ansicht von Brüssel in den alten Inventaren bezeugt ist, diese Gegend kannte, zeigen ein paar seiner Radierungen mit Landschaften von ganz ähnlichem Aussehen, von denen namentlich die eine mit kleinen altertümlichen Ortschaften zwischen vereinzelten steilen Felskuppen noch einen Beweis mehr für die Zurückführung unseres Bildes auf Hercules Segers bietet.

Abweichend ist dieses Bild gegenüber den späteren Gemälden namentlich in der Färbung. Während letzteren das Vorherrschen eines tiefen bräunlichen oder bläulichgrünen Tones, stärkeres Helldunkel und stimmungsvolle Beleuchtung gemeinsam ist, finden wir hier kräftigere Lokalfarben bei gewöhnlichem sonnigen Tageslicht. Freilich ist auch hier ein frischer grüner Ton der Vegetation, im Vordergrunde bräunlich, in der Ferne ins Bläuliche fallend, charakteristisch, aber die Farben sind darin reicher und reiner, und es machen sich daneben einzelne stärkere Lokalfarben geltend, wie ein stumpfes Braun und kräftiges Rot, namentlich in den Backsteinhäusern mit hohen Ziegeldächern im Vordergrunde. Darin wie in der Behandlung der Felsen und Bäume zeigen sich noch Reminiszenzen an diejenigen unter den vlämischen Landschaftsmalern, die gegen Ende des 16. Jahrhunderts ihres Glaubens halber nach Amsterdam gezogen waren. In dem kulissenartig vorgeschobenen Felsenberg des Vordergrundes wie in dessen Behandlung werden wir am meisten an Roelant Savery, in dem etwas kleinlich behandelten Baumschlag und den flackernden Lichtern auf der Waldpartie links ganz auffallend an Schoubroek erinnert: ein Umstand, der keineswegs gegen Segers als Urheber des Bildes spricht, denn wir wissen ja, daß der Künstler ein Schüler des Gilles van Coninxloo war, des Hauptes jener vlämischen Landschafterkolonie in Amsterdam. Zugleich werden wir in diesem Jugendwerke des Meisters, das durch den Zusammenhang mit der älteren Landschaftsschule an Interesse gewinnt, recht inne, wie sehr Hercules Segers damals seinen Landsleuten als Landschafter voraus war. Eigenarten wie das große Versatzstück im Vordergrunde und die etwas kulissenartigen Schiebungen im Mittelgrunde, wie die Behandlung des Baumschlags, zum Teil auch die kräftigere Lokalfärbung sind dem Künstler noch von seinem Lehrer geblieben, aber sie sind schon mit einem so feinen Sinn für den Ortscharakter, für die Erscheinung in Licht und Luft verbunden, daß sie kaum noch auffallen, und daß der Künstler schon hier fast als moderner Landschafter erscheint, hinter dem seine Lehrer und selbst seine Mitschüler fast um ein Jahrhundert zurückzustehen scheinen, ganz abgesehen von dem gewaltigen künstlerischen Abstand zwischen Segers und ihnen.

Dieser Abstand darf uns jedoch nicht verkennen lassen, was Segers seinem Lehrer verdankt. Die Werke der vlämischen Landschaftsschule, deren Auffassung der modernen Idee von einem möglichst realistischen Landschaftsbild völlig entgegengesetzt ist, hatten auch ihre eigentümlichen Vorzüge und Schönheiten. Wenn diese nur in Rubens zu voller, großartiger Erscheinung kommen, so sind sie doch auch bei Künstlern wie Pieter Brueghel und seinem Sohne Jan Brueghel, G. van Coninxloo, L. van Valckenburg, Jod. Momper, P. Schoubroek und anderen vorhanden. In ihren Landschaften suchen diese Künstler die ganze Fülle der herrlichen Schöpfungen der Natur und die reiche Pracht ihrer Färbung zum Ausdruck zu bringen; den Reichtum der Komposition verbinden sie mit der Freude am Detail. Davon hat auch Hercules Segers Nutzen gezogen, wenn auch seine Auffassung der Landschaft, wie er sie mit der Zeit herausarbeitet, den schärfsten Gegensatz gegen die seiner Lehrer und Vorgänger bildet. Seine Vorliebe für reiche, landschaftliche Kompositionen, für große bewegte Formen, für das Hochgebirge, für die Einsamkeit der Natur, für eine Fülle von Detail ist, wenn nicht entstanden, so doch entwickelt und gefördert durch seine Ausbildung in der Werkstatt des Coninxloo. Diese Schulung bewahrte Segers vor der Einförmigkeit und nüchternen Wiedergabe der Natur, vor der dürftigen Kompositionsart, die den Bildern der gleichzeitigen Landschaftsmaler Hollands, der Arent Arentsz, H. Avercamp, Jan Porcellis, E. van de Velde und selbst eines Jan van Goyen und Pieter Molijn in ihrer früheren Zeit anhaften; und doch darf er mit diesen den Ruhm, die moderne Landschaft entdeckt zu haben, im vollen Maße in Anspruch nehmen, ja ihm gebührt er mehr als anderen.

Trotzdem der Künstler zwei Richtungen, die ältere vlämische Landschaftskunst und die jüngere holländische in sich vereinigt, war er doch keineswegs ein Eklektiker; eigenartiger wie er war wohl nicht leicht ein Landschaftsmaler irgend einer Zeit und Schule. Schon die Mannigfaltigkeit in den Motiven seiner Landschaften ist auffallend. Wir haben Gebirgs- und Flachlandschaften, und diese Ansichten der Alpenwelt wie die seiner holländischen Heimat sind wieder unter sich sehr verschieden; wir haben Stadt- und Marineansichten, eine stille See und einen Seesturm, einfache Bauernhüten unter Bäumen und verfallene Schlösser und Kirchen neben Kompositionen von einem Reichtum der Formen, daß wir immer neue Einzelheiten darin entdecken, kahle, öde Felsengebirge von phantastisch verwittertem Gestein, die an Mondlandschaften erinnern, und daneben Bilder von reich gegliederten Niederungen und heimliche Waldinterieurs von fast moderner

Stimmung. Diese verschiedenartigen und mannigfachen Motive sind allerdings keine freien Schöpfungen der Phantasie des Künstlers, vielmehr schließt er sich — auch darin ein Vorläufer der modernen Landschaftskunst — so eng an die Natur an, daß sich seine Bilder in der Regel fast als treue Veduten darstellen, wenn es ihm dabei auch als gutem Holländer gelegentlich einmal passiert, daß er tief unten in enger Felsenschlucht eine Windmühle anbringt. Schon die Geschicklichkeit, mit der er die Vedute zum Bilde zu gestalten weiß, wie er die Natur gleich in bildmäßiger Form sieht und niederschreibt und dabei den Charakter der Gegend treu und sicher zum Ausdruck bringt, beweist seine geniale Veranlagung als Landschaftsmaler.

Daß dieses Streben nach großen und reichen Formen, nach Fülle, Abwechselung und Gegensätzen in der Erfindung und Zeichnung, so bedeutend und stark es sich bei Segers geltend macht, doch nur einen verhältnismäßig untergeordneten Teil seiner reichen Künstlerart bildet, davon überzeugt ein Blick auf seine Radierungen. Wie wir sahen, sind die meisten Blätter, die uns erhalten sind, keine einfachen Schwarzdrucke, wie bei fast allen anderen Radierern, sondern die Vorzeichnung mit der Nadel diente dem Künstler nur als Unterlage, um darauf fast in jedem Abdruck durch verschiedene Farbentöne wie durch nachträglich in Ölfarbe aufgesetzte Lichter ein neues stimmungsvolles malerisches Bild zu schaffen. Für die volle Kenntnis des Künstlers ist daher der Vergleich der verschiedenen Abdrücke einer und derselben Radierung unumgänglich.

Bei dem Reichtum an Detail und der großen Durchbildung des Terrains in seinen Landschaften ist es charakteristisch, daß der Himmel, obgleich er etwa ein Drittel bis zur Hälfte der Bildfläche einnimmt, wolkenlos ist und durch einen einheitlichen Farbton ohne jede Zeichnung wiedergegeben ist. Nur durch diesen fein berechneten Kontrast erreicht der Künstler die nötige Ruhe in seinen landschaftlichen Radierungen. Der lichtspendende Himmel bekommt zugleich seine außerordentliche Helligkeit und Luftigkeit, und durch den Gegensatz des klaren Äthers gegen die reichbelebte, feste und mehr oder weniger dunkle Masse der Landschaft erhält diese ihre eigenartige Stimmung.

Das eigentümliche Verhältnis in der Abmessung vom Himmel zur Landschaft ruht auf dem Augenpunkt, den der Künstler für seine Bilder wählt; diese sind meist aus der Vogelperspektive gesehen. Als Standpunkt nimmt der Künstler aber regelmäßig nicht den höchsten Punkt in seinem Bilde, wie die jüngeren holländischen Landschafter: ein Jan van Goyen, Ph. de Koninck, Jan Vermeer von Haarlem, Jacob van Ruisdael, die dadurch ihren Bildern den besonderen Reiz gaben, sondern er wählt ihn mehr in mittlerer Höhe. Dadurch erzielt er die pikante Verschiebung bis in die weite Ferne, gibt aber doch nicht das Land in so starker Verkürzung, daß der Himmel, wie bei jenen Künstlern, weitaus den größten Teil des Bildes einnimmt und die meisten Einzelheiten in der Landschaft durch die Verkürzung kaum noch zur Geltung kommen. Er hat darin eine verwandte Auffassung wie die Künstler des 15. Jahrhunderts, wie etwa Jan van Eyck und seine Nachfolger, der Meister von Flémalle und Dirk Bouts. Wir können ihn also nicht eigentlich als den »Entdecker der Vogelperspektive« bezeichnen, aber die konsequente Ausbildung und Ausnutzung derselben für die Entwickelung der landschaftlichen Schönheit nach den verschiedensten Richtungen ist doch vor allem sein Verdienst. Er erreicht die eigentümliche Wirkung seiner Bilder namentlich dadurch, daß er seinen Standpunkt nicht mehr im Vordergrunde des Bildes, sondern außerhalb und über demselben nimmt. Freilich führt er dies nicht so konsequent durch wie seine holländischen Nachfolger; namentlich in seiner früheren Zeit finden wir jene kulissenartigen Vordergrundstücke: einen ragenden Felsen, einen kahlen Baumstamm, der phantastisch in das Bild hineinragt, und ähnliches mehr. Dadurch wird der Standpunkt des Künstlers wenigstens angedeutet und dem Bilde eine pikante subjektive Note gegeben, ähnlich wie bei den japanischen Künstlern, ohne daß wir deshalb Beziehungen zu diesen anzunehmen brauchten; denn ein stärkerer Import japanischer und chinesischer Waren in Holland beginnt erst, als Segers bereits ein fertiger Künstler war.

Den hohen Augenpunkt hat Segers vor allem ausgenutzt, um die Einwirkung der Atmosphäre auf die Landschaft zum Ausdruck zu bringen. Er ist freilich noch kein Pleinairmaler im modernen Sinne, aber er beobachtet die Wirkungen des Lichtes, die Stimmungen der verschiedenen Beleuchtungen und Tageszeiten, selbst den Einfluß der Atmosphäre schon mit großer Feinheit. Wie seine Gemälde, so geben ganz besonders die tonigen Drucke und die ausgetuschten Radierungen davon Zeugnis. Die »Flotte auf stiller See«, in der die Schiffe ohne irgendwelche Andeutung des Horizontes oder der Wellen im Sonnendunst zu schweben scheinen, erinnert an Whistler; der »ragende Felsen über dem Alpenkirchlein bei einbrechender Nacht«, ein prächtiges, ganz ausgemaltes Blatt des Dresdener Kabinetts, ist in der Stimmung wie eine Vorahnung von Rembrandts »Mühle« in Bowood; das »Felsental mit der flachen Ferne«, über das breite Wolkenschatten huschen, ohne daß wir eine Wolke am hellen Himmel sehen, wird in der wahren, pikanten Lichtwirkung von den modernsten Impressionisten nicht übertroffen. Obgleich Segers die Lokalfarbe nicht ganz aufgibt, ja sie in seinen frühesten Arbeiten kräftig hervortreten läßt, ist er vor allem Tonmaler und hat durch feine atmosphärische Stimmungen, wie wieder die farbigen Radierungen in ihren verschiedenartigsten Abdrücken am besten beweisen, die wunderbarsten, mannigfachsten Wirkungen erzielt.

Alle diese vielseitigen künstlerischen Mittel wirken zusammen zur Erzielung der Stimmung in Segers' Bildern. Darin ist er der große Entdecker, der Begründer der modernen Landschaft neben Elsheimer, aber umfassender und vielseitiger als dieser. Wie bei Elsheimer, so war auch bei Segers die Stimmung in seinen Bildern der Reflex seiner melancholischen Gemütsart, seines Hanges zur Einsamkeit, der ihn in die Natur flüchten und in ihr Beruhigung und Genuß finden ließ. In ihr entdeckte er Schönheiten, die vor ihm keiner darin erblickt hatte, und die keiner wie er in seinen Bildern zum Ausdruck zu bringen verstanden hat. Die eigene Stimmung weiß er dem Beschauer zu suggerieren: das Gefühl der Erhabenheit und Gewalt durch die mächtigen Formen seiner Gebirgswelt, den Eindruck der Hinfälligkeit durch die öden Felsenmassen, Ruinen und abgestorbenen Bäume, das Gefühl der Unendlichkeit durch den Ausblick in die weite Ferne und den hohen Himmel, der sich darüber wölbt, die

Stimmung der Sehnsucht durch die einbrechende Nacht und die tiefen Schatten, die sie über die Landschaft breitet, während der Himmel noch nachleuchtet von der Glut des Sonnenunterganges. Diese subjektive Stimmung ist frei von jeder modernen Schwächlichkeit und Sentimentalität, sie erscheint wie der objektive Ausdruck des Gesehenen. Dem entspricht die mannigfache, stets eigenartige und gesunde Handschrift des Künstlers in seinen Radierungen wie in seinen Gemälden. Bald ist sie knorrig und eckig, bald leicht und zart, bald zeichnerisch, bald tonig, bald stricheInd, bald tüpfelnd, stets den Formen, der Lichtgebung und Stimmung angemessen.

Segers war in der künstlerischen Empfindung seiner Zeit so weit voraus, verfolgte so ausschließlich künstlerische Zwecke und machte daher dem Geschmacke des großen Publikums so wenig Konzessionen, daß er fast unverstanden blieb und wenig beachtet wurde. Gerade diesem Mangel an Erfolg, seinem Elend und seiner Armut verdankt er es, daß die alten Kunstschriftsteller uns wenigstens einige Worte über ihn hinterlassen haben. Ob er Schüler hatte, erfahren wir nicht, aber zweifellos haben verschiedene Amsterdamer Künstler wie Roelant Roghman, François de Momper und namentlich Allart van Everdingen von ihm gelernt. Doch nur einer hat ihn wahrhaft verstanden und innerlich gewürdigt: Rembrandt van Rijn. Dafür verdankt dieser ihm die Anregung, daß er auch der Landschaft seine volle Aufmerksamkeit zuwandte, daß er auf die landschaftlichen Kulissen, die er nach dem Vorbild seiner Lehrer in den Vorder- und Hintergrund seiner Komposition schob, verzichtete und auch darin direkt auf die Natur zurückging, für ihre Formen und Stimmungen Sinn und Verständnis bekam. Erst von der Bekanntschaft mit Segers datieren seine ersten Landschaftsbilder und Landschaftsradierungen. Dessen Einfluß verrät sich in ihrem reichen phantastischen Aufbau, in der tonigen Behandlung und vor allem in der Stimmung, die bei aller Eigenart und Großartigkeit gewahrt bleibt. Es ist gewiß nicht das geringste Blatt im Ruhmeskranze des älteren, von seinen Zeitgenossen verkannten und von der Nachwelt vergessenen Meisters, den großen Landschaftsdichter in diese Bahn gelenkt zu haben.

JAN VAN GOYEN
UND
SALOMON VAN RUYSDAEL

Segers war mit seiner höchst persönlichen landschaftlichen Empfindung seiner Zeit zu sehr voraus, um auf seine Zeitgenossen nachhaltig zu wirken oder gar Schule zu machen. Neben ihm war fast gleichzeitig in größeren und kleineren Städten Hollands eine ganze Generation junger Landschafter groß geworden, die in schlichter Wiedergabe der heimischen Landschaft dem Geschmack ihrer Landsleute entgegenkamen, ohne besondere Ansprüche an ihr Kunstverständnis zu machen. Die Liebe zur Heimat, der Stolz auf den vom Feinde befreiten Boden weckte in den Künstlern die Lust, dieses ihr Land in aller Einfachheit gerade so wiederzugeben, wie sie es vor sich sahen, kleine Ausschnitte aus der Natur zu wählen, wie sie sich zu den verschiedenen Jahreszeiten mit wechselnder Staffage, von Landleuten, Fischern und Verkäufern, darstellten. Sie wurden nicht müde, sie in Bildern festzuhalten, die anspruchslos im Format wie in der Auffassung und Malerei waren und wenig kosteten, sodaß sie selbst der kleine Mann kaufen konnte, dessen Stolz und Freude sie waren. An ihn wendeten sich gerade die Künstler, wie sie selbst aus dem Kleinbürgerstande hervorgegangen waren, recht eigentliche Volksmaler ohne besondere Kunstbildung und ohne Stellung; denn die Vornehmen und Gebildeten hielten es noch mit der fremden Kunst, wie mit den Akademikern und Italienfahrern unter den holländischen Malern. In der Schar dieser Maler, die nach Art der alten niederländischen Miniatoren und Illustratoren bieder und treu Bilderchen kolorierten, hebt sich bald die Gestalt eines Künstlers bedeutsam heraus, der mit der Zeit nach Umfang und Bedeutung seiner Arbeiten zum leitenden Meister dieser Richtung wird, und sie erst zu voller künstlerischer Feinheit und Eigenart entwickelt: Jan van Goyen.

Auch von dem Menschen Goyen erhalten wir ein lebendigeres Bild als von den anderen Künstlern gleicher Richtung; er erscheint als eigenartige und doch fast typische Figur seiner Zeit. Houbrakens ausführlicher Bericht und eine Reihe von Urkunden, die in neuerer Zeit gefunden sind, geben eine klare Anschauung von seinem Leben und Charakter. Jan van Goyen, in Leiden am 13. Januar 1596 geboren, war ein erfinderischer Kopf, der voller Phantasie stak, war rührig und fleißig, aber unruhig und unbeständig. Schon als junger Schüler wechselt er rasch seine Lehrer, deren fünf namhaft gemacht werden. Dann geht er mit neunzehn Jahren auf Reisen, um im folgenden Jahre noch einmal in Haarlem zu einem Meister in die Lehre zu gehen, zu Esaias van de Velde. Bald darauf ist er wieder in Leiden, wo er schon im Alter von zweiundzwanzig Jahren heiratet. Im Jahre 1631 verläßt er seine Heimat und lebt seit 1634 dauernd im Haag. Hier erhält er größere Aufträge von der Stadt wie vom Hof und entfaltet eine außerordentliche Tätigkeit; Gemälde und ausgeführte Zeichnungen, meist zu Albumblättern bestimmt, sind noch jetzt aus diesen Jahren zu Hunderten erhalten. Aber dem rastlosen Manne genügt diese künstlerische Tätigkeit nicht: er fängt einen Bilderhandel an und veranstaltet Bilderauktionen; die Leidenschaft zum Spiel treibt ihn auch zur Spekulation in Tulpenzwiebeln, die er bis zu 60 Gulden das Stück bezahlte; und schließlich war er Grundstücks- und Häuserspekulant. Die Urkunden verraten uns, daß er gleichzeitig verschiedene Häuser besitzt, vermietet (eines derselben bewohnte der junge Paulus Potter), verkauft und wieder kauft; und aus Notizen und Plänen in ein paar kleinen Skizzenbüchern, die ein glücklicher Zufall erhalten hat, sehen wir, wie ihn der Bau und die Einrichtung dieser Häuser beschäftigt hat. Leider hat der unruhige Künstler trotz seinem Fleiß und seiner Betriebsamkeit bei allen diesen Geschäften keine Seide gesponnen, vielleicht gerade weil er zu viel und zu gewagt spekulierte: Geld ging ihm viel und rasch durch die Hände, aber es blieb ihm nicht; nach seinem Tode wurde es daher seinen Gläubigern nicht leicht, wieder zu ihrem Gelde zu kommen. Seiner Stellung hat aber dieser starke Geschäfts- und Spieltrieb keinen Eintrag getan: in der Malergilde des Haag nimmt der Künstler eine geachtete Stellung ein, und die Aufträge der Stadt wie die des Prinzen Friedrich Heinrich fallen gerade in die späteren Jahre, in denen jene Bauspekulationen ihn in stete Geldverlegenheit brachten. Die rasche, leichte Art hatte der Künstler auch auf seine Töchter vererbt: Die jüngere ließ ihre Liebe vom Stillebenmaler Jacques de Claeuw im Sturme erobern und mußte in aller Eile heiraten; die ältere, Margarete, wurde die Gattin des Jan Steen, der ihre freundlichen Züge, ihren jovialen Sinn und herzliche Art in zahlreichen Bildern verewigt hat.

Diese rastlose, offene und findige Natur, die aus seinem Bildnis von Terborchs Hand in der Galerie Liechtenstein spricht, spiegeln auch seine Bilder wieder. Jan van Goyen darf als der fruchtbarste unter all den fleißigen Landschaftsmalern Hollands gelten. Freilich hält es schwer nachzurechnen, um wieviel sein Lebenswerk zahlenmäßig dem seiner Kunstgenossen überlegen ist, da die Bilder keines anderen Künstlers in den letzten Jahrzehnten so rasch ihre Besitzer gewechselt haben, und sich von keinem Künstler so viele Gemälde in Privatbesitz befinden. Aber wenn man bedenkt, wie viele bei der Geringschätzung, mit der sie Jahrhunderte hindurch behandelt wurden, verloren gegangen sein werden, und die vielen Hundert ausgeführten Zeichnungen überblickt, so wird man dem Meister das Lob eines der fleißigsten, schaffensfreudigsten und leichtschaffendsten Künstler Hollands gewiß nicht streitig machen. Diese Leichtigkeit der Hand, diese reich und rasch gestaltende Phantasie war ihm aber, so wenig wie irgend einem anderen Künstler, angeboren: seine frühen Werke wie seine Skizzenbücher zeigen, wie fleißig er die Natur studierte, wie sorgfältig er jahrelang seine Bilder ausführte; nur dadurch gelangte er zu der spielenden Freiheit, mit der er in seiner späteren Zeit die mannigfachsten Motive seiner Heimat künstlerisch ausgestaltete und fast prima niederschrieb.

Wir besitzen Gemälde des Künstlers seit dem Jahre 1620, und da seine Werke neben der Bezeichnung regelmäßig auch die Jahreszahl tragen, können wir seine Entwickelung in seinen Gemälden wie in seinen Zeichnungen von Jahr zu Jahr verfolgen. Als Jugendwerke lassen sich die Gemälde bis gegen Ende der zwanziger Jahre bezeichnen. Wie die Bilder seiner Vorgänger und Zeitgenossen führen sie uns nicht rein landschaftliche Motive vor, sondern die Landschaft ist mehr als Bühne behandelt, auf der sich Szenen aus dem alltäglichen Leben abspielen: der Dorfplatz mit Marktgetümmel, der Strand mit Fischern und Schiffern, die Heerstraße mit Landleuten und Reisenden, ein gefrorener Kanal, belebt von Schlitten und Schlittschuhläufern und ähnliche Motive, die sich gelegentlich noch als Folgen von Darstellungen der Jahreszeiten oder Monate an die typischen Monatsbilder der mittelalterlichen Miniaturbücher anschließen. Auch in der Färbung sind sie der älteren Kunst durch kräftigere Farben und fetten Auftrag noch verwandt, wenn auch der Ton schon stärker zur Geltung kommt als bei den gleichzeitigen vlämischen Landschaftsmalern.

Gegen Ende der zwanziger Jahre begegnen wir mehr und mehr reinen Landschaftsbildern. Zunächst freilich mehr studienhaften Ausschnitten aus der holländischen Natur: einem Gehöft zwischen niedrigem Buschwerk, einer Düne mit dürftigem Graswuchs, einem kleinen beschränkten Terrainausschnitt mit wenig Himmel und noch weniger Ferne. Dann gewinnt der Künstler, seitdem er sich im Haag ansässig gemacht hat, Freude an der Darstellung des Wassers: an dem Strande draußen in Scheveningen, an den Blicken aufs bewegte Meer von den Dünen und vom Schiffe aus, vor allem aber an den breiten Flußläufen und Kanälen, die den landschaftlichen Charakter Hollands so wesentlich bestimmen. Auch diese Werke sind anfangs sehr einfach, ohne besonderen Reiz in der Perspektive, in Licht- und Luftwirkung. Der Künstler begnügt sich mit dem Blick auf den kurzen Lauf eines Flusses mit vereinzelten Büschen, einem Weiher, einer Windmühle oder Ruine, dem Strand mit der Düne dahinter und dergleichen, die er mit ehrlicher Gewissenhaftigkeit, so einfach, wie er sie sieht, aber mit sicherer Handschrift malerisch wiedergibt. In der farbigen Darstellung dieser Motive gewinnt der Ton immer mehr die Herrschaft über die Lokalfarbe, eine Zeitlang ein matter gelblicher, dann ein graugrünlicher Ton. Bei seinen fleißigen Studien draußen, auf denen ihn seine kleinen Skizzenbücher stets begleiten, gehen dem Künstler allmählich auch die weniger augenfälligen Schönheiten der holländischen Natur auf: wie von den niedrigen Höhen die flache Landschaft sich dem Blicke weit öffnet, wie die zarten Linien des Terrains sich fast unmerklich bis in die weite Ferne hinein verschieben, und wie sie durch den Lauf der Flüsse und Kanäle, durch die Heerstraßen, durch Dünenzüge in pikanter Weise durchkreuzt werden; wie der Flußarm sich nach dem Horizont zu allmählich verliert, wie ihn die flachen Ufer mit Ortschaften zwischen Buschwerk begleiten und kleine Landzungen mit Weilern und Bollwerken in die Wasserfläche hineinschneiden und Böte und Fähren sie beleben. Und indem er den Himmel, der sich hoch über die niedrige Landschaft spannt, studiert, wird er inne, wie malerisch reizvoll der Bau der Wolken ist, wie er die Beleuchtung der Landschaft bestimmt, wie sich die Wolken mit Licht und Schatten im Wasser spiegeln und dadurch das Bild mannigfach beleben. Erst jetzt, seit dem Anfange der vierziger Jahre, sehen wir, wie van Goyen die Gesetze der Linien- und Luftperspektive mit vollstem Verständnis beobachtet, wie er in der anscheinend so einfachen holländischen Landschaft die mannigfachsten Motive entdeckt, wie er seine flüchtigen Studien oft durch kleine Veränderungen und Verschiebungen in Zeichnung und Beleuchtung zu den geistvollsten landschaftlichen Bildern verarbeitet und in der Wiedergabe der unter der Einwirkung der feuchten Meeresluft ganz in Ton aufgehenden Färbung zu einer ganz malerischen, tonigen Behandlungsweise gelangt, die der eines Frans Hals in seinen späteren Bildern nahe verwandt ist. Auch hier ist die Lokalfarbe, selbst das Grün der Bäume und das Blau des Äthers nur ganz schwach angedeutet, aber dadurch daß die braune Farbe, in der die ganze Landschaft aufskizziert ist, bald pastos, bald dünn und durchsichtig aufgetragen ist, daß ihr hier und da ein wenig Lokalfarbe wie ein Hauch beigemischt oder darüber gesetzt ist, machen diese Bilder doch nur ausnahmsweise einen wirklich monochromen oder gar einförmigen und schweren Eindruck. Durch das blonde Licht der reich bewegten Luft, das sich verstärkt im Wasser zu spiegeln pflegt, und durch die leichte tuschende Behandlung erhalten sie vielmehr eine außerordentlich leuchtende Wirkung, namentlich die Bilder der letzten Jahre, in denen die kräftigen Schatten einen schwärzlichen graubraunen Ton haben.

Wie in der Färbung, so ist van Goyen auch in der Komposition in diesen späteren Bildern einfach und sparsam in seinen Mitteln. Regelmäßig zieht sich ein breiter Fluß mit offenem Wasser oder gefrorener Fläche, dessen Ufer die malerischen Bauten eines Ortes, eines Schlosses oder einer Kirche beleben, weit in das Bild hinein, gelegentlich auch das Meer mit der holländischen Küste in der Ferne, und darüber wölbt sich der hohe, von unruhig bewegten Wolken bedeckte Himmel, dessen Licht sich im Wasser hell wiederspiegelt. Ein kräftiger Schatten lagert breit über dem Vordergrund, hinter dem die Hauptmasse des Lichtes nach der Mitte des Bildes gesammelt ist; vor ihr hebt sich ein großes Boot, ein Wagen mit Reisenden, ein alter Baumstamm wirkungsvoll ab, während sich die Ferne mit pikant sich verkürzenden und durchscheinenden Einzelheiten im zarten Dunst verliert. Innerhalb dieses Schemas, das aber keineswegs ein vom Künstler bewußt gewolltes ist, das sich dem Beschauer auch durchaus nicht aufdrängt, zeigen gerade diese Gemälde van Goyens aus den vierziger und fünfziger Jahren bis zu seinem Tode 1656 in hervorragender Weise eine außerordentliche Mannigfaltigkeit der Erfindung, Feinheit und Reichtum der Naturbeobachtung, verbunden mit Geschick im Aufbau. Wir werden daher vor den meisten dieser zahlreichen Gemälde nicht inne, daß die Herrschaft des Tons die Lokalfarbe der Landschaft fast bis zur Unwahrheit unterdrückt, daß in der Komposition mehr die Zufälligkeit der Natur als der sorgsam ordnende Künstlergeist herrscht, daß die meist sehr feine und gelegentlich selbst großartige Lichtwirkung sich noch nicht bis zur eigentlichen Stimmung steigert. Aber gerade in dieser anscheinenden Abhängigkeit von der Natur und in der spielenden Leichtigkeit, mit welcher der Künstler die Natur abzuschreiben scheint, die doch einen eigenartigen großen Stil verrät, liegt ein besonderer Reiz und zugleich die eigentliche Bedeutung, der hohe künstlerische Wert seiner Gemälde. Wie gleichzeitig und in sehr verwandter Art Frans Hals das holländische Volk im Porträt und im Sittenbild, so hat Jan van Goyen die holländische Landschaft in bestimmten, besonders charakteristischen Merkmalen mit einer Wahrheit und Meisterschaft geschildert, wie vor und nach ihm kein anderer Meister.

Dem van Goyen ist Salomon van Ruysdael häufig so ähnlich, daß seine Bilder mit denen seines wenig älteren Landsmannes nicht selten verwechselt worden sind. Beide Künstler vertreten dieselbe Richtung innerhalb der holländischen Landschaftsmalerei, ohne daß anscheinend der eine vom anderen abhängig war. Wenn man Salomon einen Schüler van Goyens zu nennen pflegt, so geschieht dies ohne festen Anhaltspunkt auf Grund der inneren Verwandtschaft seiner Bilder mit denen des älteren Künstlers. Da sich van Goyen in Haarlem nur als Schüler des Esaias van de Velde aufhielt, und zwar zu einer Zeit, als Salomon van Ruysdael erst etwa zwölf Jahre alt war, später aber wieder nach Leiden zog, während dieser bisher nur in seiner Vaterstadt Haarlem nachzuweisen ist, so ist eine engere Beziehung zwischen beiden Künstlern unwahrscheinlich. Auch sind gerade die Jugendbilder des jüngeren Meisters, die wir nicht über das Jahr 1630 zurückverfolgen können, den gleichzeitigen Gemälden van Goyens weniger verwandt als seine späteren Bilder.

Die Lebensschicksale und, wie es scheint, auch der Charakter beider Künstler waren wesentlich verschieden. So unruhig und unstät van Goyen, so ruhig und seßhaft ist Salomon van Ruysdael; war jener unternehmungslustig und zu den mannigfachsten Beschäftigungen aufgelegt, so ist dieser nur Maler, einfacher Landschaftsmaler, ist aber mit Glücksgütern gesegnet und lebt in angesehener Stellung, während sich der andere trotz all seinem Fleiß und Talent um großer Spekulationen willen in steten Geldverlegenheiten befindet. Auch in den Gemälden drückt sich die Wesensverschiedenheit der beiden Künstler aus: van Goyen macht eine reiche Entwickelung durch und bringt die verschiedenartigsten Motive zur Darstellung, wogegen die Kunst Salomons während der vier Jahrzehnte, durch welche wir sie verfolgen können, fast einförmig, weit weniger veränderungsfähig erscheint. Mit Ausnahme eines großen Stillebens von toten Vögeln und einer Reiterschlacht (die beide in den neunziger Jahren im Handel waren) zeigen seine Gemälde stets mehr oder weniger reich staffierte Landschaften. Die Motive sind regelmäßig ein Gehöft oder ein Wirtshaus unter hohen Bäumen, an dem Wagen halten, die Landstraße mit Vieh oder Reitern, ein Fluß mit waldigem Ufer, der belebt ist von Kähnen oder Fähren, in der früheren Zeit noch hinten bühnenartig geschlossen, später mit weitem Ausblick in die duftige Ferne und über die fein bewegten, von einzelnen Bauten und Ortschaften malerisch durchbrochenen und reich staffierten Gelände des Flusses. Auch bei ihm wie bei van Goyen herrscht von vornherein der Ton über die Lokalfarbe; anfangs ist dieser Ton gelblich, dann nimmt er eine graugrünliche, meist etwas nüchterne Färbung an, bis er schließlich, ähnlich wie bei jenem in seiner Haager Zeit, ins Graue oder oft fast ins Schwärzliche fällt. Doch ist der Ton nie so farblos wie ihn van Goyen liebt; gerade die schwärzlich gestimmten Bilder der sechziger Jahre sind regelmäßig aufgelichtet und farbig belebt durch einen reich gefärbten, gelegentlich fast bunten Abendhimmel, dessen Reflexe im Wasser die leuchtende Wirkung des Ganzen verstärken. Fast noch farbiger erscheinen die Winterlandschaften Salomons, die er in dieser späteren Zeit besonders gern malte, und die zugleich durch ihre reiche, malerisch angeordnete und behandelte Staffage sehr effektvoll sind. Wie in dieser stärkeren Farbigkeit innerhalb der energischen Tonwirkung, so verrät sich die Haarlemer Herkunft des Meisters auch in der Vorliebe für waldiges Terrain, für hohe stattliche Bäume, unter denen die Gehöfte oft fast versteckt sind, während van Goyen höchstens ein paar dürftige Büsche oder ausnahmsweise einmal einen alten kahlen Baum im Vordergrunde anbringt. Man hat diese Vorliebe für baumreiche Landschaft auf den rückwirkenden Einfluß von Salomons Neffen Jacob Ruisdael zurückführen wollen; doch ist eine irgend nennenswerte Einwirkung des einen Meisters auf den anderen nicht nachzuweisen. Auch gehören diese Landschaften vorwiegend der mittleren Zeit Salomons an, in der ein solcher Einfluß schon zeitlich ausgeschlossen ist. Was die beiden Künstler Gemeinsames haben, ist der ganzen Landschaftskunst der Zeit gemein. Salomon Ruysdael nimmt neben seinem großen Neffen einen ganz selbständigen Platz in der holländischen Landschaftsmalerei ein. Er hat die Landschaft seiner Heimat von einer besonderen, sehr charakteristischen Seite erfaßt und bringt sie, namentlich in seiner späteren Zeit, oft mit großem malerischen Geschick zur Anschauung. Dagegen war erst seinem großen Neffen Jacob Ruisdael vorbehalten, durch künstlerische Vollendung im Aufbau, durch Feinheit in der Empfindung für Färbung und Beleuchtung, durch Phantasie und Stimmung die holländische Landschaftsmalerei zu ihrem letzten, höchsten Abschluß zu bringen.

JACOB VAN RUISDAEL

Je mehr wir über Rembrandt erfahren, je tiefer wir in seine Werke eindringen, um so lebendiger tritt uns der Mensch in seinen Arbeiten entgegen. Kaum weniger persönlich spricht uns der doch so anders geartete Maler an, der nächst ihm allen Künstlern Hollands voran genannt zu werden verdient: Jacob van Ruisdael. Rembrandt zeigt uns in zahlreichen Bildnissen sich selbst, seine Angehörigen und Freunde; in ihnen leben seine Stimmungen wieder auf, so deutlich, daß wir sie ganz zu verstehen meinen. Ruisdaels Gemälde erzählen uns von seiner Heimat, die er mit feinem, mannigfaltigem Empfinden wiedergegeben hat. Der ganze Reichtum des Landes, die Wehmut, die melancholische Ruhe und der eintönig gleichmäßige Zauber, die darüber lagern, alles das scheint in ihm Gestalt gewonnen zu haben. In diese Bilder seiner Heimat hat Ruisdael seine Seele gelegt, sie erzählen auch von seiner persönlichen Stimmung, aber freilich zurückhaltend und leise. Er wirkt nicht wie Rembrandt durch die Intensität seines Wesens, sondern durch die Bescheidenheit, mit der er sich hinter einer großen Darstellung der Natur versteckt. Aber dadurch fühlen wir uns diesem einsamen Schwärmer für große Landschaften, diesem Melancholiker, dessen glühende Liebe und Ehrfurcht vor der Natur mit einem einzigen Sinne für ihre Erkenntnis und Wiedergabe vereinigt war, gleich nahe; wir glauben ihn zu kennen, meinen seine Schicksale zu wissen und seine Gedanken zu erraten. Die Welt muß ihn bitter getäuscht, Unglück und Mißgunst müssen ihn verfolgt haben, daß ihn wehmütige Gefühle auch in der stillen Natur, in der er Zuflucht und Frieden fand, niemals ganz verließen.

Befragen wir über ihn seine Biographen und die Urkunden, so bestätigen uns die dürftigen Nachrichten wenigstens das eine:

daß der Künstler bei seinen Zeitgenossen durchaus nicht die Achtung fand, die er verdiente. Wir erfahren, daß er im Jahre 1628 oder 1629 in Haarlem geboren wurde, daß er schon mehrere Jahre vor 1659, in welchem Jahre er das Bürgerrecht erwarb, nach Amsterdam übersiedelte, bis er 1681 infolge schwerer Krankheit nach Haarlem zurückkehren mußte. Daß er gutherzig und anhänglich war, beweisen verschiedene Angaben, so die, daß er seinen Vater dauernd unterstützte. Beiläufig erfahren wir, daß er einsam als Junggeselle durch das Leben ging, und daß ihn in den besten Jahren jene schwere Krankheit befiel, die ihn zwang, in einem Siechenhaus seiner Haarlemer »Freunde«, der Menoniten, Zuflucht zu suchen, wo er nach wenigen Monaten (1682) im Alter von drei- oder vierundfünfzig Jahren starb. Houbraken fügt den wenigen, nüchternen Worten über den Künstler die Bemerkung hinzu: »egter heb ik niet konnen bemerken, dat hy't geluk tot zyn vriendin gehad heeft«, eine Folgerung, die er wohl eher aus einem Begräbnisbrief, den er für den des Künstlers hielt*), als aus den Nachrichten über das Leben Ruisdaels oder aus seinen Bildern, für die er kein Verständnis hatte, gezogen hat. So sind seine Werke, auch wenn wir uns von dem Menschen ein Bild machen wollen, die beste, ja fast die einzige Quelle. Wir blicken gern in ihre Tiefen; denn bei kaum einem Künstler wird dadurch die Sympathie für ihren Schöpfer so gesteigert.

Ruisdael hat nicht die bestechenden oder gar hinreißenden Eigenschaften anderer großer Landschafter Hollands. Seine Gemälde haben nicht den leuchtenden Schimmer der Luft wie die des Aelbert Cuyp, nicht das Geschick und die männliche Kraft der Ausführung eines Hobbema oder die geistreich skizzierende, impressionistische Art eines Jan van Goyen. Es fehlt ihnen die heitere Farbigkeit und die lebendige Staffage der Werke des A. van de Velde, und nie hat der Künstler wie Rembrandt versucht, die plötzlich hervorbrechende elementare Gewalt der Natur zum Ausdruck zu bringen. Weder schöne, pikante Farbe, noch besonders eindringliche Sprache im Auftrag sind ihm eigentümlich. Seine

*) In Wahrheit war es der seines gleichnamigen Neffen, der kurz vor ihm, 1681, starb und ein Armenbegräbnis für 1 fl. erhielt.

meisten Werke packen daher nicht auf den ersten Blick, aber sie heben sich doch sofort aus allen anderen Bildern heraus und ziehen uns immer wieder an sich. Ihre Einfachheit ist nur eine scheinbare, ihre Zurückhaltung eine vornehme, durchaus berechnete. Jener Ausdruck stillen Friedens, heiliger Ruhe, der über den Landschaften ausgebreitet ist und den Beschauer mit einem eigentümlichen Gefühl von Abhängigkeit und Sehnsucht erfüllt, entspringt aus der tiefsten Empfindung und einer Summe der feinsten Beobachtungen in der Natur. Der nachhaltige, einzigartige Eindruck der Gemälde geht aus der glücklichsten Verbindung von seltenem Geschmack, Gedankenreichtum und innigem Gefühl des Künstlers hervor, der seine ganze Seele in seine Bilder hineinlegte.

Ruisdael ist ausschließlich Landschaftsmaler. Nur vereinzelt hat er selbst ein ganz kleines, ungeschickt gezeichnetes Figürchen in seinen Gemälden angebracht; sonst ist die Staffage von der Hand dritter, ihm befreundeter Künstler. Aber seine Landschaften sind so mannigfaltig wie die keines anderen Malers, obgleich er im Gegensatz zu anderen holländischen Landschaftsmalern auf die Darstellung der verschiedenen Tageszeiten, auf die Schilderung plötzlich sich lösender Naturgewalten oder überhaupt auf starke Effekte fast ganz verzichtet. Die Mehrzahl seiner Bilder zeigt leichtbewegtes Terrain mit Buschwerk oder Baumgruppen, oder der Künstler führt uns in das Innere des Waldes, in dem uralte Baumriesen an stillem Wasser stehen, oder er zeigt uns das große Schauspiel, wie ein reißender Strom aus dichtem Walde hervorbricht und sich brausend über den Felsen in den Vordergrund stürzt, während die Wipfel der Bäume hohe Berge überragen. Dann wieder wandert der Meister mit uns auf einen Hügel oder auf die Dünen von Haarlem und öffnet uns den Blick über die weite Ebene bis an den Horizont, über den sich hoch der Himmel mit seinen flüchtigen Wolkenmassen wölbt. Gelegentlich läßt er uns auch in eine Stadt blicken, auf den Damplatz in Amsterdam, den Vyver im Haag, oder wir schauen mit ihm auf die Stadt Amsterdam hoch oben vom Gerüst des Rathausturmes herab. Als echter Holländer liebt Ruisdael die See. Wir wandeln mit ihm am Strande, den Spaziergänger und Fischer beleben, und blicken hinaus auf die leichtbewegte Fläche mit den bunten Segeln der Schifferboote, oder wir fahren mit ihm hinaus auf die offene bewegte See, über die schwere Regenböen ziehen. Selbst Winterlandschaften hat der Künstler gemalt, die ebenso sehr den Winterdarstellungen aller anderen holländischen Landschaftsmaler überlegen sind, wie seine Seestücke, seine Waldlandschaften und Fernsichten in ihrer Art nicht übertroffen wurden.

Auffallend ist bei fast allen diesen Bildern, daß sie einen ausgesprochen lokalen Charakter nicht zu haben scheinen, und auch dann nicht vedutenhaft wirken, wenn etwa eine bekannte Stadtansicht dargestellt ist, oder wenn sich die mächtige Marktkirche Haarlems im Hintergrund des Bildes erhebt. Ruisdael gibt, bis auf einzelne Werke seiner frühesten Zeit, komponierte Landschaften, deren innerer Aufbau sorgfältig durchdacht und abgewogen ist, sich jedoch dem Auge des flüchtigen Beschauers entzieht. Auch das einfachste Bildchen seiner Hand fällt neben den Landschaften anderer Künstler durch den großen Reichtum und die Abwechselung der feinen Kontraste auf, im Ganzen wie im Einzelnen, in der Beleuchtung wie im Terrain, im Baumschlag und Pflanzenwuchs wie in der Wolkenbildung. Alles Detail ist so geschickt der herrschenden Idee und Empfindung untergeordnet, daß man sich seiner Mannigfaltigkeit erst bei näherer Betrachtung bewußt wird. Man beachte, wie etwa auf dem stillen Wasser das Schiff gestellt und verkürzt ist, wie gut die verschiedenen Formen des einfachen Dünengrases beobachtet sind, wie die Stämme der Bäume im Walde geordnet stehen, wie die Linien des Terrains sich schieben, wie die Wolken sich bauen. Selbst im Kleinsten wird man stets die sorgfältig ordnende Hand spüren, die alles gleichmäßig und sicher durchgebildet hat, und überall wird man doch statt des kühlen Verstandes vor allem die warme Empfindung, die große Seele herausfühlen.

Das Mittel, durch welches Ruisdael seine reichen Kompositionen zu einheitlicher Wirkung bringt und ihnen zugleich den »poetischen« Eindruck verleiht, beruht vor allem in der Kunst seiner Beleuchtung, in der Art, wie er das Helldunkel behandelt und die Luft wiedergibt. Während die meisten alten Landschaftsmaler den Himmel empfindungslos, wenn auch oft recht effektvoll, nur als Lichtquelle verwandten, versteht es Ruisdael, Himmel und Erde zu vereinigen, die Wolkenschicht wirklich zu wölben und durch die Luft die ganze Landschaft zu beleben und einheitlich zu gestalten. Die Luft durchdringt bei ihm das Ganze. Die Wolken werfen ihre Schatten über die Landschaft und stehen in engster Beziehung zu ihr. »Ruisdael sieht«, nach Fromentins Ausdruck, »jeden Gegenstand in der Landschaft zusammen mit dem korrespondierenden Punkt in der Atmosphäre.« Kein anderer Maler hat den Himmel in allen Beleuchtungen so fein beobachtet, so meisterhaft und groß wiedergegeben wie er, keiner hat die Bewegung der Luft, den Bau der Wolken so wahr und gesetzmäßig, die Unruhe und Beweglichkeit so einheitlich und bestimmt zu geben gewußt. Gleich momentan und doch geschlossen gibt er die Unruhe in der Bewegung des Wassers. Wie die Wolken vor dem Winde leicht im blaßblauen Äther dahineilen, wie sie in verschiedenen Schichten übereinander lagern, wie sie sich aufbauen, wie sie von der Sonne beleuchtet sind und mannigfache Reflexlichter erhalten, wie ihre Schatten die Landschaft beleben, wie die Luft Wald und Fels durchdringt, Himmel und Meer verbindet und alle Teile der Landschaft umgibt und in ihren zarten Dunst einhüllt, das hat Jacob Ruisdael in so unendlich feiner Art und mit solcher Mannigfaltigkeit in seinen Bildern zum Ausdruck gebracht, daß dem Beschauer dadurch das Verständnis der Natur nach vielen Richtungen erweitert und vertieft wird.

Durch den Luftton wird das Helldunkel wie die Färbung in seinen Bildern bestimmt. Im Gegensatz gegen die impressionistischen Tonmaler der älteren Landschafterschule Hollands bringt Ruisdael die Lokalfarben wieder stärker zur Geltung, indes nicht so, daß nicht doch eine einheitliche atmosphärische Stimmung gewahrt bliebe. Ein fein getöntes Grün der Vegetation, meist ins Bräunliche, gelegentlich in der Ferne auch ins Bläuliche übergehend, Braun und Grau im Terrain und in den Wolken: darauf beschränkt sich im wesentlichen seine Palette. Nur das zarte Blau des Äthers, das leider in manchen seiner Bilder vom Putzen oder Durchwachsen der Farben zu scharf geworden ist, und gelegentlich ein mattes Braunrot in den Häusern schimmern als einzige stärkere Farben durch die grauen Wolken und braungrünen Bäume hindurch und bilden, gerade wie in der Natur, die feinsten Kontraste zu dem Grün der Vegetation. Der Gesamtton ist, gleichfalls der Natur entsprechend, stets kühl.

Diese besondere Betonung der Luft gibt Ruisdaels Bildern auch ihre eigentümliche Stimmung. In seinen meisten Landschaften herrscht ein sehnsüchtiger, ja schwermütiger Zug. Die Darstellung der erhabenen Größe der Natur, ihrer Beständigkeit und ewigen Verjüngung erweckt in dem Beschauer das Gefühl der eigenen Kleinheit und Vergänglichkeit. Dies Gefühl schreckt nicht vom Anblick der Natur ab, erkältet nicht, reißt aber auch nicht zu staunender Bewunderung ihrer Unermeßlichkeit hin, sondern senkt eine ruhig ergebene Stimmung langsam in unsere Seele und erfüllt uns mit tiefem andächtigen Schauer. Die Natur so zu erkennen, daß wir uns mit ihr eins empfinden und sie uns unwiderstehlich an sich zieht, obgleich uns diese Macht so stark scheint, daß sie uns schier erdrückt, die Seele der Natur zu fühlen, war nur wenigen Künstlern wie Hercules Segers und vor allem Rembrandt beschieden. Sie schildern uns ihre imponierende Gewalt und Größe, Jacob Ruisdael ihre erhabene Gleichmäßigkeit, mit der sie zum Unterordnen und stillen Bewundern zwingt. So ist es leicht zu begreifen, wie Goethe dazu kam, ihn als Denker und Poeten zu feiern. Er schloß aus den Bildern auf den Schöpfer, sah in ihm einen Melancholiker, der die Stätte der Menschen flieht, um sich am Busen der Natur auszuweinen und in der Zwiesprache mit dem Naturgeist zur Erkenntnis und zum Frieden zu gelangen, um daraus die Kraft für seine künstlerischen Schöpfungen zu sammeln. Die »vollkommene Symbolik«, die Goethe weiter an ihm bewunderte, spricht in der Tat in einzelnen Werken aus der späteren Zeit des Künstlers mit. So in dem »Judenkirchhof« der Dresdener Galerie, den Goethe zum Ausgang seiner Bemerkungen machte. Hier ist auf die Hinfälligkeit alles Irdischen, auf die Vergänglichkeit alles Menschenwerkes, über das die ewig sich erneuernde Natur erbarmungslos hinweggeht, deutlich, fast aufdringlich hingewiesen. Aber im allgemeinen werden doch dem Künstler zu modern romantische

Empfindungen untergeschoben, wenn man ihn als Menschenhasser und einsamen Träumer hinstellt. Ruisdael dachte gewiß viel naiver, mag ihm auch das Leben schwer mitgespielt haben. Lebte er doch, wie es scheint, gern in großen Städten und verkehrte hier mit manchen Künstlern, die ihm die Staffage seiner Bilder malten, oder denen er durch Malen des landschaftlichen Hintergrundes ihrer Bilder behilflich war (so Jan Vonck und Jacomo Victors) und als Lehrer oder Freund nahe stand, wie wir dies namentlich von Meindert Hobbema wissen. Seine ernste Natur war sicherlich fern von dem Weltschmerz eines Werther, sie war abgeklärt und schöpfungsfreudig, voll Begeisterung und feinstem Sinn für die Natur, voll Lust am Leben und aufgehend in der Arbeit, innerlich gefestigt, voll Frieden und religiöser Weihe.

Wie gründlich durchdacht, mit welchem Stilgefühl Ruisdaels Bilder konzipiert sind, beweist ihre große Verschiedenheit im Aufbau und in der Empfindung. Zeigen die Waldesinterieurs nur wenig vom Himmel, der sich aber in dem stillen Wasser, das sich meist in solchen Bildern zwischen den Bäumen ausbreitet, spiegelt und dadurch Licht in das Waldesdunkel bringt, so nimmt die Luft in den Fernsichten den Hauptteil des Bildes ein. Ist das Meer auf den Strandbildern der ruhigen Linie der Dünen zuliebe nur wenig erregt und die Anordnung dieser Kompositionen einfach, so ist das Wasser auf seinen Seestücken, bei denen vom Strand fast nichts zu sehen ist, gerade stark bewegt: die Wolken, die sich türmen und jagen, scheinen sich mit den schäumenden Wellen zu berühren. Liebt der Künstler seine gewöhnlichen Landschaften mit Buschwerk und Bäumen, in denen eine Hütte oder eine kleine Ortschaft zu versinken scheint, reich zu beleben, so treten die Bäume in den Winterbildern sehr zurück, aber Häuser und reicheres Terrain bringen Leben in die starre Natur, bereichern auch die Färbung, und der Schnee ist je nach der Beleuchtung verschieden getönt. Verschwindet in den Landschaften des Künstlers die Staffage fast vollkommen, so sind die Städtebilder überreich an farbigen Figuren auf der Straße und den Plätzen, und die Kanäle sind voller Boote mit bunten Segeln. Überall verrät sich das feinste Verständnis für Charakter und Stimmung, für Aufbau und Bewegung der Landschaft, die doch anscheinend ungesucht aus der Natur in das Bild übertragen sind.

Jacob Ruisdael war nicht gleich der große, vollkommene Meister; auch bereiten bedeutende Landschafter auf seine Kunst vor. In Haarlem, seiner Vaterstadt, macht sich gegenüber der ganz auf Ton ausgehenden und in einfarbiger, dunstiger und unbestimmter Malerei wirkenden Richtung der älteren holländischen Landschafterschule unter der Führung von Jan van Goyen seit den dreißiger Jahren eine Gegenströmung geltend, welche in der stärkeren Betonung der Lokalfarbe und individuelleren Durchbildung größere Naturwahrheit anstrebte. Künstler wie Cornelis Vroom, der schon 1628, als Jacob Ruisdael geboren wurde, als hervorragendster Landschaftsmaler in Haarlem gefeiert wird, wie Balthasar van der Veen, Guiliam Dubois und andere geben der Vegetation wieder ihr kräftiges Naturgrün, das sie bald ins Bräunliche, bald ins Bläuliche stimmen. Statt uns Ausblicke auf weite Fernen mit reich belebten Kanälen oder Landstraßen zu zeigen, führen sie uns abseits von dem menschlichen Treiben in das Innere des Waldes oder in waldige Täler, die von stillen Wassern durchzogen sind. Diesen Künstlern, ganz besonders dem Cornelis Vroom, schließt sich der junge Jacob Ruisdael an; gehörte doch auch sein Vater, der Rahmenmacher Isaak van Ruisdael, dieser Richtung an, wenn wir ihm richtig die mit dem Monogramm J. v. R. bezeichneten kleinen Landschaften zuschreiben. An solchen Jugendwerken Jacobs besitzen wir noch eine beträchtliche, durch Daten beglaubigte Zahl. Wenn Fromentin behauptet, daß »man sich Ruisdael weder sehr jung, noch sehr alt vorstellen könne, daß man nichts von einer Jugendentwicklung sehe und auch nicht das Gewicht der Jahre fühle«, so wird diese irrtümliche Ansicht dadurch verständlich, daß dem Künstler Fromentin, dessen Bilderkenntnis gering war, das Studium des Werdeganges der alten Meister verhältnismäßig fern lag, obgleich er ihren Charakter mit den treffendsten und lebendigsten Worten gezeichnet hat. Aber auch Kunstforscher wie W. Bürger, ein Pfadfinder für die moderne Forschung der holländischen Malerei nach dieser Richtung, hat die Entwickelung Jacob Ruisdaels so verkannt, daß er seine Wasserfälle für Jugendwerke erklärte. Fast noch schiefer stellt sich die zeitliche Anordnung der Gemälde des Künstlers durch Alois Riegl dar, wie er sie erst vor wenigen Jahren in einem Aufsatz der »Graphischen Künste« gab. Bürgers Behauptung, daß Ruisdael fast niemals seine Bilder datiert habe, ist unrichtig; auf Dutzenden von seinen Gemälden hat er seinem Namen die Jahreszahl beigesetzt. Freilich, mit ganz wenigen Ausnahmen, nur auf Werken seiner Jugend. Aber wir haben ein anderes Merkzeichen, nach dem wir seine Gemälde wenigstens ungefähr datieren können: nach den Meistern, welche sie staffiert haben. Bilder, in denen wir Figuren von der Hand des A. van Ostade, Nic. Berchem oder Ph. Wouwerman finden, werden wir mit größter Wahrscheinlichkeit der Zeit zuweisen dürfen, da Ruisdael noch in seiner Vaterstadt Haarlem lebte; wenn wir unter den Amsterdamer Malern, die ihm Bilder staffierten, A. van de Velde als seinen Mitarbeiter finden, so wissen wir, daß diese Gemälde vor 1672, dem Todesjahre dieses Künstlers, entstanden sein müssen; und die kleinen Figuren, welche die meisten seiner Strandbilder und Stadtinterieurs beleben (die auf den beiden Gegenstücken in Berlin und in Rotterdam rühren von G. van Battem her), lassen schon nach ihren Kostümen mit Bestimmtheit erkennen, daß diese Bilder erst in den siebziger Jahren gemalt sein können.

So läßt sich mit einiger Sicherheit ein Bild von der Entwickelung des Künstlers gewinnen, wenn wir auch das einzelne Gemälde nicht gerade, wie bei manchen anderen holländischen und vlämischen Künstlern auf einen Zeitraum von wenigen Jahren genau fixieren können. Dies vermögen wir nur bei den Werken der frühesten Zeit, etwa für die Jahre 1646 bis 1653, aus denen uns nahe an hundert Gemälde des Künstlers erhalten sind. Die Zeit liegt noch nicht weit zurück, da man von der ersten Tätigkeit des großen Haarlemer Meisters in diesem Zeitraum nichts wissen wollte und die Bilder mißachtete oder gar ihre Echtheit anzweifelte, trotz der echten Bezeichnungen und Daten, die sie tragen. Schien doch ihre frühe Entstehung dem angeblichen Geburtsjahr des Künstlers zu widersprechen, das man in das Jahr 1635 setzte. Statt aber die Gemälde und ihre

Bezeichnungen zu prüfen, statt die bekannten Radierungen mit heranzuziehen, von denen eine gleichfalls die Jahreszahl 1646 trägt, und daraus die Folgerung zu ziehen, daß die hergebrachte Angabe der Geburtszeit des Künstlers eine falsche sein müsse, schrieb man jene Landschaften mit ihrem allerdings eigenartigen Charakter Schülern oder Nachahmern zu oder bezeichnete sie selbst als Fälschungen. Und doch war das Rätsel, daß Jacob Ruisdael als halber Knabe schon treffliche Bilder gemalt haben sollte, längst gelöst; denn die Angabe eines Zeitgenossen, des L. van der Vinne, nach der Ruisdael 1648 Mitglied der Gilde in Haarlem wurde, hatte van der Willigen bereits 1870 in seinem verdienstvollen Quellenwerke über die Haarlemer Maler weiteren Kreisen bekannt gemacht.

Charakteristisch ist für diese Jugendwerke das Anspruchslose der Motive, das scheinbar Kunstlose der Anordnung, wie die Treue und der Fleiß des Naturstudiums in der Wiedergabe. Ein Dünenhügel mit dürftigem Gestrüpp und Riedgras, ein sonniger Weg zwischen Büschen, ein kleiner Bach oder Sumpf mit Schilf und Wasserblumen, eine alte, entblätterte Eiche zwischen dichtem Gehölz, eine Hütte mit rotem Dach oder eine Windmühle am Waldesrand, darüber trüber Himmel mit grauen Wolken, durch die nur ein vereinzelter matter Sonnenstrahl dringt: der Art sind die einfachen Motive, welche denen der älteren Haarlemer Meister, wie Vroom und Dubois, nahe verwandt sind. Der Aufbau ist meist noch wenig geschickt; auch die Fülle von Detail und die übertrieben sorgfältige Durchführung desselben verrät den Anfänger. Noch fehlen Ausblicke, welche eine feine Perspektive eröffnen, Bäume und Buschwerk sind leicht zu massig, die Schatten zu schwer, der Sinn für schöne und einfache Formen ist noch nicht entwickelt. Und doch enthüllt sich schon der eigenartige Künstler mit seinem feinen Sinn für die Natur in der Art, wie er durch die Stellung der Zweige und Blätter, durch ihre abwechselnd eckige oder runde Behandlung, durch den bald körnigen, bald glatten Farbenauftrag, durch den verschiedenen Ton des Grüns die einzelnen Baumarten charakterisiert, wie er die Pflanzen und Gräser bis in alle Einzelheiten mit einer an Dürer erinnernden Liebe durchbildet und mit Geschmack dem Ganzen einordnet.

Innerhalb dieser Jugendwerke lassen sich die raschen Fortschritte des Künstlers leicht verfolgen. In den Bildern aus dem Ende dieser Periode sehen wir bereits, wie der Künstler den Horizont tiefer legt, wie er das Terrain geschickter verschiebt, Ausblicke in die Ferne schafft, wie er klarer in den Schatten wird, größer in den Lichtmassen, naturwahrer im Ton und in der Färbung, wie er mehr und mehr Verständnis bekommt für die Wiedergabe der Wolkenbildung und ihren Einfluß auf die Beleuchtung der Landschaft. Damit tritt auch die übertriebene Betonung der Einzelheiten, namentlich im Vordergrunde, zurück, und die Komposition wird reicher, mannigfaltiger und geschlossener. Zahlreiche Landschaften von kräftiger grüner Färbung der Vegetation und körnigem Farbenauftrag, mit durch Baumgruppen und niedrige Hügel begrenzten Ausblicken über die holländische Heimat, mit einem Fluß oder einem breiten Weg, einem gelben Kornfeld als Lichtpunkt, ein paar Häusern oder einem kleinen Ort im Mittelgrund, verdanken den letzten Jahren von Ruisdaels Aufenthalt in Haarlem ihre Entstehung. Damals scheint er zuerst, ähnlich wie Rembrandt, Amsterdam vorübergehend aufgesucht zu haben, um dort Absatz für seine Bilder zu finden, und zugleich begann er seine Studienreisen über die nächste Umgebung seiner Vaterstadt hin auszudehnen. Bei den Wanderungen in die Dünen von Noordwijk und Sandvoort erkannte er die Schönheiten der Fernsichten mit dem hohen, reich belebten Himmel und der nach dem Horizont zu allmählich verschwindenden Landschaft; die Studien für seine berühmten Flachlandschaften gehen vor allem auf diese Zeit zurück. Der Künstler kam aber damals wohl auch schon über die Grenzen seines Vaterlandes hinaus. Bilder wie die überwältigend mächtige Ansicht vom Schlosse Bentheim aus dem Jahre 1654 in der Galerie Otto Beit in London, oder wie das Kloster, von denen die Galerien in Dresden, London und Berlin abweichende Darstellungen besitzen, beweisen, daß Ruisdael schon vor der Mitte der fünfziger Jahre die hügeligen Gaue des deutschen Nachbarlandes mit ihren prächtigen Wäldern und alten Burgen, namentlich die Grafschaft Cleve und das Münsterland, kennen gelernt hatte. Diese deutschen Gegenden blieben, wie es scheint, auch von Amsterdam aus ein Hauptziel seiner Wanderungen und Studien. Von seinem neuen Wohnsitz aus ist der Künstler wohl auch zuerst auf die See hinausgekommen; bei diesen Fahrten mögen die Studien zu seinen herrlichen Seebildern entstanden sein.

Die Früchte aller dieser Arbeit liegen in den Gemälden vor, die in den sechziger Jahren in Amsterdam entstanden: es sind der Mehrzahl nach die Meisterwerke des Künstlers. Die meisten Fernsichten, die Marinen, die Waldinterieurs, die ersten Winterbilder gehören dieser Zeit an. Ich nenne nur den »Sumpf im Wald« in der Eremitage und das ähnliche Bild in der Berliner Galerie, den großen Eichenwald der Wiener Hofmuseen (wohl noch vor Ende der fünfziger Jahre entstanden), die Windmühle am Strande im Rijksmuseum, die Fernsicht von der Burgruine und den Strand von Noordwijk in der Londoner National Gallery und so fort. Diese Werke ragen durch den Reichtum und die Feinheit der Kompositionen, durch den Geschmack im Aufbau, durch die geschickte Unterordnung der zahlreichen interessanten Einzelheiten unter die Gesamtwirkung, durch die bewegte Luft und die Feinheit der Beleuchtung, durch die Klarheit der Färbung und vor allem durch ihre große, ergreifende Stimmung selbst unter den Werken des Meisters weit hervor; es sind die großartigsten landschaftlichen Schilderungen, welche die Kunst hervorgebracht hat.

Die letzte Zeit der Tätigkeit des Künstlers, deren Beginn wir spätestens um die Mitte der siebziger Jahre zu setzen haben, zeigt nach verschiedenen Richtungen ein Nachlassen, vielleicht schon verursacht durch die Krankheit, die ihn verhältnismäßig früh dahinraffte und ihn wohl schon jahrelang vorher an gründlichem Studium verhinderte, wenn sie auch seine Arbeitsfreudigkeit nicht zu brechen imstande war; denn aus diesen letzten Jahren sind uns fast ebensoviele Gemälde wie aus seiner früheren Zeit erhalten. Schon technisch stehen die Bilder nicht mehr auf der Höhe wie früher. Der dunkle Grund, auf den sie gemalt sind, ist bei dem dünnen Auftrag der Farben vielfach durchgewachsen, so daß die Schatten oft zu dunkel und einförmig erscheinen; die gleiche Technik schadete dem Blau des Äthers. Die Zeichnung des Baumschlags, der Felsen und der anderen Einzelheiten ist vielfach schematisch und oberflächlich. In den Motiven läßt sich der Künstler im Streben nach großen Formen und stärkerer Wirkung, das sich meist auch schon in dem größeren Format seiner Bilder ausspricht, zu überfülltem Aufbau verleiten. Auch liegen seinen Gemälden zum Teil nicht mehr eigene Studien der Natur zugrunde. Er benutzt die Bilder von Freunden: Everdingens Ansichten von Schweden und Norwegen, Szenerien aus der Schweiz von Roghman, Hackaert und anderen, um daraus Motive für seine eigenen Kompositionen zu gewinnen. Mit besonderer Vorliebe malt er jetzt Wasserfälle, breite Ströme, die sich durch enge Felsenwände zwängen und mit mächtiger Wasserfülle brausend in den Vordergrund hinabstürzen, abgeschlossen von waldigen Bergen mit Burgen oder Ruinen auf den Höhen. In einer solchen Berglandschaft, in der die Spitzen der Berge sich in den Wolken verlieren, ist im Vordergrund der Schwur auf dem Rütli dargestellt, ein Beweis, daß der Künstler wirklich eine Schweizer Landschaft darstellen wollte und aus Interesse an den großen Formen der Alpennatur sich mit der Geschichte der Schweiz vertraut zu machen suchte. Auch in dem Aufbau der Waldlandschaften dieser Zeit zeigt sich ein ähnliches Streben in der mächtigen Bildung der alten Baumriesen, dem übertriebenen Dunkel des Waldes und der Überfülle an Formen; gelegentlich enthalten die Bilder auch jene von Goethe gerühmten, oben erwähnten symbolischen Beziehungen.

So teilt auch dieser große Künstler das Schicksal, dem nach Rembrandts Tod die ganze Kunst in Holland wie mit einem Schlage erlag. Als ob nur die ragende Gestalt des großen Meisters den Verfall so lange aufzuhalten vermocht hätte!

MEINDERT HOBBEMA

Wenn uns aus den Urkunden über die holländische Kunst immer wieder dasselbe Lied von der Verkennung und Zurücksetzung, von der Not und dem Jammer der großen Meister entgegentönt, so bilden wir uns leicht die Vorstellung, als ob ihre drückenden Lebensverhältnisse ungünstig auf die Entwickelung der holländischen Malerei eingewirkt hätten und diese nur ein schwaches Abbild von dem wäre, was sie bei glücklicher Lage ihrer Künstler hätte sein können. Nähere Beschäftigung mit den Gemälden und ihren Meistern aber überzeugt uns, daß solche widrigen Verhältnisse die Tätigkeit der Künstler doch nur selten ungünstig beeinflußt oder gar unterdrückt haben, ja daß sie häufig sogar anregend gewirkt und die Güte der Arbeiten noch gesteigert haben. Man mag es von rein menschlichem Standpunkte aus bedauern, daß Rembrandt nur ausnahmsweise mit öffentlichen Aufträgen bedacht wurde, für seine Kunst wäre es schwerlich von besonderem Nutzen gewesen. Schwankt doch noch stets das Urteil darüber, welche Bedeutung die »Nachtwache« innerhalb seines Lebenswerkes habe; und die »Verschwörung des Claudius Civilis« wie die neuerdings erst bekannt gewordene Komposition mit dem Triumphzug eines römischen Feldherrn, die gleichfalls wahrscheinlich auf Bestellung der Stadt Amsterdam entworfen wurde, gehören gewiß nicht zu seinen hervorragenden Werken. Auf sich allein angewiesen war der Meister dagegen gezwungen, seiner künstlerischen Eingebung zu folgen. Wie Rembrandt, so ging es den meisten seiner großen Landsleute: unter dem Druck der äußeren Verhältnisse arbeiten sie mit doppelter Anstrengung und mit fester Hingabe an der Ausbildung ihrer künstlerischen Eigenart; wenn sie plötzlich nachlassen oder gar die Kunst aufgeben, so war der Grund der, daß ihnen die Eingebung versagte oder ihre Kraft erschöpft war. Dies gilt in gleicher Weise für Jan van der Heyden wie für seinen gleichaltrigen Landsmann Meindert Hobbema.

Hobbema hatte sich im Jahre 1668, damals dreißig Jahre alt, mit einer vier Jahre älteren Dienstmagd des Bürgermeisters Lambert Reynst in Amsterdam verlobt. Durch den Einfluß einer im gleichen Dienst stehenden Magd auf den Bürgermeister*) erhielt er das Amt eines »Wijnroeijers«, eine kleine Stellung am Weinsteueramt. Nachdem er sich so ein leidliches Auskommen gesichert hatte, malte er nur noch gelegentlich in Mußestunden und bald wohl überhaupt nicht mehr; denn obgleich der Künstler erst im Jahre 1709 starb, besitzen wir nur ein Bild, das sicher später als 1670 datiert ist: die Allee von Middelharnis in der National Gallery in London (wahrscheinlich 1689 datiert). Mit Ausnahme dieses Werkes zeigen schon die um 1670 entstandenen Gemälde, daß die künstlerische Kraft Hobbemas damals bereits im Abnehmen war.

So ergeben die Urkunden das Bild eines durchaus praktischen, nüchternen Mannes. Mit dieser Vorstellung stimmt der Charakter der Gemälde überein. Ebensowenig wie die Motive, die einförmig und nicht selten fast treu wiederholt sind, variieren Komposition und Färbung in den Bildern des Künstlers. Seinen schlichten Schilderungen nach den bewaldeten Gegenden der Niederlande, vermutlich nach der Landschaft in Geldern: einer Mühle zwischen Bäumen, einem Weg durch Laubwald mit einem kleinen Wasser und einzelnen Häusern oder Gehöften, gelegentlich mit einem Kirchdorf in der Ferne, einer Ruine zwischen lichtem Gehölz und ähnlichen Motiven, liegen sorgfältige Studien nach der Natur zugrunde. Das können wir am besten an der »Wassermühle« beobachten, von der uns mehr als ein halbes Dutzend Darstellungen erhalten sind: zwei im Rijksmuseum, je eins bei Lady Wantage, in der Wallace Collection, im Museum

*) Für ihre Vermittelung ließ sich die schlaue Person notariell eine jährliche Rente von 250 fl. auf so lange Zeit zusagen, bis sie selbst sich verheiraten und ihr Mann eine ebenso einträgliche Stelle bekommen würde.

zu Chicago (aus der Sammlung San Donato) und so fort. Der Künstler hat seinen Standpunkt jedesmal nur wenig geändert und sich so treu an das Vorbild gehalten, daß kaum ein Baum verstellt oder ein Kontur verändert worden ist. Ebenso hat er die berühmte »Mühle« des Louvre mit geringen Veränderungen in verschiedenen Bildern wiedergegeben, die sich in der National Gallery zu London, bei der Baronin Alphonse Rothschild in Paris und an anderen Orten befinden. In der Stimmung weichen diese Wiederholungen kaum von einander ab: es ist heller Tag, und mattes Sonnenlicht liegt über der Landschaft. Trotzdem machen uns die verschiedenen Exemplare desselben Motives nicht den Eindruck von Repliken. Auch gibt es nur wenig Gemälde des Künstlers, bei denen sich der Gedanke aufdrängt, daß eine bestimmte Örtlichkeit wiedergegeben ist, wie dies der Fall ist bei der »Villa hinter einer Baumreihe«, die sich in der Sammlung San Donato befand, und bei der »Gracht in Amsterdam«, die auf einer Londoner Versteigerung vorkam. Dank seinem gewissenhaften Studium und seiner Kraft der naturalistischen Darstellung hat es der Künstler regelmäßig verstanden, aus dem einfachsten Motive der heimischen Landschaft ein Bild zu gestalten, welches so frisch und überzeugend und oft so packend auf uns wirkt, daß dem naiven Beschauer nicht die Vermutung aufsteigen wird, als hätte er schon einmal das gleiche Motiv in einem anderen Bilde des Künstlers gesehen.

Dieser ehrliche, gesunde Naturalismus und die freie meisterliche Art, wie er ihn zum Ausdruck zu bringen weiß, haben Hobbema seinen Platz neben Jacob van Ruisdael gesichert, obgleich ihm dieser in dem Reichtum der Empfindung, im Geschmack des Aufbaues und vor allem in Stimmung und Empfindung weit überlegen ist. Die Seltenheit seiner Gemälde hat diese bei den Sammlern, seitdem im Anfange des vorigen Jahrhunderts das Verständnis für seine Kunst erwacht war, zu den gesuchtesten Kunstwerken gemacht, und der Umstand, daß sich gerade seine Meisterwerke an hervorragender Stelle, im Louvre und in der National Gallery zu London, befinden, hat noch dazu beigetragen, daß man die Bedeutung des Künstlers eine Zeitlang überschätzt, daß man ihn Ruisdael gleichgestellt, ja gelegentlich sogar vorgezogen hat. Kann eine solche Verkennung des größten Landschaftsmalers aller Zeit auch nicht entschieden genug zurückgewiesen werden, so soll Hobbema deshalb sein Platz unter den ersten Meistern der holländischen Schule doch nicht streitig gemacht werden.

Hobbema war Ruisdaels Schüler und Freund, seine Richtung, die Wahl seiner Motive hat er ihm abgelernt, und doch ist sein künstlerisches Temperament grundverschieden. Ruisdael zeigt uns die Natur in ihrer Sonntagsstimmung, in ihrer Unberührtheit; der Mensch betritt sie als andächtiger Zuschauer. In Hobbemas Landschaften herrscht dagegen Werktagsstimmung, der Künstler zeigt uns die Natur, wie der Mensch sie sich dienstbar gemacht, wie er sie zurecht gestutzt hat. Auch wenn die Staffage fast fehlt — und in allen seinen Bildern ist sie untergeordnet —, haben wir die Empfindung, darin einen Schauplatz menschlicher Tätigkeit vor uns zu haben. So fehlt seinen Landschaften jener poetische Zauber, der fast jedem Gemälde seines Lehrers in so hohem Maße innewohnt. Statt dessen ist aber die Prosa, in der Hobbema zu uns spricht, oft so kräftig und eindringlich, daß sie uns überzeugt und überwältigt, daß uns manche Stimmungsbilder seiner Landsleute daneben gesucht und schwächlich erscheinen.

Durch sein Kompositionsprinzip, dem zufolge er dürftige Bäume einzeln oder in kleinen Gruppen fast über das ganze Bild zerstreut, statt sie zum Wald zu verdichten oder als stattliche Solitärs zur Geltung kommen zu lassen, und durch die Art, wie er einzelne Bauten dazwischen auftauchen läßt, schafft er sich die Möglichkeit, ungesucht das Bild zu vertiefen, den Raum nach den verschiedenen Richtungen zu erweitern und zu beleben. Er läßt das stärkste Licht in den Mittelgrund fallen und entfaltet hier den größten Reichtum im einzelnen, während er den Vordergrund, ohne jede kulissenhafte Wirkung, kräftig abhebt. Den unruhigen Linien und Formen der Landschaft gibt er Zusammenhang und Zusammenklang durch den feinen Lufttton, der das Ganze umhüllt, durch die Wirkung der Wolken, die einheitlich aufgebaut und beleuchtet sind und gleichmäßig Licht und Schatten über die Fläche verbreiten. Ebenso geschickt, ebenso wahr und individuell ist die Zeichnung und technische Behandlung Hobbemas, leichter, reicher und pikanter als bei Ruisdael, gelegentlich scharf betont und daneben in untergeordneten Stücken absichtlich vernachlässigt. Für seine Farbengebung ist das Graugrün des Laubwerkes so charakteristisch, daß sich dadurch seine Bilder aus allen anderen gleichzeitigen Landschaften herausheben. Daneben macht sich in den Schatten ein bräunlicher und an den belichteten Stellen ein goldiger Ton geltend; im Mittelgrund hebt sich meist ein einzelnes Dach mit seinen roten Ziegeln kräftig heraus.

Bezeichnend für das Wesen des Künstlers ist, daß er nur von Zeit zu Zeit seine ganze Kraft zusammennimmt und dann Meisterwerke von einer Schönheit schafft, daß ihnen selbst Ruisdael wenig an die Seite zu stellen hat. Dies gilt vor allem für die oben genannte »Allee von Middelharnis«. Zwei Reihen von steifen, jungen Pappeln, deren Zweige bis auf die Spitzen abgehauen sind, schneiden das Bild in zwei gleiche Hälften; gerade Gräben und eine nach der Schnur angelegte Baumpflanzung im Vordergrunde scheinen absichtlich den Eindruck des Abgemessenen, Schematischen noch zu verstärken; und doch tut dies der Gesamtwirkung keinen Eintrag, so mächtig ist die Wirkung der Luft, so wuchtig und malerisch ist die Ausführung. Weniger absonderlich in der Anlage, aber ebenso vortrefflich ist die »Mühle« im Louvre, ein Bild voll sonniger Erscheinung, voll warmen, goldenen Lichtes, von größter Feinheit in Anordnung und Zeichnung und voll seltener Kraft in Färbung und Behandlung. Die Darstellungen mit dem gleichen, nur von einem anderen Standpunkte gesehenen Motiv: in der Sammlung der Baronin Alphonse Rothschild in Paris, das kleinere »Dorf mit der Mühle« in der National Gallery zu London, die »Mühle« in der Galerie zu Antwerpen, in der Dresdener Galerie und andere, stehen dem Louvrebild an Bedeutung nahezu gleich. Die Wiedergabe einer anderen Ansicht, die der Künstler in verschiedenen Bildern zeigt, eines Weges zwischen Bäumen, an dessen einer Seite sich der Ausblick in eine weite, mit Gebüschen bestandene Ebene bietet, gelang dem Künstler am schönsten in dem umfangreichen Gemälde der Galerie Beit zu London. Unbedeutend neben solchen Meisterwerken, aber von eigenartigem Interesse sind ein paar ganz kleine skizzenhafte Bilder, die den Eindruck machen, als hätte der Künstler sie direkt vor der Natur gemalt. So die beiden Gegenstücke, baumreiches Terrain mit einem kleinen Wasser, in der Sammlung R. Kann in Paris (früher in Bowood), und der »Blick von der Düne«, in der Sammlung Thieme zu Leipzig. Namentlich das letztgenannte weist sich schon durch den plump geformten Dünenhügel im Vordergrund, der fast den dritten Teil des ganzen Bildes einnimmt, als Studie aus. Alle drei haben die gleiche frische Behandlung, bei der die Bäume und das Terrain in fetter Farbe modelliert sind.

Da, wie oben ausgeführt, die Mehrzahl der Bilder Hobbemas in einem verhältnismäßig kurzen Zeitraum entstanden ist, so läßt sich nicht wohl eine deutliche Entwickelung in der Kunst des Meisters beobachten; trotzdem heben sich einige Gemälde als frühere, andere als Werke der späteren Zeit heraus. Die letzteren geben sich meist leicht durch ihre schwere Farbe, die monotone Wiedergabe des Lichtes und eine in Manier ausartende Zeichnung des Baumschlags und des Terrains zu erkennen. Der Künstler »häuft darin — nach der treffenden Charakteristik von Paul Mantz — Bäume auf Bäume, er vervielfacht die Zahl der Äste, an den schon überreichen Zweigen fügt er noch weitere Blätter hinzu, er vermehrt die Einschnitte des Terrains und läßt im Rasen überflüssige Halme aufschießen«. Anders verhält es sich mit den Jugendwerken Hobbemas, die, wie die meisten frühen Arbeiten der großen holländischen Künstler, lange verkannt wurden. Durch die Verwandtschaft der Gemälde des Künstlers mit manchen Werken des Jacob Ruisdael, die sich auf Wahl der Motive, Anordnung und Behandlung bezieht, hatte die alte Annahme, daß Hobbema ein Schüler Ruisdaels gewesen sei, schon viel für sich; nachdem die engen Beziehungen zwischen beiden Künstlern, und zwar schon im Jahre 1661, durch neuerdings gefundene Urkunden festgestellt sind, ist sie nahezu zur Gewißheit geworden. Ruisdael wurde erst 1659 Bürger von Amsterdam, er hielt sich hier indes schon seit mehreren Jahren zeitweise von Haarlem aus auf. Hobbema muß daher schon, bevor er mit Ruisdael in Berührung kam, bei einem Künstler in der Lehre gewesen sein, falls er nicht zu diesem nach Haarlem geschickt wurde. Seine ersten datierten Gemälde, Landschaften in den Galerien von Edinburg und Grenoble (beide vom Jahre 1659), in denen sich die jugendliche Hand in einer gewissen Trockenheit in der Ausführung und Ungeschicklichkeit im Aufbau verrät, sind jedenfalls in den Motiven und in der Zeichnung des Baumschlags Jacob van Ruisdael schon nahe verwandt. Noch stärker unter dessen Einfluß steht eine Anzahl von Bildern — in den Galerien von Augsburg, München, Dresden, neuerdings nicht selten auch im englischen Kunsthandel —, deren Echtheit oft angezweifelt worden ist, weil sie allerdings in den einfachen Motiven, wie in der flüchtigen Behandlung und einförmigen bräunlichen Färbung, die vielfach in den Schatten den braunen Grund durchscheinen läßt, von seinen anderen Werken, selbst von denen der eben genannten beiden Gemälde aus dem Jahre 1659, stark abweichen.*) Doch gibt es aus eben diesem Jahre ein unbedeutendes, bezeichnetes Bildchen mit ganz ähnlicher dünnbrauner Färbung im Städelschen Institut zu Frankfurt, das den Übergang zu diesen Gemälden bildet. Auch machen sich einzelne charakteristische Eigentümlichkeiten Hobbemas schon in diesen frühesten Bildern geltend, die wir etwa in die Jahre 1657 und 1658 versetzen müssen; so die Zeichnung der Bäume, die Art, wie die Äste im Laubwerk übertrieben scharf hervorgehoben sind, die Behandlung des Terrains und anderes mehr. Auch die wenigen kleinen, ungeschickt gezeichneten Figuren sind charakteristisch für den Künstler und finden sich in seinen gesicherten Werken auch dann, wenn die Hauptfiguren von anderen Künstlern, die ihm und Ruisdael befreundet waren, gemalt sind, etwa von A. van de Velde, Lingelbach, B. Gael und ganz ausnahmsweise auch von Ph. Wouwermans.

Diese Staffage in Hobbemas Landschaften ist stets untergeordnet und fällt nicht, wie bisweilen bei Ruisdaels Bildern (besonders wenn Berchem die Figuren und Tiere malte), störend

*) Man hat diese Bilder namentlich um der außergewöhnlichen, aber meist durchaus echten Signaturen willen mit Unrecht angezweifelt. Eher dürfte man Bedenken gegen die Jahreszahl 1657 auf dem Dorf mit der Wassermühle in Bridgewater House zu London äußern, da das Bild schon den ganz entwickelten Stil des Meisters zeigt.

auf. Ob freilich der Grund dafür in einer absichtlichen weisen Beschränkung Hobbemas oder bloß in dem Mangel an Mitteln, deren er für eine reichere Staffage bedurfte, lag, mag dahingestellt sein. Die Preise, die Hobbema bei seinen Bildern erzielte (in den Schätzungen aus der Zeit des Künstlers werden sie auf zehn bis dreißig Gulden angegeben), waren jedenfalls äußerst gering. Auch nachdem er durch sein kleines Amt seine Existenz einigermaßen gesichert hatte, hat er es zu eigenem Vermögen nie gebracht. Bei dem Begräbnis seiner Frau, wie bei der Bestattung des Künstlers selbst findet sich im Kirchenbuche der Vermerk: »Armenklasse«. Der Künstler wohnte in seinen letzten Jahren weit draußen auf der Rozengracht neben dem Doolhof, gegenüber dem Hause, aus dem Rembrandt zur letzten Ruhe getragen wurde. Wie er, starb auch Hobbema völlig mittellos. Wahrhaftig, Holland hat an seinen Künstlern, die den Ruhm des Landes vor allem auf die Nachwelt gebracht haben, wenig großmütig gehandelt!

AERT VAN DER NEER

Ein Stimmungsmaler wie Jacob Ruisdael ist auch Aert van der Neer. Doch ist er keineswegs von ihm abhängig; war er doch eine Generation älter als dieser und hatte die Fünfzig schon überschritten, als Ruisdael nach Amsterdam übersiedelte, wo van der Neer bereits vor dem Jahre 1640 ansässig war.

Die Lebenszeit des Aert van der Neer wurde früher in die Jahre 1619 bis 1683 gesetzt. Durch die Forschungen von Bredius haben wir erfahren, daß beide Daten falsch sind. Der Künstler wurde schon 1603 zu Gorkum geboren und starb in Amsterdam am 9. November 1677. Die Feststellung des frühen Geburtsdatums mußte in den Kreisen, die sich näher mit der künstlerischen Entwickelung des Malers beschäftigt hatten, Aufsehen erregen. Denn die Bilder, die ihrem Stil nach Frühwerke sind und die frühesten bis vor kurzem bekannten Daten tragen, fallen in den Anfang der vierziger Jahre; der Künstler hätte also seine ersten Bilder erst gemalt, als er schon die Mitte der Dreißig überschritten hatte. Bredius hat auch dieses Rätsel gelöst; diesmal nicht aus den Urkunden, sondern aus einer Notiz des alten Houbraken, die bis dahin unbeachtet geblieben war. Houbraken erwähnt den Künstler nur ganz beiläufig, bei Besprechung des Lebens seines Sohnes Eglon. »Er war der Sohn« — so heißt es von Eglon in »De groote Schouburgh« III., S. 172 — »von Aernout oder Aert van der Neer, der in seiner Jugend Verwalter (Majoor) bei den Herren von Arkel gewesen ist. Während er sich damals nur gelegentlich in der Kunst übte, widmete er sich später, als er nach Amsterdam übersiedelte, ausschließlich der Malerei und ist berühmt geworden durch sorgfältig ausgeführte Landschaften, insbesondere durch Landschaften bei Mondschein«. Diese dürftigen Notizen über das Leben des Künstlers sind durch verschiedene neuaufgefundene Urkunden bereichert worden, aus denen sich leider ergibt, daß auch das Leben dieses tüchtigen holländischen Malers nur ein langer Kampf gegen die äußerste Not und gegen die Nichtachtung seiner Kunst durch seine Zeitgenossen gewesen ist. Von Gläubigern geplagt, starb van der Neer in höchster Armut. Seine Bilder, die er bei Lebzeiten um einen Spottpreis feilbieten mußte, wurden in seinem Nachlasse durchschnittlich mit drei Gulden das Stück geschätzt! Er konnte daher mit seiner Kunst nicht den dürftigsten täglichen Unterhalt gewinnen und war genötigt, nebenher noch eine Kneipe zu halten und einen Weinhandel zu betreiben. Schon im Mai 1659 wird er als Wirt im »Graeff van Holland« zu Amsterdam erwähnt; sein Sohn, der Maler Jan van der Neer (von dem sich ein bezeichnetes Bild, ein schwacher Abklatsch von der Kunst des Vaters in der Galerie zu Schwerin befindet), war ihm in der Wirtschaft behilflich.

Der Künstler hat seine Gemälde regelmäßig mit seinem bekannten Monogramm bezeichnet, versah sie aber nur ausnahmsweise mit einer Jahreszahl. Die datierten Bilder gehören sämtlich, soweit mir bekannt, den ersten Jahren seiner künstlerischen Tätigkeit an. Darunter sind nur einige wenige, die sich als Werke eines Anfängers bezeichnen lassen, einfache Tageslandschaften, die ganz im Charakter der älteren Landschaftsschule gemalt sind. Eine solche Landschaft vom Jahre 1639 befindet sich im Rijksmuseum zu Amsterdam, ein Winterbild von 1642 in der Sammlung Martius zu Kiel, ein ähnliches schadhaftes Bild im Städelschen Institut zu Frankfurt, dessen Jahreszahl nicht mehr recht zu entziffern ist; ein paar verwandte Bilder sah ich gelegentlich im Kunsthandel. Sie stehen derben, flüchtig gemalten Bildern von E. van de Velde nahe. Das Frankfurter Bild, ein Landhaus zwischen hohen Bäumen in der Nähe eines Wassers bei einfacher Tagesbeleuchtung, leidet in einzelnen Teilen an zu großer Flüchtigkeit und Breite der Behandlung. Der braune Grund ist in den Schatten nur teilweise gedeckt, so daß das Bild wie eine getuschte Zeichnung erscheint. Es ist jedoch schon mit solchem malerischen Geschick ausgeführt, die wenigen Lokalfarben in dem hellen bräunlichen Ton sind von so feiner Wirkung, daß es, obgleich es in der Formengebung, namentlich im Baumschlag und in der Zeichnung des Laubwerkes, von allen seinen Gemälden vielleicht den altertümlichsten Charakter hat, vor einzelnen späteren Bildern den Vorzug verdient.

Diese Bilder mag van der Neer gemalt haben, während er noch Gutsverwalter war. Bereits wenige Jahre später entstanden verschiedene Gemälde, die zu seinen besten Werken zählen; so namentlich der Winter von 1643 im Besitze von Lady Wantage und ein Mondschein von 1644 in der Galerie Arenberg zu Brüssel. Hier begegnen wir bereits den beiden Motiven, die der Künstler in mehreren hundert Bildern wiederholt hat, und an die wir sofort denken, wenn sein Name genannt wird. Er hat kaum wieder ein zweites Bild gemalt, das der kleinen hellen Mondlandschaft der Sammlung Arenberg an malerischer Wiedergabe, an geistreicher, leichter Pinselführung, an Energie der Lichtwirkung gleichkäme; es ist ein Werk, das an die besten Bilder eines A. Cuyp und sogar an gleichzeitige landschaftliche Improvisationen von Rembrandt erinnert. Was diese und namentlich verschiedene in den folgenden Jahren entstandene Gemälde noch als Erstlingswerke des Künstlers charakterisiert, ist eine gewisse Ungleichmäßigkeit, ein unsicheres Schwanken zwischen skizzenhafter Flüchtigkeit und übertriebener Sorgfalt, ein Tasten auch in der Wahl der Motive und in der Komposition. Dadurch ist ihnen gelegentlich eine außerordentliche Frische und Naturwahrheit zu eigen, bisweilen erscheinen sie aber auch trocken, absichtlich und wenig glücklich in der Wirkung. Letzteres gilt unter anderen von einer größeren Flußlandschaft bei hellem Mondenlicht aus dem Jahre 1645 in der Sammlung Siersdorpff-Driburg (versteigert), von einem kleinen »Mondschein« in der Braunschweiger Galerie und ein paar Bildern von 1646 in der Galerie zu Schwerin. Im gleichen Jahre entstanden daneben Werke von tiefer, großer Wirkung und beinahe breiter Behandlung, wie der kühle Morgen in der Sammlung Martin Rikoff zu Paris, der Mondschein bei A. Beit in London und ein größeres Bild in der früheren Sammlung Schubart (jetzt im Pariser Kunsthandel). Ähnliches gilt von den »Kugelspielern« in der Galerie zu Prag aus dem Jahre 1649. Etwa gleichzeitig wird auch der wirkungsvolle »Weiler am Wasser« in der Eremitage entstanden sein, in dem der ganze Himmel im Lichte der untergehenden Sonne erglüht.

Die Art, wie in diesem Bilde die Sonne sich hinter der Windmühle verbirgt, die sich gespenstisch groß von dem hellen Abendhimmel abhebt, erinnert an eine ähnlich komponierte helle Mondnacht von A. Cuyp in der zurzeit im Kaiser-Friedrich-Museum zu Berlin ausgestellten Sammlung Carstanjen. An diesen Meister werden wir auch sonst gelegentlich gemahnt bei verschiedenen Gemälden des Künstlers, die wir nach dem Kostüm der darauf vorkommenden Gestalten in die fünfziger Jahre setzen können. Sie sind groß und dekorativ, lichter im Ton und mit größeren Figuren staffiert, die man früher Aelbert Cuyp zuzuschreiben pflegte, während doch A. van der Neer selbst ein trefflicher Figurenzeichner war. Solche Bilder sind die beiden wirkungsvollen Abendlandschaften der Londoner Galerie, die ähnlichen Bilder in der Sammlung G. Salting zu London, bei M. Schloß in Paris und an anderen Orten. Der Folgezeit, dem Ende der fünfziger und den sechziger Jahren, gehören die Meisterwerke des Künstlers an: jene wirkungsvollen Landschaften von mäßiger Größe bei Abendstimmung oder bei Mondschein, mit rötlichen Brandeffekten oder mit Schnee- und Eisszenerie, wie sie namentlich in der Wallace-Kollektion, in den Sammlungen Holford, Rudolf Kann, James Simon, A. Bredius, in der Berliner Galerie und so fort vertreten sind. Erst in späterer Zeit werden die Kompositionen etwas künstlich zusammengestellt und manieriert, die Behandlung wird oberflächlich, der Ton zu düster und schwer; man empfindet bei den meisten dieser Bilder — fast ausschließlich sind es Mondscheinlandschaften —, daß der Künstler aus dem Kopfe wiederholt, was er früher gesehen und studiert und wieder und wieder gemalt hatte, daß er, um den täglichen Unterhalt zu gewinnen, solche Bilder zu Dutzenden in kürzester Zeit fabrizierte. Und doch auch aus ihnen spricht gelegentlich noch der große Künstler, wie etwa aus der späten »Feuersbrunst« in der Schweriner Galerie.

Über den Lehrer des Aert van der Neer gibt uns Houbraken keine Auskunft; auch sonst fehlt jede Nachricht darüber. Unter den älteren Landschaftsmalern seiner Heimatstadt Amsterdam ist aber ein Künstler, der sowohl in den Motiven seiner Bilder, wie in der Auffassung und Behandlung unserem Künstler sehr nahe steht, der 1598 geborene Raphael Camphuysen. Von ihm besitzen wir sowohl Winterbilder wie Abendstimmungen und Mondscheinlandschaften, die durch ihre Verwandtschaft mit den früheren Gemälden des Aert van der Neer den Schluß nahelegen, daß sie diesem als Vorbild dienten, wenn nicht ihr Meister sogar dessen Lehrer war. Für die starken Lichteffekte, das Helldunkel und die oft fast monochrome Färbung war aber der übermächtige Einfluß, den Rembrandt in den vierziger Jahren auf die ganze Malerei in Amsterdam ausübte, wesentlich mitbestimmend.

Aert van der Neer, der bescheidene Prokurist und kleine Kneipwirt in Amsterdam, war ein Mann von tief poetischem Sinn, ein Künstler von echter Naturempfindung und von feinem Gefühl für Stimmung in der Landschaft. Diese glückliche Veranlagung hat ihn von dilettantischen Versuchen im Malen zur dauernden Beschäftigung mit der Kunst geführt, und trotz der mangelnden Anerkennung seiner Zeitgenossen ist er seiner Kunst bis in sein Alter treu geblieben, während er seinen Lebensunterhalt aus einem traurigen Gewerbe gewinnen mußte. Vielleicht hat nur der Unstern, der über seiner Ausbildung und seinem Leben waltete, verhindert, daß der Künstler in der allgemeinen Wertung noch nicht die Stelle erhielt, die ihm zukommt: er verdient, wenn auch nicht in einem Atem mit Jacob Ruisdael, so doch unmittelbar neben Hobbema oder Cuyp genannt zu werden. Seine Bilder sind so eigenartig, daß ohne sie eine Lücke in der holländischen Kunst entstehen würde; seine besten Werke geben die holländische Natur in einem besonderen Zauber, in dem sie kein anderer Künstler gesehen und wiedergegeben hat.

Van der Neer beobachtete die Landschaft seiner Heimat in ihren Stimmungen zu den verschiedenen Tages- und Jahreszeiten, und zwar wählte er regelmäßig solche, die ihm Gelegenheit zur Wiedergabe starker Lichtwirkung gaben: den frühen Morgen, den Sonnenuntergang, Mondschein oder dunkle Nacht, die durch den Schein eines großen Feuers erhellt wird, oder den Winter mit dem Glitzern des Schnees und dem Widerschein des Himmels auf dem Eis. Seine Landschaften haben daher meist wenig Lokalfarbe; um so feiner ist die tonige Lichtwirkung, um so reicher der sehr gewählte Aufbau. Ein Fluß oder ein Kanal, der sich weit in die Landschaft hineinzieht, gibt den Bildern Tiefe und pikante Perspektive. Seine stille Fläche spiegelt den Himmel und bereichert dadurch Färbung und Stimmung des Bildes, vergrößert die Lichtmasse, wiederholt in eigener Weise das Leben in der Luft. An den flachen Ufern, die mit mannigfachen Linien dem Flußlauf folgen, ihn überschneiden und kreuzen, bieten kleine Weiler und Ortschaften oder vereinzelte Baumgruppen kräftige dunkle Silhouetten gegen die Lichtmasse von Himmel und Wasser; ihre Ränder werden durch die Strahlen und Reflexe der Sonne oder des Mondes mannigfach aufgehellt und belebt. Dieses Schema variiert der Künstler in der verschiedenartigsten Weise. Er kennt seine Heimat, die Umgebung von Amsterdam, durch und durch, und verwendet seine Studien, von denen uns in den Kabinetten noch eine Anzahl erhalten ist, in der geschicktesten Weise zur Komposition seiner Landschaften, so daß wir auch in der Anordnung fast immer eine neue malerische Ansicht aus der Nähe des Y, gelegentlich auch aus den Vororten von Amsterdam selbst zu erblicken glauben.

Weil Aert van der Neer mit Vorliebe landschaftliche Stimmungen gemalt hat, die von anderen Malern nur ausnahmsweise gewählt worden sind, wie in seinen Mondschein- und Winterbildern, ist er in den Ruf gekommen, daß er Spezialist für diese Art von Bildern gewesen sei. Gar zu leicht geht man daher an ihnen vorüber, im Gedanken, daß man doch nur eine der »ewigen Mondscheinlandschaften« oder eins der allbekannten Winterbilder vor sich habe. Diese Geringschätzung erklärt sich auch zum Teil daraus, daß sie in Galerien zwischen anderen Bildern leicht dunkel oder kalt erscheinen. Isoliert man sie und hängt man sie in starkes Licht, so üben sie ihre feine und zuweilen sogar große Wirkung voll aus. Will man sich über die Eigenart des Künstlers klar werden, tut man gut, ihn mit dem Größten zu vergleichen. Rembrandt läßt, wie in seinen Innenräumen so auch in seinen Landschaften, unter denen uns gerade eine merkwürdige Mondscheinlandschaft mit der Ruhe auf der Flucht vom Jahre 1647 erhalten ist, einen hellen Lichtstrahl in das alles überdeckende Dunkel fallen. Aert van der Neer verfährt dagegen umgekehrt; er setzt dunkle Schatten in die allgemeine Helligkeit, selbst in seinen Mondscheinbildern, deren Helligkeit er im Interesse der Klarheit der Schatten und der Bildmäßigkeit möglichst steigert, ja selbst übertreibt. In der magischen Wirkung des Effektes übertrifft dadurch Rembrandt den Genossen bei weitem, aber wahrer und mannigfaltiger ist van der Neer. Niemand hat diese eigentümlichen Beleuchtungen und ihre Wirkung auf die Landschaft so studiert, eine solche Fülle der feinsten Beobachtungen, so reizvolle Stimmungen zum Ausdruck gebracht. Der Künstler gibt seinen Mondscheinlandschaften fast dieselbe Lichtfülle, wie seinen Ansichten bei aufgehender oder untergehender Sonne, aber in der Qualität des Lichtes und seiner Wirkungen beobachtet er die Verschiedenheiten in der Natur mit der größten Schärfe. Nicht nur der Gegensatz zwischen dem kalten Licht am frühen Morgen und dem warmen Abendlicht, auch die Abstufungen in der Wärme der Beleuchtung, je nachdem die Sonne noch am Horizonte steht oder schon untergegangen ist, ob der Vollmond hoch am Himmel steht oder eben aufgeht, hat er genau erfaßt. Dadurch bieten die gleichen Motive bei näherer Betrachtung die größte Abwechselung. Ähnliches läßt sich auch von den Winterbildern sagen. Bald zeigen sie das klare kalte Licht eines hellen Wintertages, bald die düstere Stimmung mit schwarzen schneebringenden Wolken am Himmel; gelegentlich führt uns der Künstler mitten in ein Schneegestöber und zeigt uns die Landschaft kaleidoskopisch gebrochen durch die fallenden Flocken, oder er geleitet uns an einem herrlichen Abend, wenn der klare Himmel in nordischer Farbenpracht erglänzt, vor die Stadt, auf den Fluß oder den See, dessen glatte Eisfläche mit zahlreichen Schlitten, Schlittschuhläufern und Zuschauern bedeckt ist. Einzelne dieser farbigen Winterbilder, wie die beiden in der Wallace-Kollektion, das verwandte Bild beim Marquis of Bute und ein kleines Bild in der Sammlung Simon in Berlin, oder das ähnliche größere Gemälde im Besitz von Mr. Holford, gehören zu den vollendetsten landschaftlichen Schilderungen des Winters.

Die reiche harmonische Färbung dieser Bilder lehrt, daß die

bescheidene, gelegentlich fast monochrome Farbenwirkung der meisten übrigen Bilder nicht etwa auf einen Mangel an koloristischem Sinn zurückzuführen ist, sondern aus der richtigen Beobachtung der Natur entspringt. Auch sind in solchen Bildern regelmäßig einige kleine Farbenflecke sehr geschickt so verteilt, daß sie einen feinen Kontrast zu dem bräunlichen oder graulichen Gesamtton des Ganzen bilden. In der Beobachtung der Luft, in der Zeichnung der Wolken ist van der Neer Meister wie Jacob Ruisdael. Auf seinen Bildern wölbt sich der helle wolkenlose Himmel unendlich und ist ganz erfüllt von den bald kühl, bald warm gefärbten Atomen der Luft. Die zierlichen Wolkenbildungen um den Mond gibt er mit derselben Wahrheit und dem gleichen Geschmack wieder, wie die düsteren Wolkenmassen eines schneeigen Himmels oder die wirbelnden Rauchwolken eines verherenden Brandes. Gelegentlich wagt er sich selbst an das Problem, darzustellen, wie das Dunkel der Nacht von zweierlei Lichtquellen aufgehellt wird. Auf dem großen Bilde der Berliner Galerie sehen wir, wie eine furchtbare Feuersbrunst einen ganzen Stadtteil von Amsterdam, nahe am Hafen, verwüstet; die Bewohner haben sich vor die Stadt geflüchtet und drängen sich geängstigt zusammen im Anblick des furchtbaren Schauspiels, während zur Seite über dem stillen Wasser der Vollmond groß und ruhig aufsteigt und die Ferne weit hinaus matt beleuchtet: eine Stimmung von ergreifender Wahrheit und Poesie. Dieses Stimmungselement ist fast allen Gemälden des Künstlers zu eigen, gibt ihnen ihr besonderes Gepräge und ihre eigentümliche Anziehungskraft, mag es auch nicht so großartig ausgeprägt sein wie in Rembrandts Gemälden und sich nicht mit jenem tief melancholischen Zug verbinden wie in denen Ruisdaels.

AELBERT CUYP

Der Zauber der holländischen Landschaft mit ihrer bunten Staffage hat in den Schöpfungen Aelbert Cuyps einen durchaus echten, bodenwüchsigen und zugleich eigentümlich stilvollen Ausdruck erhalten. Kein anderes Land hat in seinen Künstlern so begeisterte Schilderer, so vielseitige Darsteller gefunden wie gerade Holland, für dessen landschaftliche Reize nur ein malerisch fein veranlagtes Auge Verständnis hat. Wie verschieden, wie mannigfach erscheint die holländische Landschaft in den Bildern, die uns, um nur die Größten zu nennen, ein Jacob van Ruisdael oder Jan van Goyen, ein Meindert Hobbema oder Jan Vermeer van Haarlem, ein Jan van der Heyden oder Aelbert Cuyp, ein Jan Vermeer van Delft oder Adriaen van de Velde, ein Rembrandt oder Jan van de Cappelle von ihrer Heimat hinterlassen haben. Wie hat jeder wieder neue, besondere Reize dieser Landschaft entdeckt, wie fein haben diese Künstler sie empfunden und wie eigenartig haben sie es verstanden, sie wiederzugeben. Auch Cuyp, obgleich in allen Sätteln gerecht, ist doch recht eigentlich Landschaftsmaler; in seinen Landschaften hat er sein Bestes gegeben. Freilich bieten sie nur ein kleines Stück holländischer Natur, die engere Heimat des Künstlers, die Maas und ihre Ufer nahe der Mündung bei seiner Vaterstadt Dordrecht, aber diese geben sie um so vollendeter und in eigenartiger Verklärung.

Cuyps Ruf ist alt und unbestritten; als den »holländischen Claude« hat ihn das 18. Jahrhundert bewundert, seine Bilder hat man ebenso eifrig zu sammeln gesucht, wie die jenes römischen Malers, der sein Nebenbuhler ist in der Darstellung der lichtdurchströmten Landschaft: und doch kennen ihn wenige, kennt ihn das Publikum auf dem Kontinent nur aus ungenügenden Beispielen seiner Kunst. Ist doch der Künstler in den öffentlichen Sammlungen außerhalb Englands fast überall schwach vertreten, denn die wenigen ausgezeichneten Bilder in den kontinentalen Museen, in Petersburg, in Budapest und Montpellier, liegen schon jenseits der Grenzen des Bereiches, welches das kunstliebende Publikum zu besuchen pflegt. Seine hervorragendsten Gemälde befinden sich aber in wenig zugänglichen oder abseits liegenden Privatsammlungen: in den englischen Schlössern des Mr. Holford, des Herzogs von Bedford, der Lords Carlisle, Ellesmere, Leconfield, in den Galerien der Familie Rothschild, bei Moritz Kann in Paris, in der Sammlung Six zu Amsterdam und so fort. Der Versuch, einmal die besten Werke zu vereinigen, wie es mit denen Rembrandts erfolgreich geschehen war, ist sogar in London fehlgeschlagen: in der Cuyp-Ausstellung im Burlington-House 1903 waren nur ganz wenige wirklich bedeutende Gemälde des Künstlers vereinigt. Ein richtiges Bild von der Bedeutung des Meisters gewinnt man nur, wenn man jene Privatgalerien aufsucht; aber auch die vielen mehr untergeordneten, verschiedenartigen Bilder, die namentlich über die Sammlungen des Kontinents zerstreut sind, vermögen wenigstens das Bild dieses eigentümlichen Künstlers zu vervollständigen, für dessen Würdigung auch die Kenntnis des Menschen, wie sie sich aus den wenigen, aber deutlich sprechenden Urkunden ergibt, nicht ohne Bedeutung ist.

Fromentin meint, daß der Künstler, solange er lebte, in keinem besonderen Ansehen stand. Dank der neueren Forschung wissen wir, daß gerade das Gegenteil der Fall war. Aelbert Cuyp nahm in seiner Vaterstadt Dordrecht eine Stellung ein, wie wenige andere Maler in Holland. Er hatte die verschiedensten Ehrenämter inne, war auch wohlhabend und besaß ein Gut außerhalb der Stadt. Freilich sein Name galt nur in der engeren Heimat. Aber eben deshalb, weil er gezwungen war, sich in kleinem Kreise zu betätigen, entwickelte sich seine Eigenart am vollkommensten. Er war im wörtlichen Sinne ein geborener Künstler, Sohn und Enkel eines Malers, umgeben von nahen Verwandten, die derselben Zunft angehörten und als Maler sich in der verschiedensten Weise betätigten. Als Schüler seines Vaters Jacob Gerrits Cuyp, den wir vornehmlich als tüchtigen Bildnismaler kennen, hat er jung das Handwerk gründlich gelernt. Er versucht sich gleich auf den verschiedensten Gebieten. Wir sehen ihn gelegentlich Porträts malen, dann große Viehstücke, in denen die Tiere noch mit einer gewissen Schüchternheit und Steifheit porträtartig wiedergegeben sind; vornehmlich stellte er aber die Landschaft rings um Dordrecht dar, mit dem Turm der Stadt in der Ferne. Erst spät kommt er über allem Malen dazu, seinen Hausstand einzurichten: im achtunddreißigsten Jahre nimmt er eine Frau, eine Witwe aus einer wohlhabenden und angesehenen Patrizierfamilie Dordrechts. Im Genuß der reichen Mittel, die ihm aus seinem väterlichen Vermögen, wie namentlich aus dem seiner Frau zur Verfügung stehen, läßt er sich jetzt öfters mit öffentlichen Ämtern betrauen, zu denen ihn seine persönliche Tüchtigkeit und sein Charakter befähigen. Daneben kann er das Landleben mit vollem Behagen genießen und ungestört im Freien seine Studien machen, seitdem er das kleine Landgut Dordwijk von einem Anverwandten seiner Frau gepachtet hat, das später Eigentum des Mannes seiner einzigen Tochter wird.

Von einem harmonischen häuslichen Leben des Künstlers erzählen uns auch seine Bilder und Zeichnungen. Die Jugendjahre vor seiner Heirat hat der Künstler zu fleißigen Studien verwendet, deren Früchte uns noch in einer ganzen Reihe kleiner Landschaftsbilder und einer beträchtlichen Zahl landschaftlicher, meist mit Farbe leicht gehöhter Zeichnungen erhalten ist. Diese Arbeiten sind in ihrer Anspruchslosigkeit, in ihrer geringen Farbigkeit und der skizzenhaften Breite der Ausführung noch so weit entfernt von den berühmten Werken seiner späteren Zeit, daß man sie früher nicht für echt hielt oder unbeachtet ließ. Und doch sind diese Bilder und die Mehrzahl der wohl meist für Albumblätter bestimmten Zeichnungen regelmäßig voll bezeichnet und zum Teil auch datiert. Sie sind alle in den vierziger Jahren entstanden; nur einige wenige tragen schon die Jahreszahl 1639, sind also vom Künstler im Alter von neunzehn Jahren geschaffen worden. Ein aufmerksames Studium läßt in diesen Jugendwerken unschwer den Keim zu der späteren Entwickelung und die rasche Vervollkommnung erkennen. Es sind die einfachsten Motive von der holländischen Küstenlandschaft wiedergegeben: Blicke von den Dünen ins Land, Dünenterrain oder wüste Strecken mit dürftigem Buschwerk, etwas später auch ein Arm des Rheines oder der Maas mit Dordrecht in der Ferne. Sie sind ähnlich flüchtig hinskizziert wie es Jan van Goyen und Pieter Molyn, mit deren Malweise der Künstler vertraut war, schon etwa zehn Jahre früher taten, fast ohne Lokalfarben und fast ohne Detail und Staffage, ohne besonderen Reiz im Aufbau wie in der Verschiebung der Linien, aber mit noch feinerem Gefühl für Licht und Luft und mit der Vorliebe für einen ganz hellen, blonden Ton von leuchtend weißlicher Farbe. Keiner unter allen holländischen Landschaftern ist in der Tonmalerei so weit gegangen wie der junge Aelbert Cuyp*). Gleichzeitig bekundet sich auch schon seine Freude an der Darstellung der Tiere in Bildern, die sich wesentlich von seinen Spätwerken unterscheiden. Mit fast schülerhaftem Fleiß schildert er einzelne Enten auf dem Wasser oder Hühner auf dem Neste in voller Größe sorgfältig in trockener Farbe, erzielt aber dabei weder im Gesamtton noch in der Einzelfarbe besondere Reize. Ähnlich sind einige größere Porträtstücke aus diesen Jahren, meist Bilder von Kindern, die der Künstler nach dem Vorbilde seines Vaters, entsprechend der Auffassung der Zeit, in halbphantastischer Schäfertracht malte; so in den Galerien zu Innsbruck und Augsburg, bei Lady Wantage in Lockage und anderen Orts. So barock die Dargestellten in der Auffassung sind, so nüchtern und selbst steif erscheinen sie in Haltung und Ausdruck, so trocken ist die Behandlung, so reizlos die Farbengebung; in jeder Hinsicht sind diese Werke jenen geistreichen Landschaftsskizzen entgegengesetzt. Dasselbe gilt von einigen biblischen Darstellungen, die in dieser Zeit entstanden; der Einzug in Jerusalem, David und Abigail und wenige andere ähnliche Bilder sind nicht viel besser als Gemälde von J. de Wet oder Jan Victors, denen der Künstler darin nahe verwandt erscheint.

*) Die Berliner Galerie besitzt allein drei solcher Bilder, andere in München, Straßburg, Frankfurt, Dulwich, Augsburg, in der Galerie Liechtenstein usw.

Man sieht an diesen Bildern, wie schwer es dem Künstler anfangs wurde, lebende Wesen wiederzugeben, wie er sich dabei mit der Zeichnung und dem Ausdruck abmühle. Aber wie weit er durch seinen unverdrossenen Fleiß schließlich auch im Bildnisfach kam, beweist ein männliches Porträt vom Jahre 1649 in der Londoner National Gallery, ein Bild von einer Wahrheit und Kraft der Lichtgebung, von einer Wucht im Ausdruck der Persönlichkeit, von einer Größe der Anschauung, daß es neben frühen Meisterwerken eines Rembrandt standhält. Gleichzeitig verfeinert sich die landschaftliche Empfindung des Künstlers, die Motive werden reicher an Detail, geschickter und nicht selten schon pikant in der Anordnung, die Staffage wird bedeutender und besser charakterisiert. Statt des einförmigen, übertrieben hellen Tones erfüllt jetzt warmes Sonnenlicht die Landschaft und läßt doch hie und da bescheidene Lokalfarben, besonders einen dunklen violetten Ton, zu feiner Geltung kommen. Ein charakteristisches Bild dieser Gruppe von Landschaften ist die Schafherde im Städelschen Institut zu Frankfurt, die um 1650 entstanden sein wird. Ein bedeutendes, umfangreiches Bild derselben Zeit, ein Blick auf Dordrecht, vom nördlichen Ufer der Maas aus (kürzlich in amerikanischen Privatsitz übergangen), wetteifert in der poetischen Morgenstimmung mit einem feinen Claude, aber die Färbung ist noch etwas zu hell und dünn, die Behandlung noch nicht von der Kraft der späteren Meisterwerke. Schon energischer in der Wirkung ist die ganz ähnliche kleinere Ansicht von Dordrecht in der Thiemeschen Sammlung zu Leipzig. Um die Mitte der fünfziger Jahre ist der Künstler, soweit wir seine Gemälde, die fortan keine Daten mehr tragen, nach der Behandlung und nach dem Kostüm der Figuren datieren können, bereits im Vollbesitz seiner künstlerischen Kraft. Seine Blütezeit hält an bis gegen Ausgang der sechziger Jahre. Aus dieser Zeit sind jene großartigen, golden durchfluteten Landschaften, deren schönste die Ansicht von Dordrecht im Dorchester House ist, aus dieser Zeit sind auch die Tierstücke mit den mächtigen Kühen an Ufern breiter, sonnenbeschienener Flüsse.

Verschaffte dem Künstler die vorteilhafte Heirat die Gelegenheit, unbekümmert um Erwerb ruhig arbeiten zu können und in seinen Schöpfungen ganz seinem Genius zu folgen, so brachten die nahen Beziehungen zu den angesehenen Familien von Dordrecht und der Nachbarschaft, in die er durch seine Gattin trat, doch auch Nachteile für den Künstler mit sich, da er den häufigen Anforderungen reicher Landedelleute auf bestellte Bildnisse nachkommen mußte. Zwar verstand sich Cuyp den Wünschen der Besteller anzupassen, aber zum Vorteil seiner Kunst war es nicht. Es entstanden jetzt die zahlreichen Reiterbildnisse, die meist der späteren und letzten Zeit seiner Tätigkeit angehören: vornehme Kavaliere zu Pferd, allein oder mit ihrer Familie oder ihren Dienern, im Begriff auszureiten, beim Ritt durch ihre Felder oder Wiesen, auf der Jagd und in der Manege. Auch eine Anzahl Pferdeporträts entstammt dieser Zeit. Gewiß gingen dem Künstler Bilder der Art leicht von der Hand, und die Preise, die er für sie erzielte, werden auch lockend genug gewesen sein. Aber die Aufgabe an sich war schon nicht sehr günstig für eine künstlerische Gestaltung. Reiter eignen sich wenig zur Darstellung, falls sie nicht, wie bei Wouwermans, klein dargestellt werden, da sie schlecht mit der Landschaft zusammengehen und leicht steif erscheinen. Bei Cuyp trägt in manchen dieser Bilder auch noch das Kostüm, die bunten polnischen Schnürröcke und Federbaretts, vielleicht die Sportstracht in den siebziger und achtziger Jahren, mit dazu bei, um den barocken, theaterhaften Eindruck zu erhöhen. Dies gilt besonders von den spätesten Gemälden dieser Art, obgleich einige, wie die beiden bekannten Reiterbilder im Louvre, immerhin noch von sehr stattlicher, leuchtender Erscheinung sind.

Durch solche Werke kam der Künstler auch zur Darstellung von genreartig aufgefaßten Pferdebildern: Pferde in der Schwemme, in der Manege, selbst Truppenrevuen entstanden, wenn auch in kleinerer Zahl, in dieser späteren Zeit des Künstlers. Sie sind meist trübe im Ton und ohne stärkere Lokalfarben, auch fehlt ihnen der pikante Reiz, der Wouwermans' ähnliche, aber mit viel mehr Phantasie erfundene und komponierte Bilder auszeichnet. Vermutlich war es gerade der Erfolg der Wouwermansschen Gemälde, der Cuyp zu solchen Motiven bestimmte. Wurde er doch auch sonst gelegentlich durch andere Künstler angeregt, meist nicht zu seinem Vorteil. So sehen wir, wie Cuyp in manchen seiner sonnigen Landschaften, denen er bisweilen eine biblische oder mythologische Staffage gibt, Berge und Felsen in der Ferne oder zu den Seiten auftürmt und sie mit Ruinen und kleinen Ortschaften ausstattet, so daß eine unruhige, künstlich hervorgerufene Wirkung entsteht. Seine Vorbilder dafür waren wohl die italienischen Landschaften des Jan Both und einzelne Landschaften Rembrandts.

Überblicken wir das gesamte Werk des Künstlers, so stellt sich seine Tätigkeit als eine ebenso mannigfaltige wie ungleichmäßige dar. Aelbert Cuyp war Porträtist, Tiermaler und Landschafter. Neben seinen am häufigsten vorkommenden Sommerlandschaften hat er auch Winterstücke und Seebilder, Abendstimmungen und Nachtbilder gemalt. Es gibt Genrebilder und Stilleben, Kircheninterieurs und historische Gemälde von seiner Hand, selbst ein Wirtshausschild und Dekorationsbilder kennen wir von ihm. Seine Jugendbilder sind meist unbedeutend und verraten den Anfänger, in den späten Werken ist er nur zu oft zopfig und unerfreulich. So entspricht die Mehrzahl seiner Gemälde allerdings nicht dem Ruf, den der Künstler genießt, und daher ist es begreiflich, daß ein so ehrlicher und feiner Kenner der holländischen Kunst wie Fromentin, Cuyp nur sehr eingeschränktes Lob zuteil werden läßt, daß er ihn nicht unter die ganz großen Meister rechnet und hinter einen Paulus Potter zurückstellt. Jene große Ungleichmäßigkeit mag man dem Künstler mit Recht zum Vorwurf machen, aber um seine wahre Bedeutung kennen zu lernen, um ein Urteil darüber zu haben, ob er den genialen Meistern Hollands zuzuzählen ist, müssen wir uns an seine Meisterwerke halten, an Gemälde, wie sie die Londoner National Gallery und Wallace Collection, sowie mehr als ein Dutzend Privatsammlungen in England besitzen, wie sie auf dem Kontinent die Petersburger und Pester Galerie und verschiedene Privatsammlungen in Paris aufzuweisen haben. An solchen Werken läßt sich fast ein halbes Hundert aufzählen, eine Zahl, der weder Potter noch A. van de Velde oder Wouwermans eine ähnliche Reihe wirklicher Meisterwerke an die Seite zu setzen haben. Diese Bilder haben einen großen, mächtigen Zug, der den holländischen Malern, von Rembrandt abgesehen, sonst fremd ist; es strömt von ihnen ein köstlicher, herzerquickender Duft aus, wie er auch aus den Werken des oft mit ihm verglichenen Claude Lorrain dringt. Die Kunst des Aelbert Cuyp hat etwas eigentümlich Unpersönliches, sie gibt sich völlig einfach und ohne jeden Nebengedanken, und doch wie gewaltig kann sie wirken! Vor seinen Werken denken wir gar nicht an den Mann, so groß und überwältigend ist ihr Eindruck. Hat Cuyp, der treffliche Porträtmaler, je sich selbst gemalt? Man hat ihn in der markigen imposanten Gestalt erblicken wollen, deren Bildnis von seiner Hand gemalt in der Londoner National Gallery hängt; aber dieser Mann ist zwanzig Jahre älter, als es der Künstler im Jahre 1649 war. Haben wir Cuyp in dem ernsten Jäger in buntem Sammetkostüm zu erkennen, der 1902 als Selbstporträt des Künstlers in der Galerie Sedelmeyer zu Paris ausgestellt war, einem Bilde in der Art eines späten Ferdinand Bol? Wir werden wohl nie erfahren, wie der große Künstler ausschaute, ihm lag wenig daran, sein Bild auf die Nachwelt zu bringen; zeigt er sich doch auf einem seiner Gemälde, in dem er uns verrät, wie er seinen Studien nachging, nur vom Rücken. Es ist dies ein kleines sonniges Landschaftsbild, das sich in der Sammlung Secrétan in Paris befand. Der Künstler ist mit der Sonne aufgestanden und hat sein Pferd gesattelt. In scharfem Ritt ist er von seinem Landgut mit einem Diener den Fluß hinuntergeritten bis in die Nähe des Meeres. Auf einer Anhöhe ist er abgestiegen und zeichnet das breite Tal vor ihm, das bis zum fernen Meer in den Dunst der Morgensonne gehüllt ist. So schuf er ein kleines Meisterwerk, das nach Kostüm und Stil schon dem Beginn der späteren Zeit des Meisters, etwa dem Anfang der sechziger Jahre, angehört.

Cuyp ist ein Maler des Lichts, wie alle die großen Meister der holländischen Kunst. Jeder verherrlicht auf seine Weise das Sonnenlicht, dessen Macht immer von neuem des Menschen Herz erfüllt, das uns alle Dinge in besonderem Glanze und einschmeichelndem Reiz erscheinen läßt. Bei keinem spielt aber das Sonnenlicht die Rolle wie bei Cuyp. Bei Rembrandt, bei Vermeer und allen andern ist ein Teil des Bildes hell beschienen, der Hauptreiz beruht aber im Gegensatz von Hell und Dunkel und in der Auflichtung der Schatten. Bei Cuyp ist alles im Sonnenlicht gebadet, die ganze Landschaft ist in eine leuchtende Atmosphäre getaucht, die sie umgibt und durchdringt. »Nur in seiner Heimat an der unteren Maas« — so urteilt ein moderner Künstler, der wie Cuyp ein geborener Dordrechter ist und über ihn eine treffliche Studie geschrieben hat (Jan Veth) —, »nur in der Nähe von Dordrecht konnte er diese Glücksgegend der ganz vom zarten Dunst der fetten Polder überhauchten Auen finden, wo ein eigenartiger goldener Schleier in der Morgen- und Abendstunde über den Auen ausgebreitet liegt.« Und wie er hier die Landschaft zu sehen gelernt hatte, so malt er sie auch, wenn er die Maas bis Nymwegen oder den Rhein bis Bingen hinauf fährt, um seine Studien zu machen.

Seine Bilder geben uns den Eindruck des unendlichen Luftraumes, der eine Fülle warmen Lichtes über die ganze Landschaft ausströmt. Seine Kompositionen, der Aufbau, die Linien sind ganz auf diese Lichtfülle berechnet. Man zeichne einmal bloß die Konturen irgend eines seiner Bilder, und es sei des schönsten und reichsten, sie werden dürftig, einfach und uninteressant erscheinen. Sind die Formen doch nur darauf berechnet, das Licht aufzufangen und weiter zu führen oder dem Licht Opposition zu machen und es dadurch um so leuchtender und wärmer erscheinen zu lassen. Der Hintergrund und meist auch der Mittelgrund seiner Bilder sind so von Licht eingehüllt, und daher schon so unbestimmt, daß ihre Formen nur noch wenig eigene Bedeutung haben. Der Künstler hätte seinen Zwecken nur geschadet, wenn er sie durch künstliche Verschiebungen nach der Ferne zu oder sonst durch raffinierten Linienaufbau zu feinerer Wirkung hätte bringen wollen. Nur der Vordergrund hat der Form nach Bedeutung bei Cuyp und zwar ist seine Stellung im Bild ausschlaggebend für die Gesamtwirkung, nimmt er doch meist etwa die Hälfte, in späterer Zeit fast zwei Drittel des Bildes ein; er ist massig und kräftig. »Ein guter und wahrer Cuyp ist ein Bild, das gleichzeitig fein und grob, zart und derb, luftig und massiv ist«, so kennzeichnet Fromentin treffend wie immer die Kunst des Meisters. Der Künstler, so modern er in mancher Beziehung erscheint, ist doch ein viel zu ehrlicher, naiver Beobachter, um nach Art gewisser moderner Impressionisten auch den Vordergrund zu »enveloppieren«; würde er sich durch diese Unwahrheit doch das ganze Bild verdorben haben. Dem Vordergrund läßt er besondere Sorgfalt angedeihen, auf ihm entwickelt sich seine bedeutende Staffage, wenn er seine Freunde zu Pferde porträtiert, wenn er Reiter, die aufsatteln, wenn er Kühe auf der Weide oder bei der Tränke malt oder Boote, auf denen Soldaten eingeschifft werden. Eine ähnliche Bedeutung haben in manchen Bildern auch die Wolken. Malt Cuyp den früheren Morgen, wie er es besonders gern tut, so ist auch der Himmel von einem zarten, kühlen Dunst erfüllt, und abends hüllt ihn ein warmer, duftiger Schleier ein; aber am vollen Tage bilden sich aus dem wässerigen Dunst, der über der Landschaft liegt, flockige Wolken und ballen sich vorn zu lichten grauen Massen. Freilich, daß diese Wolken ihre Schleusen öffnen könnten, der Gedanke kommt uns nicht in dieser ewig heiteren Sommerlandschaft; diese Wolken bilden über dem Vieh, das seinen Durst am Wasser löscht, oder über den Booten, die träge den sonnenbeschienenen Spiegel des Flusses furchen, eine große, volle Masse von kräftigen und doch durchsichtigen Schatten, die den großen Aufbau des Bildes vervollständigen und die lichtschimmernde Landschaft noch duftiger und goldener erscheinen läßt, während der sonnige Glanz zugleich seinen Gestalten eine eigentümliche Wucht und Weihe verleiht.

Wenn Aelbert Cuyp als Tiermaler von altersher gefeiert ist, so verdankt er das vor allem dieser mächtigen, großen Wirkung seiner Tiere. An naturwahrer Durchbildung kommt er Potter nicht nahe, und die Nettigkeit und den farbigen Schimmer des Viehes bei A. van de Velde würde man vergeblich bei ihm suchen. Er strebt sie auch gar nicht an; in seine feierliche, sonnige Landschaft passen nur Tiere, die markig und groß gezeichnet, einfach und breit gegeben sind. Seine Kühe sind von wuchtigem Bau und von eigentümlicher Würde, seine Pferde von kräftigem Schlag; sie stehen fest auf den Beinen wie ein Monument und sind doch in breiten markigen Pinselstrichen so lebensvoll und wahr geschildert, wie die doch viel sorgfältiger durchgebildeten Tiere eines Potter. Die Liebe zum Lande und zum Landleben mit allem, was dazu gehört, und das offene Auge dafür sprechen, wie aus allen landschaftlichen Schilderungen, so auch aus seinen Darstellungen der Tiere. Mit den Tieren, die ihn draußen auf seinem Gute umgaben, lebte er und für sie sorgte er mit aller Liebe; sie draußen wie im Stalle und zu jeder Tageszeit zu studieren, war seine Freude wie sein Beruf und blieb es bis in sein Alter.

Wie auf dem Lande, so war er auch auf dem Wasser zu Hause. Mit dem eigenen Boote wird er die vielen Arme der Maas und des Rheines stromauf und stromab an warmen Sommertagen und in hellen Mondnächten befahren haben. Und im Winter machte er dieselbe Fahrt im Schlitten. Was er dabei in sich aufnahm und wie er hier studierte, zeigen uns seine herrlichsten Bilder mit den sonnigen Blicken über die Maas und ihre Seitenkanäle, mit Dordrecht in der Ferne; die lichterfüllten Häfen mit den Booten, welche Leute von den Schiffen oder zu ihnen bringen, die fast tageshellen Mondnächte mit ihrer feierlichen Ruhe über dem stillen Wasser (in der Sammlung Carstanjen, in der Eremitage u. s. f.) und jene eigentümlichen Winterlandschaften mit breiten Eisflächen, die von Schlitten oder Läufern bedeckt sind, bilden die mannigfachen Früchte solcher Studienausflüge. In diesen Winterlandschaften, wo das Eis von Leuten in bunten Trachten wimmelt, wie in den Truppeneinschiffungen, wo das Wasser bedeckt ist mit großen und kleinen Booten, die mit Truppen voll besetzt sind, weiß der Künstler seinen Bildern doch immer die gleiche imposante Ruhe, die feierliche Wirkung zu geben. Ein großes Boot, das auf uns zusteuert, und in dem wir die Soldaten in ihren bunten Trachten erkennen können, beherrscht in Form und Farbe den Vordergrund in ähnlicher Weise wie in den Landschaften die stattlichen Kühe und gibt dem Ganzen die vornehme Ruhe, den kräftigen Mittelpunkt, neben dem die duftige Landschaft doppelt sonnig erscheint. Gemalt ist ein solches Schiff dann mit einem Verständnis, mit einem Ernst und malerischem Reiz, daß es wie ein mächtiges lebendes Wesen auf uns wirkt. In jenen Eislandschaften, die sich sämtlich in englischem Privatbesitz befinden und eigentümlicherweise fast alle denselben Platz bei einer Ruine mitten im Wasser zeigen, hat der Künstler ausnahmsweise gerade den Mittelpunkt am stärksten betont; offenbar weil er nur so das lustige, malerische Getümmel auf dem Eise voll zur Darstellung bringen konnte. Auch sind hier die Lokalfarben ungewöhnlich kräftig, da sie in der dünnen kalten Winterluft trotz der Sonne, die über der ganzen Landschaft liegt, weit klarer und bestimmter zur Geltung kommen. So sehen wir, wie der Künstler, obgleich er abseits von den großen Kunstzentren Hollands bald im Kreise vornehmer Patrizier, bald draußen auf dem Lande lebt, jeden Gegenstand stets eigenartig und wahr, stets groß und bedeutend erfaßt. Diese eigene Art zu sehen und das Gesehene wiederzugeben, dieser große vornehme Stil ist es, der Aelbert Cuyp seinen besonderen Platz unter den ersten holländischen Meistern sichert.

PAULUS POTTER

Unter den Meisterwerken des Paulus Potter sind verschiedene, die er nach den Daten mit neunzehn und zwanzig Jahren malte, andere, die erst kurz vor seinem Tode entstanden. Sie sind unter sich keineswegs wesentlich verschieden, wie wir es sonst bei zeitlich auseinanderliegenden Werken anderer Künstler beobachten. Die Qualität der Gemälde Potters läßt sich daher nicht wie bei den meisten holländischen Kleinmeistern schon äußerlich danach bestimmen, ob sie seiner früheren oder späteren Zeit angehören — kann man doch bei dem Manne, der nach kaum vollendetem achtundzwanzigsten Jahre einer tückischen Krankheit erlag, von einer Entwickelung nur in beschränktem Sinne sprechen —, sondern die Güte seiner Werke bestimmt sich fast nur danach, wie der Künstler grade disponiert war, und ob die Motive der Anlage des Meisters entsprachen oder nicht. Völlig mißglückt sind seine großen Jugendstücke, wie die Bärenjagd des Rijksmuseums und die Sauhatz der Sammlung Carstanjen in Berlin; und auch noch die Werke großen Formates aus späterer Zeit, wie das Reiterporträt des Dirk Tulp in der Sammlung Six und die Pferdestudie bei Herrn Weber in Hamburg gehören gewiß nicht zu seinen besseren Leistungen. Sie sind ungeschickt in der Bewegung, ohne Leben, hart und kleinlich in der Behandlung. So wenig wie diese ihm von den holländischen Kunstfreunden aufgezwungenen, aber gewiß am besten bezahlten Kolossalgemälde befriedigen, so wenig erfreuen die meisten der kleinen Pferdeporträts, die der Künstler um des Unterhaltes willen für die reichen Mynheers nach ihren Lieblingstieren malen mußte, Bilder, die sich jetzt meist im Privatbesitz befinden (in den Museen wohl das beste im Louvre, ein anderes in der Galerie zu Schwerin). Die Formen der Pferde — es handelt sich um eine schwere spanische Rasse — sagen dem modernen Geschmack wenig zu; die Farbe der meist eigentümlich gefleckten Schimmel ist für eine malerische Wirkung ungünstig. Dazu sind die Tiere in nüchterner Paradestellung in eine Landschaft gestellt, die, wie es scheint, meist aus dem Kopf gemalt ist.

In anderen gleichfalls wenig zahlreichen Bildern, in denen die Figuren neben den Tieren einen so bedeutenden Platz einnehmen, daß die Gemälde genrehaft wirken, wetteifert der Künstler mit Philips Wouwermans. Doch sind die Kompositionen weit einfacher wie bei diesem. Sie beschränken sich auf zwei oder drei Figuren und wenige Tiere mit einem kleinen Ausschnitt aus der holländischen Landschaft: ein Reiter, der sich an einer Kneipe einen Trunk reichen läßt, Pferde, die in die Schwemme geritten, oder die vor der Schmiede beschlagen werden, eine Viehmagd beim Melken, die sich zudringlicher Hirten erwehrt, und ähnliche Vorwürfe mehr. Diese Motive sind schlicht, oft derb naturalistisch, ohne viel Phantasie oder Nachdenken über die Komposition wiedergegeben. Sein Bestes leistet Potter aber im einfachen Tierbild, nur hier ist er wirklich Meister, ist er unübertroffen. Draußen auf dem Lande fühlte er sich wohl, in den Weiden der Marschen war seine Heimat.

Wir hören von verschiedenen Lehrern, die er gehabt hat, und können ihren Einflüssen in ein paar ganz frühen Jugendwerken noch nachspüren, aber seine einzige große Lehrmeisterin war die Natur. Auf den Wiesen seiner Heimat, zwischen dem Vieh, das ihn auf allen Seiten umgab, lag er seinen Studien ob, mit vollster Begeisterung für diese Natur, mit offenem Auge und einfachem, nüchternem Sinne. Fehlt es ihm an jeder Phantasie, so ersetzt er diesen Mangel durch Ehrlichkeit und Tiefe der Empfindung, unermüdlichen Fleiß und Gründlichkeit, durch Gewissenhaftigkeit und Treue in der Wiedergabe von allem, was er mit seinem einzig scharfen Blick beobachtete. Durch diese Eigenschaften wurde aus dem ungeschickten, ängstlichen Handlanger, wie er aus der Werkstatt des Nicolaes Moeyaert hervorgegangen war, der größte Meister in der Darstellung des Tierlebens, und das in einem Alter, wo andere Künstler ihre Lehrzeit kaum hinter sich zu haben pflegen.

Potter besaß von Haus aus keine auf besonders malerische Wiedergabe gerichtete Anlage. Auch seine Lehrer hatten ihm von den Geheimnissen dieser Kunst nicht viel beigebracht. Er hat nur wenige koloristische Meisterwerke geschaffen; seine Bilder sind einfache Ausschnitte aus der Natur, wenig durchdacht im Aufbau, gelegentlich, namentlich in der frühen Zeit, sind sie sogar ungeschickt und nüchtern zusammengestellte Einzelstudien. Seine Studien nach der Natur sind von einer mikroskopischen Präzision. Mit dieser übertriebenen Vertiefung in die Einzelheiten hängt die Beschränktheit wie die Größe seiner Kunst zusammen. Auch in den Bildern von kolossalem Umfang bleibt er der Kleinmaler und erscheint sogar kleinlich, in seinen miniaturartigen Bildchen ist er dagegen groß und gelegentlich sogar großartig. Wo er eine Menge Einzelheiten als Ganzes erfassen, einander über- und unterordnen muß, reicht sein Talent nur selten aus, wo er aber eine Vielheit gleichwertiger Einzelheiten wiedergeben kann, ist er unübertroffen.

Seine Gründlichkeit führt den Künstler auch in der Zeichnung und im Farbenauftrag zu einer trockenen und oft selbst peniblen Durchführung, bei der die Bedeutung der einzelnen Teile nicht erkannt, das Nebensächliche mit dem Hauptsächlichen gleich behandelt ist. Der Vordergrund besteht meist aus ein paar wenig geschickt zusammengestellten Studien von großen Pflanzen, einem Baumstumpf, einem abgestorbenen Baum und dergleichen, während der Mittelgrund fast ganz zu fehlen pflegt. Der fast gleichmäßig deckende, sorgfältige Farbenauftrag wirkt in manchen Bildern einförmig und nüchtern; aber andererseits erhöht der Künstler dadurch den Eindruck des naiv Geschauten in der Wiedergabe der Natur. Potter steht darin den großen primitiven Meistern der Niederlande nahe, vor allem Jan van Eyck. Wie diese, so entdeckt auch er die Natur aus sich heraus, sucht er unvoreingenommen mit größter Anstrengung das, was sein scharfes Auge sieht, nach dem ganzen Umfang der Erscheinung aufs genaueste wiederzugeben. Als bevorzugtes Stoffgebiet wählt er die Tiere, die Haustiere, die durch Sommer und Winter die Weiden der flachen Niederlande beleben. Ihnen gilt seine ganze Kunst, sein unermüdliches Studium. Zwischen den ruhig weidenden Herden von Kühen, Pferden und Schafen hat er sein Leben verbracht, ihre Formen, ihr Wesen hat er aufs gewissenhafteste studiert, mit größter Liebe sich in die Tierseele vertieft und das Geschaute mit unermüdlichem Fleiß und einziger Treue wiedergegeben. Bei der unerreichten Wahrheit in der Schilderung des Tierlebens, die keine Nebenabsicht aufkommen läßt, auf jede besondere Stimmung verzichtet, erscheinen Potters Tierbilder als das vollendetste, was die Kunst in der Darstellung der Haustiere geleistet hat. Den Bau seiner Vierfüßler gibt er trotz gelegentlicher Fehler in der Zeichnung, welche seine geringen Kenntnisse der Anatomie beweisen, mit derselben Meisterschaft, mit der die griechischen Bildhauer menschliche Körper bildeten. Grade wie die Griechen, deren Ärzte darüber stritten, wie viele Rippen der Mensch habe, geht er nicht von der Anatomie aus, sondern bildet nur nach, was er in der Natur vor Augen sieht. Das Stoffliche, das Fell der Tiere ist mit allen Zufälligkeiten der Form und der Farbe nachmodelliert. Aus der Oberfläche dringt der Künstler in das Innere der Tiere, schildert sie in ihrem Phlegma, in ihrer behaglichen Existenz, ihrem friedlichen Beisammenleben, und bringt dabei das einzelne Individuum porträtartig zur Geltung. Potter ist so vollständig vertraut mit den Haustieren, daß er wie der Hirt jedes Stück der Herde an seiner Physiognomie erkennt und dieses in seiner ganzen Individualität wiedergibt. Ja, er ist so sehr Bildnismaler der Tiere, daß er nicht nur frei ist von jedem Anthropomorphismus, sondern in das Gegenteil verfällt, indem er bei der Darstellung seiner Menschen von Zoomorphismus nicht frei erscheint. Seine Burschen wie seine Mädchen und noch stärker die Kinder sind derb und schwerfällig von Gestalt, haben große Ramsnasen, kleine Augen und breite Münder und verraten in ihrem Wesen und Benehmen das stete Zusammenleben mit dem Vieh; auch haben sie das gutmütige Phlegma ihrer Schutzbefohlenen und passen trefflich in die Darstellung der Tiere. Während Cuyp und Adriaen van de Velde, die ihm in der Schilderung der Haustiere nahekommen, gern den vornehmen Besitzer mit seiner Familie bei seiner Herde anbringen, deutet Potter auf den reichen Besteller höchstens dadurch, daß er eine Equipage, einen Reiter oder ein lustwandelndes Ehepaar in der Ferne sehen läßt. In dem bekannten Bild »Aufbruch zur Jagd«, in der Berliner Galerie, sehen wir im Vordergrund zwischen den Bäumen der Allee des Bosch im Haag die Meute des Fürsten und eine Herde, die ihr begegnet, während der Fürst nur durch die sechsspännige Equipage in der Ferne angedeutet ist.

Das wohlige Behagen, das die Tiere in Potters Bildern atmen, kommt auch in der Landschaft zum Ausdruck. So einfach, so wenig geschickt oder gar pikant sie im Aufbau und in der Inszenierung zu sein pflegt, so fein ist sie in den Einzelheiten, so sonnig und harmonisch in der Stimmung. Sie ist nicht durchdrungen von dem vollen warmen Sonnenschein des heißblütigen Cuyp, auch belebt sie nicht das zarte Spiel von Sonnenlicht und Schatten, wie die Landschaften des empfindsamen Adriaen van de Velde, sondern ein gleichmäßiges kühles, helles Tageslicht breitet sich über die Weiden aus als getreuer Ausdruck der phlegmatischen Empfindung ihrer vierfüßigen Bewohner und der ruhigen Stimmung des Künstlers. Nur ausnahmsweise gibt der Künstler eine andere Beleuchtung. In dem berühmten großen »Stier« im Haag zieht sich über der reich belebten Ferne, die das beste im Bilde ist, ein Wetter zusammen; in den »Pferden am Schuppen« im Louvre verfinstert eine dunkle Wolke die Landschaft, und in den »Schweinen im Sturm« in der Brüsseler Galerie beugen sich vor dem anbrechenden Gewittersturm die hohen Bäume, unter denen eine Herde Schweine erschreckt Schutz sucht. In diesen beiden letztgenannten kleinen Gemälden, die auch bildmäßig über seinen meisten Werken stehen und durch feines Helldunkel und geschickte malerische Behandlung hervorragen, spricht sich eine ernste, melancholische Stimmung aus, die an die Gemälde eines Jacob Ruisdael erinnert. Sollten sie unter den Eindrücken der zehrenden Krankheit, welcher der Künstler in jungen Jahren erlag, entstanden sein? sollten sie der Ausdruck einer trüben Todesahnung sein? So möchten wir urteilen nach unserer modernen Empfindung und unter dem Eindruck des sympathischen Bildes, das B. van der Helst vom

Künstler in den letzten Wochen seines Lebens malte. Aber der einfachen Natur des Künstlers, seiner rein sachlichen Empfindungsweise lagen solche Stimmungen wohl fern.

Wir haben eingangs bemerkt, daß bei der kurzen Lebenszeit Potters von einer künstlerischen Entwickelung kaum die Rede sein kann. In der Tat gehören die eben erwähnten kleinen stimmungsvollen Landschaftsbilder seiner mittleren und nicht seiner späten Zeit an. Ein kleines Meisterwerk wie das heimkehrende Vieh am Bauernhaus in der Galerie des Herzogs von Arenberg, eines der letzten Bilder des Künstlers (1653), erscheint wiederum wie ein Gegenstück zu dem köstlichen ähnlichen Bildchen in der Pinakothek zu München, das in früheren Jahren entstand (1646), während verschiedene Bilder mit weidendem Vieh in den Galerien zu Kassel, Turin, im Louvre und so fort, die aus den verschiedensten Jahren stammen (zwischen 1644 und 1652), in Komposition, Ton und Behandlung sich außerordentlich ähnlich sind. Es gibt aber doch eigentliche Jugendbilder, die von seinen bekannten Werken so wesentlich abweichen, daß sie bis vor kurzem unbeachtet geblieben oder für falsch erklärt worden sind. Sie sind zwar noch keineswegs Meisterwerke, aber doch von Interesse, nicht nur, weil sie uns die frühe Reife des Künstlers und seinen außerordentlichen Fleiß bezeugen, sondern vor allem, weil wir aus ihnen sehen, wie wenig er seinen Lehrern verdankte, und wie früh er schon seinen eigenen Weg beschritt. Es sind schon sämtlich Viehstücke, nur freilich mit biblischem Motiv. Wie er später den Orpheus als Vorwand zu einem solchen Bilde nahm, so machte er schon 1642 bei dem »Einzug Abrahams in Kanaan«, einem Werk, das aus der Sammlung Höch in das Germanische Museum in Nürnberg gekommen ist, die Herden zum Mittelpunkt der Darstellung. Die Figuren sind noch steif und konventionell und verraten, wie die Landschaft, den Einfluß von Moeyaert, den man wohl mit Recht neben dem Vater des Künstlers, Pieter Potter, als seinen ersten Lehrer ansieht. Aber einzelne Tiere sind schon recht tüchtig und die trockene Malweise und die helle Farbengebung sind, wenn auch noch knabenhaft ungeschult, doch im wesentlichen die gleichen, wie in späterer Zeit, in der sich der Künstler zu größerer Freiheit und Mannigfaltigkeit herausarbeitete. Ganz ähnliche Bilder, sämtlich mit Vieh in der Landschaft, besitzen die Pinakothek zu München und mehrere Privatsammlungen, darunter das eine früher in der Sammlung Felix in Leipzig, das andere in der Sammlung Perkins versteigert, schon aus dem Jahre 1640, also vom Künstler in seinem vierzehnten Jahre gemalt. Den gleichen Charakter haben ein paar frühe Zeichnungen, die gleichfalls bis in das Jahr 1640 zurückgehen und auch wie die ältesten Bilder an ungeschickter Anordnung, Überfüllung und schwacher Zeichnung leiden. In anderen Werken der frühen Zeit, einfachen Studien einzelner Tiere, zeigt der Künstler dagegen sein eigentümliches Talent schon in einem für sein Alter ganz ungewöhnlichen Maße. Eine gewisse Ungeschicklichkeit, eine manuelle Schwerfälligkeit bleiben Potter auch später eigen, aber seine Ehrlichkeit und Naivität versöhnen uns mit diesen Schwächen. Die Unvollkommenheiten sind die rauhe Schale, die den köstlichen Kern umschließt; sie gehören unzertrennlich zu der Eigenart dieses Genius, der zum Ruhm der holländischen Kunst so viel beigetragen hat, wie nur wenige neben ihm.

ADRIAEN VAN DE VELDE

Vasari liebt es, in seinen »Künstlerleben« fast im modernen Sinne Schlüsse aus dem Charakter eines Künstlers auf seine Werke und umgekehrt aus diesen auf den Menschen zu ziehen. So erzählt er uns von Antonio Rossellino, dieser sei so bescheiden und liebenswürdig gewesen, daß seine Bekannten ihn wie einen Heiligen verehrt hätten, und der einschmeichelnde, zarte Charakter seiner Persönlichkeit sei auch seinen Arbeiten eigentümlich. Diese Charakteristik Vasaris ist mir wiederholt in Erinnerung gekommen vor den Bildern eines holländischen Malers, des Adriaen van de Velde. »Die Lieblichkeit und Helligkeit seiner Gemälde und die Anmut ihrer Motive, wie sie kein anderer je erreicht hat« (Houbrakens Worte) geben uns den Eindruck, daß sie der treue Ausdruck seiner Empfindung und seines Wesens gewesen sein müssen. Seine Biographen wissen uns freilich wenig von ihm zu erzählen, und Urkunden über ihn sind nur wenige zutage gekommen, wohl weil dieser einfache Mann »geregelt en geschikt leefde«, wie Houbraken von ihm sagt. Aber das Bild, das uns der Künstler selbst von sich hinterlassen hat — in seinem Meisterwerk, das heute das Rijksmuseum schmückt*), — ist wohl geeignet, uns

---

*) Dieses Bild aus der Sammlung van der Hoop hat stets anstandslos als das Bildnis des Adriaen van de Velde und seiner Familie gegolten und wird selbst von den neuesten holländischen Forschern wie Dr. A. Bredius noch als solches bezeichnet. Trotzdem wird auch von Bredius die Angabe von van Gool wiederholt, der Künstler habe mit seinen Arbeiten so wenig verdient, daß seine Frau zur Erhaltung der Familie ein Leinengeschäft habe betreiben müssen. Das paßt sehr wenig zu der stattlichen Erscheinung dieses holländischen Mynheer,

den Eindruck zu bestätigen, den wir aus seinen Gemälden gewinnen. Wir sehen hier den jungen Künstler mit seiner Frau und seinen beiden Kindern, das jüngste noch auf dem Arme der Wärterin, im Freien draußen vor Amsterdam lustwandeln; hinter ihm sein leichtes Fuhrwerk, das ihn vor die Stadt gebracht hat und ihm langsam folgt. Nicht in dem engen städtischen Heim, sondern draußen in der Landschaft, wohin ihn der Weg so oft zu seinen Studien führte, wollte er sich darstellen, zusammen mit den Seinen und mit den prächtigen Schimmeln aus seinem Stall, die ihm, wie alle Haustiere, nicht am wenigsten ans Herz gewachsen waren. Ehrbar und einnehmend in der Erscheinung, von schlanker Gestalt und ansprechenden Zügen erscheint der Künstler als wohlhabender Amsterdamer Bürger, erfüllt von Familiensinn und Stolz auf seine Heimat; er zeigt sich uns als echter Freund seines Landes und des Landlebens. — Als der freundliche, hilfsbereite Kollege erwies sich der Künstler auch, wie wir wissen, allen Landschaftern von Amsterdam, die sich an ihn wandten, um von seiner geschickten, raschen Hand ihre Bilder staffieren zu lassen. In Hunderten von Landschaften,

---

der seine eigene Equipage hält! Andererseits spricht gegen ärmliche Verhältnisse des Künstlers die große Zahl der verschiedenartigsten Werke, die er in wenigen Jahren schuf, wie der Umstand, daß das Begräbnisgeld für den Künstler fünfzehn Gulden betrug, eine Summe, welche in jener Zeit nur bei einem gewissen Wohlstand aufgewandt werden konnte. Hätte er wirklich mit Not zu kämpfen gehabt, so würden die holländischen Forscher aus den Archiven längst Schuldscheine, Pfändungen und ähnliche Urkunden, bekanntlich die häufigsten Zeugnisse, die über das Leben der besten holländischen Künstler reden, ans Tageslicht gefördert haben. Aber selbst angenommen, daß Adriaen sein reichliches Auskommen hatte, einen starken Zweifel, ob er so auftreten konnte wie der junge Herr in diesem Amsterdamer Bilde vom Jahre 1667, ob er seine eigene Equipage mit stolzem Brabanter Gespann halten konnte, habe ich vor diesem Bilde nie unterdrücken können. Auch ist es nicht leicht, die Geburtsdaten der Kinder des Künstlers mit dem Alter der beiden Kinder auf dem Bilde zusammen zu bringen. Der Umstand, daß im Grunde hinter der Gruppe eine stattliche Villa sichtbar ist, wie der Umfang des Bildes und die Sorgfalt in der Durchführung legen den Gedanken nahe, daß hier vielmehr ein reicher holländischer Patrizier auf seinem Landgut dargestellt ist.

die in Amsterdam bald nach der Mitte des 17. Jahrhunderts entstanden, verbreiten die Gruppen kleiner Figuren und Tiere van de Veldes ein heiteres Spiel von Licht und Farbe und geben den Eindruck frischen, fröhlichen Lebens, der nicht selten den Hauptreiz solcher Bilder ausmacht. Dieser anheimelnde Zug, diese eigentümliche Sonntagsstimmung spricht vor allem aus seinen eigenen Werken und bringt uns innerlich den Künstler noch näher, der unwillkürlich schon dadurch unsere besondere Sympathie gewinnt, daß er, noch ganz jung, aus seiner Tätigkeit und seinem Familienkreise abberufen wurde.

Adriaen van de Velde gehörte einer Künstlerfamilie an, aus der in einem halben Jahrhundert nicht weniger als sechs namhafte Meister hervorgegangen sind. Als Sohn und jüngerer Bruder eines Malers konnte er von klein auf sein Talent entfalten und wuchs gewissermaßen im Metier auf. Er dankte es dem richtigen erzieherischen Takt dieser Künstler, daß er sich ganz nach seiner Neigung und Begabung entwickeln konnte. Dies beweisen die verschiedenartigen Arbeiten, die uns von Adriaen schon aus einer Zeit erhalten sind, in der er kaum zum Jüngling gereift war: Radierungen und Zeichnungen aus seinem siebzehnten und Gemälde seit dem neunzehnten Jahre. Seine einzelnen Kühe auf der Weide, die kleinen Landschaften mit Staffage und die Figuren und Tiere, die er Philips de Koninck damals in seine Landschaften malte, haben mit der Kunst seines Vaters Willem van de Velde, des Seemalers, nicht das geringste zu tun, und nicht viel mehr auch mit der des Jan Wijnants*), den man gleichfalls seinen Lehrer nennt; sie verraten vielmehr einen Künstler, der von Kindheit an auf die Natur hingewiesen war, der groß geworden ist in der Landschaft seiner Heimat, im Studium ihrer Formen und ihrer Erscheinung und mit der Staf-

*) Wijnants' Geburtsdatum wird regelmäßig, selbst in den neuesten holländischen Katalogen, zu spät angesetzt. Es läßt sich aus einer Notiz ableiten, die F. W. Unger schon vor Jahren in »Oud Holland« veröffentlicht hat (II, S. 165, Anm. 3). Unter den Malern, die als Mitglieder der Retorijkerkamer »In Liefde Boven Al« genannt werden, wird Jan Wijnants schon im Jahre 1626 aufgeführt. Danach muß er spätestens um 1605 geboren sein.

fage, die sie belebt. Bei der künstlerischen Ausgestaltung seiner Studien wurde er jedoch durch das Vorbild von ein paar älteren Malern angeregt, welche zur Zeit seiner ersten Ausbildung mit ihm in Amsterdam lebten, durch Paulus Potter und, wenn auch in geringerem Maße, durch Karel du Jardin. Potter starb zwar in Amsterdam, als der junge van de Velde erst eben sechzehn Jahre alt war, aber dieser war damals schon im gewissen Sinne eine künstlerische Persönlichkeit; auch blieben Potters Bilder in den folgenden Jahren in mancher Hinsicht die Vorbilder für den jungen Künstler und bestimmten teilweise dauernd seine Richtung*). Die kleinen holländischen Weidelandschaften mit vereinzelten Tieren darauf, deren uns aus den Jahren 1655 bis 1659 mehr als ein Dutzend erhalten sind, die einzelnen großen Farmen mit Vieh aus derselben Zeit, auf denen gelegentlich, wie auf einzelnen Gemälden Potters, die Porträtgestalt des Besitzers angebracht ist (die bekanntesten in der National Gallery und im Grosvenor House zu London), selbst einzelne reichere Kompositionen mit dem Ausritt zur Jagd, der Manège und ähnlichen Motiven verraten in der Erfindung deutlich ihre Abhängigkeit von verwandten Bildern Potters. Aber trotzdem hat van de Velde seine künstlerische Eigenart völlig gewahrt; ja die Werke dieser frühen Zeit, von denen manche jenen Einfluß bekunden, sind sogar die eigenartigsten und frischesten und zeigen eine durchaus naive, feine Verwertung lebendiger Natureindrücke. Beide Künstler, so eng verwandt in ihren Motiven, sind doch wesentlich verschieden in ihrem Wesen, ihrer Auffassung und Darstellungsweise. Während Potters Werke eine einfache männliche Natur verraten, hat van de Veldes Kunst einen weiblichen, zarten Charakter; ist jener unsicher im Komponieren, oft unfertig und ungeschickt, so ist dieser schon früh vollendet und neigt mit der Zeit eher zur Routine; der eine ist nur Tiermaler, der andere ist vielseitig und verbindet mit der Freude an der Tierdarstellung einen hervorragenden landschaftlichen Sinn; dieser ist fast ohne Schulung und fest in sich abgeschlossen, jener nimmt Anregungen

*) Stark unter dem Einfluß Potters steht nach Granberg ein Gemälde mit noch relativ großen Tieren in der Galerie des Grafen Wachtmeister in Vanas in Schweden, das 1656 datiert ist.

von allen Seiten auf, ist aber dafür auch stets bereit, anderen mit seiner Kunst auszuhelfen.

Neben Potter sind Karel du Jardin und Nicolaes Berchem auf die Ausbildung des Adriaen van de Velde von Einfluß gewesen. In zahlreichen Bildern des Künstlers, selbst in einzelnen Radierungen und manchen Zeichnungen haben Landschaft und Hirtenfiguren, die sie beleben, italienischen Charakter. Man hat daraus auf einen Aufenthalt des Künstlers in Italien geschlossen, eine Vermutung, die wohl jedem Forscher vor seinen Bildern wieder auftauchen wird. Indes ist es auffallend, daß diese südlichen Motive nur vereinzelt bei ihm auftreten, gelegentlich in seiner früheren Zeit, häufiger in den späteren Werken. Auch besteht dieser italienische Charakter, wenn man die Bilder näher prüft, mehr in äußerlichem Detail: in einzelnen Häusern, Kirchen und Kastellen von italienischer Bauart, in antiken Ruinen und in der italienischen oder richtiger italienisierenden Tracht der Hirten; das Wesen der Landschaft mit ihren Formen und ihrer Vegetation, wie das der Staffage bleibt holländisch. Dies zwingt fast zu der Annahme, der Künstler habe jene Motive von älteren Kollegen, welche in Italien waren, angenommen, um der Mode und vielleicht auch der eigenen Sehnsucht nach Italien zu genügen. Wäre er selbst in Italien gewesen (wovon doch keiner seiner Biographen spricht), so hätte der fleißige und gewissenhafte Meister die italienischen Motive in zahlreichen Studien festgehalten und den italienischen Charakter treuer und überzeugender wiedergegeben. Doch kann das entscheidende Wort in dieser Frage noch nicht gesprochen werden.

Aus den Gemälden eines Karel du Jardin und Claes Berchem hat A. van de Velde nicht nur einzelne Motive und jenes Stückwerk italienischer Szenerie entlehnt, auch seine Art zu komponieren mag er zum Teil von ihnen übernommen haben. Dies gilt namentlich für seine späteren Bilder mit den Hirten, die abends am Waldesrand neben ihrem Vieh ruhen oder das Vieh durch einen Bach treiben, für seine Fähren mit italienischem Volk und ähnliche Darstellungen. Möglich, daß auch Philips Wouwermans, den man unter seinen Lehrern nennt, die Geschicklichkeit des jungen Künstlers in der Komposition gefördert, seine Phantasie angeregt hat. Den eigenartigen Charakter van de Veldes haben aber diese Künstler so wenig verändern können wie Jan Wijnants, der gleichfalls als sein Lehrer gilt und das beste in seinen eigenen Bildern, die Staffage, gerade seinem angeblichen Schüler verdankt. Adriaen van de Velde steht hoch über ihnen und verdient seinen Platz neben Paul Potter und Philips Wouwermans, wenn er auch dem einen nicht an Ehrlichkeit der Gesinnung und Sicherheit der Beobachtung, dem andern nicht an Fruchtbarkeit und Erfindungsgabe gleichkommt.

Das Oeuvre des Künstlers ist sehr mannigfaltig, nicht nur nach seiten der Technik — er ist, wie als Maler, so als fleißiger Radierer, als Zeichner und Aquarellist bekannt —, auch in den Motiven seiner Bilder herrscht große Abwechselung, und im Gegensatz zu Potter ist er auch in Darstellungen, die von seinem eigentlichen Gebiete abliegen, meist glücklich. So nannten wir schon das meisterhafte Porträtstück im Rijksmuseum, das unter dem Namen der Familie des Künstlers bekannt ist; wenn auch die Porträts ganz in die dem Meister eigentümliche Sphäre gerückt sind, das Ganze eine »belebte Landschaft« ist, so sind doch gerade die Figuren von einer Meisterschaft, daß sie einem Thomas de Keyser oder Terborch Ehre machen würden. Dies gilt auch für ein Selbstbildnis in Halbfigur in der Sammlung Scheurleer im Haag. Auch ein kleines Genrebild, im Jahre 1662 vom Künstler gemalt, ist bekannt, das sich in der Dresdener Galerie befindet; es zeigt die Halbfigur einer jungen Frau, die ein Glas zum Munde führt, ein Bild, das in der behaglichen Stimmung, in der Feinheit des Tones und in der delikaten Behandlung gleichzeitige Gemälde von Metsu erreicht. Die Kataloge führen auch biblische und mythologische Schilderungen, ja Darstellungen aus der Geschichte der Heiligen von Adriaen van de Velde auf. Die katholische Augustinerkirche »de Ster« zu Amsterdam besitzt noch (jetzt in der Wohnung des Geistlichen) die von Houbraken erwähnten fünf Bilder der Passion, in etwa halblebensgroßen Figuren, die bei hervorragenden Einzelheiten, namentlich auf dem Gethsemane und der Verspottung Christi, und bei akademischer Tüchtigkeit der Zeichnung und Modellierung doch beweisen, daß der Künstler hier nicht auf seinem Felde ist. Sonst sind solche historische Motive, wie die große »Flucht Jakobs« in der Wallace Collection (von 1663), »Merkur und Argus« in der Sammlung Dutuit in Paris und in der Liechtenstein-Galerie (vom Jahre 1663), der »Heilige Hieronymus« in der Galerie zu Schwerin (von 1668) und andere mehr dem Künstler nur der Vorwand zu Darstellungen von Tieren im Freien und weichen nicht viel von seinen gewöhnlichen Bildern ab.

Ihren eigenen Charakter haben dagegen seine Landschaften. Man hat freilich behauptet, Adriaen van de Velde sei kein eigentlicher Landschafter gewesen, doch sehr mit Unrecht; ich möchte ihn gerade als Landschaftsmaler am höchsten schätzen und in eine Reihe stellen mit Meistern wie Hobbema und Philips de Koninck; selbst mit dem einzigen Jacob van Ruisdael berührt er sich bisweilen. Freilich faßt er die Landschaft anders auf als diese Künstler. Die Natur in ihrer Abgeschiedenheit, »wo der Mensch nicht hinkommt mit seiner Qual«, kennt er nicht, oder sie existiert doch nicht in seiner künstlerischen Phantasie, die ihn zwingt, die Landschaft in mannigfachster Weise mit Gestalten zu bevölkern. Die Natur wäre ihm wie ein leeres Gefäß erschienen ohne lebende Wesen, für die sie nach seiner Empfindung doch allein geschaffen ist. Sie ist für ihn wie eine Bühne, auf der sich der Mensch mit seinen Haustieren bewegt. Er erzählt, was er draußen vor den Toren seiner Vaterstadt alltäglich sah und und in sich aufnahm. Das Leben, wie es sich ihm auf der Landstraße, auf der Weide und im Walde, am Strande oder in den Dünen zeigte, schildert uns der Künstler in reicher Abwechselung mit ebensoviel Geschmack in der Auffassung, wie mit Geschick in der Anordnung und feiner Empfindung. Eine köstliche festtägliche Ruhe lagert über den Wiesen, der heitere Glanz eines sonnigen Tages, abgetönt durch den Dunst des nahen Meeres. Und diese Sonntagsstimmung wird noch erhöht durch die schmucken Figuren, die lustwandelnd oder in prächtigen Equipagen oder zu Pferde die Landschaft beleben, durch die Tiere, die in behaglicher Ruhe den Schatten der Bäume genießen oder die Weiden abgrasen.

Recht eigentlich als Landschaften müssen die Strandbilder des Künstlers bezeichnet werden, wenn auch in ihnen die Fischer und Schiffer, die Fuhrwerke und Equipagen, die spielenden Kinder und Spaziergänger einen bedeutenden Teil einnehmen und den Eindruck wesentlich mitbestimmen. Solcher Art sind der »Strand von Scheveningen« in der Galerie zu Kassel, ein Meisterwerk des Künstlers, obgleich eines seiner frühesten Bilder (1658), die ähnlichen Gemälde im Buckingham Palace und im Louvre (beide von 1660), die geistreiche frische Naturstudie in der Galerie Six zu Amsterdam und die Bilder bei Mrs. Ashby in London (früher beim Duc de Morny), im Haag (um 1665) und in englischem Privatbesitz (von Waagen bei Mr. Chapman als das umfangreichste und beste Bild dieser Art erwähnt; 1665 datiert), endlich ein wenig bedeutendes Bildchen auch in Boston bei Mr. Quincy A. Shaw*). Alle diese Bilder sind von einer Wahrheit der landschaftlichen Empfindung, von einer Feinheit in der Beobachtung von Licht und Luft, von einer Richtigkeit des Tones, daß sie mit modernen Hellichtbildern wetteifern; aber mit diesen Eigenschaften verbinden sie ein Geschick im Aufbau der Landschaft, eine Meisterschaft in der Verteilung der Figuren und in ihrer Zeichnung, eine Klarheit und einen Reiz der Lokalfarben, einen Schmelz und eine Nettigkeit in der Durchführung, die ein moderner Meister nie erreicht oder nur angestrebt hat. Ähnlichen Reiz und verwandte Stimmung haben ein paar schlichte Marschlandschaften mit weidendem Vieh, die derselben frühen Zeit angehören: »das Vieh am Kanal« in der Sammlung Thieme zu Leipzig (1658), noch etwas zerstreut in der Anordnung, aber von feinster Wirkung des hellen, heißen Sommertages, ein paar ähnliche sonnige Bildchen in der Galerie Arenberg zu Brüssel und in der Sammlung Weber zu Hamburg (beide schon von 1655), sowie bei George Salting in London (1658), endlich die »flache Flußlandschaft« mit den weidenden Pferden und dem Landhaus im Mittelgrund in der Berliner Galerie; letztere nur wenig später, aber bei aller Wahrheit von meisterhafter Komposition und erfüllt von dem ganzen Zauber

*) Herr James Simon in Berlin besitzt das gleiche Motiv in einem prächtigen größeren Gemälde von Willem van de Velde (1659), das aber durch die köstliche reiche Staffage von Adriaens Hand erst Leben und Charakter bekommt und dadurch fast zu einem Werke des jüngeren Bruders gestempelt ist.

der Ruhe eines warmen Sommermorgens, fernab von dem Lärm der großen Stadt.

Die Wahrheit und Schärfe der Beobachtung wie die Treue in der Wiedergabe zeigt sich in diesen Landschaften auch in der Art, wie die Tageszeit zum Ausdruck gebracht ist. Noch stärker läßt sich dies in einigen anderen Bildern mit abweichenden Motiven beobachten. So in dem köstlichen »Sonnenaufgang« des Louvre, einem Bild voll wunderbarer Wahrheit im Scheine des Himmels, in der »Farm« des Berliner Museums (aus dem Jahre 1666), sowie in zwei Bildern des Städelschen Institutes in Frankfurt. In dem einen, der kleinen Waldwiese mit dem äsenden Wild (von 1658), ist in skizzenhafter Weise, aber mit größter Feinheit und poetischer Empfindung, das Waldesdunkel bei einbrechender Nacht wiedergegeben*), während uns aus dem anderen, einer größeren Waldlandschaft mit einer Hirschjagd, die helle Morgenstimmung eines sonnigen Junitages entgegenlacht. Wie sehr die Staffage bei Adriaen van de Velde wesentlicher Teil der Landschaft ist, zeigt gerade dieses Meisterwerk. Die melancholische Stimmung der Waldeinsamkeit in einem Gemälde von Jacob van Ruisdael würde durch das laute Halali, das Getümmel von Wild, Meute, Jägern und Treibern aufs empfindlichste gestört sein; hier erscheint die Staffage dagegen wie ein notwendiger Bestandteil der Landschaft. In Bildern der Art kommt auch eine andere hervorragende Eigenschaft van de Veldes, die ihn als echt modernen Künstler charakterisiert, lebendig zum Ausdruck: die naturalistische Wiedergabe des Laubes. Die »Jagd« zeigt das helle Grün des Frühlings bei scharfem, kühlen Tageslicht, die »Waldwiese« mehr die bräunliche Färbung des nahenden Herbstes bei einbrechender Nacht. Ähnlich feine Nuancen in der Färbung zeigen das vorgenannte frühe Bild der Sammlung Thieme in Leipzig, wie die »Farm« des Berliner Museums und die »Pferde auf der Weide« in Windsor (1657). Auch in der Schärfe, mit welcher der Künstler die einzelnen Baumarten in der Zeichnung und Färbung ihres Laubwerkes und ihres Stammes unterscheidet, wie er Pflanzen

---

*) Ein ganz ähnliches Bild in der National Gallery zu London und ein größeres in der Galerie zu Edinburg.

und Kräuter charakterisiert, geht er weit über die meisten seiner Zeitgenossen hinaus. Für die Feinheit, mit welcher er gelegentlich das Terrain behandelt, sei auf das große Bild der Familie des Künstlers im Rijksmuseum (1667) und auf ein ganz kleines Bild vom Jahre 1661 hingewiesen, das sich früher in der Sammlung Perkins befand.

Adriaen van de Veldes treue und naive Beobachtung der Unterschiede in den Jahres- und Tageszeiten kommt besonders deutlich in seinen Winterbildern zu Geltung. Sie sind allbekannt, da sie sich fast sämtlich in großen öffentlichen Sammlungen befinden: im Louvre, in der Londoner National Gallery, in Dresden und Antwerpen; ein kleines Bild bei Baron Edmond Rothschild in Paris. Im Gegensatz zu den Strandbildern und den meisten vorgenannten Landschaften sind diese Schilderungen des Winters in der späteren Zeit des Künstlers entstanden, in den Jahren 1668 und 1669, aber keine leidet an den Schwächen mancher anderer Spätwerke; sie sind vielmehr klar und farbig, von weicher, verschmolzener Behandlung, von kühlem, der Winterstimmung entsprechenden Ton, vorzüglich komponiert und gezeichnet, wahre und zugleich höchst anziehende Schilderungen von Land und Leben in Holland zur Zeit des Künstlers. Hier können wir auch eine Eigentümlichkeit des Meisters am deutlichsten beobachten, die es vielleicht erklärt, wenn man ihn nicht als eigentlichen Landschafter hat gelten lassen wollen. Vor der reichen Staffage treten landschaftliches Detail, Terrainbewegung, Bäume, Pflanzen und so fort fast ganz zurück, so daß wir meinen, Genrebilder vor uns zu haben. Aber der Künstler benutzt sie geschickt, um die landschaftliche Wirkung der Bilder zu steigern; durch sie vertieft er die Raumwirkung und verfeinert die Verteilung des Lichtes und den Luftton.

Stärker kommt der sittenbildliche Charakter der Landschaft gegenüber zur Geltung, wo Figuren und Tiere größer werden und mehr Raum im Bilde einnehmen. In solchen schlichten und anmutigen Szenen aus dem Treiben auf dem Lande in Holland nähert sich der Künstler, soweit er sie nicht dem Hirtenleben entlehnt, dem Philips Wouwermans, wenigstens dessen früheren einfachen Bildern, die vielleicht nicht ohne Einfluß auf Adriaen blieben. Die meisten dieser selteneren Gemälde geben Szenen aus dem Leben der vornehmen Gesellschaft in ihrem Zeitvertreib auf dem Lande, denen der Künstler noch einen ganz eigenen Charme zu geben weiß durch die stattliche Erscheinung und die Schönheit der Figuren, die Pracht der Kostüme, die edle Rasse seiner Pferde und Hunde, durch die Kraft und Harmonie der Farben, wie durch die Feinheit, mit der die Figürchen gezeichnet und die Delikatesse, mit der sie gemalt sind. Das beliebteste Motiv ist ihm der Aufbruch zur Jagd; im Buckingham Palace (1666), in der Sammlung Alfred Rothschild in London (vom Jahre 1662, früher bei Lord Northbrook, der noch ein ähnliches kleines Bild aus demselben Jahre besitzt), im Rijksmuseum sind bekannte Meisterwerke der Art, alle aus den sechziger Jahren. Eine originelle, lebendig erzählte Darstellung ist die wenig bekannte »Vedette« im gotischen Haus zu Woerlitz (1659). Ähnlich ist das Kasseler Bild mit einer vornehmen Reisegesellschaft, die sich bei Hirten nach dem Wege erkundigt (vom Jahre 1662). Eine der reifsten und anziehendsten Kompositionen dieser Art ist der »Halt am Wirtshaus« im Museum zu Leipzig, bereits aus der letzten Zeit. Ein ähnliches Motiv besitzt die Galerie Stroganoff zu St. Petersburg. Ein »Halt an der Schmiede« in Rotterdam, eine »Heuernte« bei Lord Ashburton in The Grange, eine »Reitschule« bei Herrn de Jongh in Paris sind diesen Bildern nahe verwandt.

Die gewöhnliche Angabe, daß Adriaen van de Velde nie ein Interieur gemalt habe, ist nicht ganz richtig. Wir haben schon das kleine Genrebild in der Dresdener Galerie erwähnt. Es gibt aber auch ein paar wirkliche Innenräume, die sich vor etwa zwölf Jahren im Kunsthandel befanden; leider kenne ich ihren Verbleib nicht. Beide zeigen Pferdeställe mit einzelnen Hühnern und Hunden, die neben und zwischen den Pferden umherlaufen; alles ganz porträtartig und sorgfältig direkt nach dem Leben gemalt, anspruchlos in der Komposition. Vielleicht sind es Studien aus dem eigenen Stalle des Künstlers. Ein drittes ähnliches Bildchen im Besitze von Herrn van Valckenburg im Haag, augenscheinlich ein frühes Werk: ein Stall mit verschiedenem Vieh, feiner und zarter im Licht, war im vorigen Jahre in der Düsseldorfer Ausstellung zu sehen. Diese wenigen unbedeutenden Innenbilder widerlegen aber nicht, daß van de Veldes ganze Freude das Leben im Freien und die Darstellung desselben war. Die Wahrheit, mit der er dies in seinen Bildern gelegentlich fast im Sinne der modernen Freilichtmalerei wiedergegeben hat, hat gerade Künstler auf die Annahme geführt, daß er seine Bilder auch im Freien gemalt habe, eine Annahme, die gewiß irrtümlich ist. Wir wissen, daß dies die Holländer jener Zeit überhaupt nicht taten; zudem sind van de Veldes Bilder meist so künstlich komponiert, enthalten oft so weit zusammengesuchte Motive, daß es schon danach nicht angängig ist. Auch haben zahlreiche Figürchen und Gruppen, mit denen der Künstler die Landschaften seiner Freunde ausstaffierte, dieselbe überraschende Wahrheit und Feinheit in der Art, wie sie beleuchtet und in die Luft gestellt sind, und doch ist es ausgeschlossen, daß diese im Freien in jene fremden Bilder hineingemalt sein sollten. Aber der Künstler hatte durch seine fleißigen Studien im Freien, mit Stift und Farbe, die Houbraken ausdrücklich erwähnt, durch sein Leben in der Natur sein Auge und sein Gedächtnis von Jugend auf so geschärft, daß seine Bilder den Eindruck machen, als seien sie unmittelbar vor der Natur gemalt.

Wir haben bisher diejenigen Gemälde van de Veldes, durch die er am berühmtesten geworden ist, nur nebenbei gestreift: seine bukolischen Darstellungen, Hirten und Hirtinnen mit ihrem Vieh in der Landschaft. Diese Bilder gehören trotz ihres Rufes meist nicht zu seinen besten Arbeiten. Die früheren Bilder mit wenigen vereinzelt auf der Wiese weidenden oder rastenden Tieren sind schlichte Studien ohne besondere Komposition, ähnlich den bekannten Radierungen der gleichen Zeit, etwa aus den Jahren 1655 bis 1659. Reichere Kompositionen, wie die Farmen mit Vieh in der National Gallery und in Grosvenor Gallery (1658) sind noch nicht besonders geschickt in der Anordnung und etwas hart in der Ausführung. Die späteren Bilder dieser Art leiden dagegen meist an dem umgekehrten Fehler, daß sie zu sehr komponiert und mit Motiven, die der Künstler den italienischen Studien befreundeter Künstler entlehnte, durchsetzt sind. Auch haben sie nicht selten durch unsolide Technik gelitten, infolge deren der Bolusgrund durchgewachsen ist und sich einzelne Farben, namentlich das Grün, verändert haben. Der Künstler, dessen frühe Gemälde trefflich gemalt sind und sich klar und leuchtend erhalten haben, nahm in seinen letzten Jahren die unsolide moderne Malweise an, welche die Italienfahrer, die »bentveughels«, aus dem Süden mitbrachten. Diese dokumentiert auch äußerlich den Verfall der holländischen Kunst, der mit dem Tode Rembrandts wie auf ein gegebenes Zeichen eintrat. Doch sind auch unter den späten Werken A. van de Veldes noch einzelne ausgezeichnete Werke, wie die Bilder in der National Gallery, im Buckingham Palace, im Rijksmuseum, im Haag, beim Fürsten Liechtenstein u. a. O.

Die Zeichnungen des Künstlers, die noch in beträchtlicher Zahl erhalten sind, und zwar schon von 1653 ab, wie ein datiertes Blatt im British Museum beweist, haben meist einen diesen bukolischen Gemälden verwandten Charakter: sie sind, sowohl die Tierstudien und Aktzeichnungen wie die Kompositionen, tadellos in Zeichnung und Ausführung, machen aber einen fast akademischen, nüchternen Eindruck, der zum Teil auch durch das Material, Rotstift oder helle Tusche, mit hervorgerufen wird. Die ausgeführten Zeichnungen und Aquarelle scheinen meist als Albumblätter entstanden zu sein; ihnen haftet schon dadurch etwas von der Langweiligkeit solcher Arbeiten an. Seine Radierungen, von denen datierte aus den Jahren 1653 bis 1670 vorkommen, sind anspruchsloser und zugleich markiger in der dem Künstler eigentümlichen Technik. Nur einige wenige, namentlich die drei ganz frühen Blätter aus dem Jahre 1653, geben eine reichere Komposition im Anschluß an P. de Laer und an frühe Werke von Wouwermans, die späteren sind treffliche, breit behandelte Studien einzelner Tiere auf der Weide.

Wir würden die Tätigkeit und Bedeutung des Adriaen van de Velde nur ungenügend charakterisieren, wenn wir nicht auch seine feine Figuren- und Tierstaffage in den fast zahllosen Landschaften seiner Amsterdamer Kollegen berücksichtigten. Kaum einer der damaligen Landschaftsmaler von Amsterdam, auch wenn er selbst geschickter Figurenmaler war, hat das Talent und die Gefälligkeit des Künstlers nicht ausgenützt. Die Sicherheit und der Geschmack, womit der junge Künstler seine kleinen Figuren und Tiere erfindet und verteilt, wie er sie zeichnet und in der Färbung und Behandlung der Landschaft anpaßt, wie er sie bald bescheiden unterordnet, bald durch Licht und Farbe zum Mittelpunkt des Bildes macht, erfüllt uns vor jedem Bilde von neuem mit Staunen und Bewunderung. Wie körnig und breit ist die Staffage in den großen Landschaften des Philips de Koninck behandelt, wie sauber und nett in den Städtebildern seines Freundes Jan van der Heyden, wie farbig und leuchtend in den einförmigen Landschaften eines Jan Wijnants oder Frederik Moucheron. Man will allein von Wijnants mehr als 150 Bilder gezählt haben, die van de Velde staffierte, mehr als 50 Bilder van der Heydens mit Figürchen von seiner Hand. Jan Hackaert, Frederik Moucheron, Philips de Koninck, Jacob van Ruisdael, M. Hobbema, Willem van de Velde u. a., selbst der tüchtige Figurenmaler Eglon van der Neer haben sich in gleicher Weise seiner Hilfe bedient. In den meisten dieser Bilder wird der Charakter der Landschaft durch die Staffage wesentlich mitbestimmt, die malerische Wirkung noch gesteigert, und dadurch teilt sich ihnen auch jene eigentümliche festtäglich heitere Stimmung mit, welche die Persönlichkeit des Künstlers unserem Herzen so nahe bringt.

PHILIPS WOUWERMANS

Das Darstellungsgebiet des Haarlemer Philips Wouwermans ist das nämliche wie das Paul Potters und A. van de Veldes: die belebte Landschaft. Wie diese Künstler kam auch er kaum über die Grenzen seiner Heimat hinaus. Wie sie verstarb er jung und leistete doch erstaunlich viel in seinem Leben, ja, er ist sogar der fruchtbarste aller holländischen Kleinmeister gewesen. Wenn sein Name genannt wird, pflegt man an seine Schimmel, pflegt man an ihn als trefflichen Pferdemaler zu denken. Aber dieser Ruf gründet sich nicht einmal auf die bedeutendste Eigenschaft des Künstlers. Wouwermans ist ein ebenso tüchtiger Genremaler und Landschafter; seine Überlegenheit beweist er aber vor allem durch die Art, mit der er die mannigfaltigsten Motive stets neu und originell erfaßt, mit der er durch sein malerisches Talent und seine reiche Phantasie jedes zu einem abgerundeten Kunstwerk gestaltet. Ein Beobachter wie wenige, verstand er in dem Leben des Volkes, wie es sich im Freien abspielte, mit seinem künstlerischen Auge stets neue, pikante Vorwürfe zu entdecken; in seiner reichen Phantasie gestalteten sie sich zu einem neuen, ganz eigenartigen Leben. Durch diese dichterische Begabung, die unter den holländischen Malern — von Rembrandt abgesehen — neben ihm nur noch Jan Steen in gleichem Maße besaß, haben Wouwermans' Gemälde vielfach einen eigentümlichen, novellistischen Charakter. Wir glauben die Szenen eines Romanes vor uns zu sehen: so pikant sind die Motive zugespitzt, so lebendig sind sie vorgetragen; und doch ist der Künstler nie aufdringlich oder absichtlich, ist die malerische Wirkung stets über die Erzählung gestellt, so daß seine Bilder nie Illustrationen werden.

Wouwermans' Leichtigkeit im Schaffen ist beinahe sprichwörtlich geworden. Der Mann, dessen Lebenslauf schon abgeschlossen wurde am Tage, bevor er das neunundvierzigste Jahr vollendete, der mit genug Glücksgütern ausgestattet war, um sich von der Arbeit ablenken zu lassen, hat dennoch wohl an tausend Bilder gemalt und außerdem noch zahlreiche Gemälde von verschiedenen ihm befreundeten Maler mit Staffage ausgestattet. Die Zahl der erhaltenen Gemälde ist mit siebenhundert gewiß nicht zu hoch gegriffen. Die Dresdener Galerie besitzt allein etwa sechzig Werke von ihm, eine ähnliche Zahl hat die Eremitage aufzuweisen. Nimmt man hinzu, daß viele darunter mit zahlreichen Figuren und Tieren, oft bis zu hundert und mehr, belebt sind, daß sie bei aller malerischen Behandlung regelmäßig fast miniaturartig fein durchgeführt sind, so wird man dem Künstler den Ruhm nicht abstreiten können, in der Leichtigkeit seines Schaffens, im Reichtum der Phantasie und im Fleiß kaum seinesgleichen gehabt zu haben.

Nur ausnahmsweise geht er über den Rahmen seiner gewöhnlichen Motive hinaus; in diesen seltenen Fällen, in der »Predigt Johannis« in der Dresdener Galerie und namentlich in der »Himmelfahrt Christi« in Braunschweig, zieht er die Komposition ganz in das Bereich seiner gewöhnlichen sittenbildlichen Darstellungen, so daß sie fast wie eine Parodie erscheint. Wo er aber innerhalb der Grenzen seines Gebietes bleibt, wird er jedem Motive fast in gleicher Weise gerecht; in seiner Erfindung und reichen Ausgestaltung verrät sich seine rastlose Phantasie und seine glänzende Gestaltungsgabe.

Die Ereignisse des dreißigjährigen Krieges, unter deren Eindrücken der Künstler groß geworden war, nehmen einen breiten Raum ein in seinen Werken. Zahlreiche Gemälde schildern die offene Feldschlacht. Kaiserliche Reiter platzen auf einen Trupp schwedischer Kavallerie oder werden von dem vernichtenden Gewehrfeuer des feindlichen Fußvolkes empfangen; ein Ort, den die Feindlichen besetzt halten, wird von den Verbündeten gestürmt, oder es wird aus einer belagerten Festung ein Ausfall auf den Feind gemacht; Soldaten plündern ein Dorf, dessen Einwohner ohnmächtigen Widerstand zu leisten suchen; Marodeure und Räuberbanden im Gefolge der Heere durchsuchen ein Schlachtfeld oder sie brandschatzen ein Bauerngehöft; Spione werden eingebracht, und es wird mit ihnen kurzer Prozeß gemacht. Ein anderes Mal mustert der Feldherr seine Truppen; wir sehen einen Vorposten, der Bauern auskundschaftet, oder Offiziere, die einen Ehrenhandel austragen; oder wir werden ins Lager geführt, wo man Fourage anfährt, wo Estafetten kommen und gehen, wo die Soldaten in den Marketenderbuden bei Trunk und Spiel sich gütlich tun und allerlei verdächtiges Gesindel sich um sie sammelt. Alle diese bunten Szenen und Wechselfälle des furchtbaren Krieges, die uns Grimmelshausens »Simplicissimus« in ihrer nackten Wahrheit so nahe bringt, erhalten in den Gemälden Wouwermans' eine so packende, reiche und mannigfaltige Illustration, bei aller natürlichen Lebendigkeit durch ihre geschlossene Komposition eine so künstlerische Gestaltung, daß man sagen darf, kein anderes Stück Geschichte sei je von einem Künstler mit gleich viel Kunst und Wahrheit erzählt worden. Im Anschluß an diese Gefechte, die Wouwermans so lebendig schildert, daß er uns glauben macht, er habe sie in nächster Nähe kennen gelernt, malt der Künstler mit Vorliebe auch die Kämpfe der kaiserlichen Truppen und der Polen gegen die Türken, von denen er nur von Hörensagen wußte, die aber sein Gemüt, wie damals alle Gläubigen, lebhaft in Erregung setzten.

Neben den Kampfbildern und mannigfaltigen Motiven aus dem Kriegsleben spielen die Szenen aus dem friedlichen Leben auf der Heerstraße, im Feld und Wald eine ebenso bedeutende Rolle. Der Sport der vornehmen Landsleute, namentlich die Jagd, ist in zahlreichen Bildern malerisch illustriert. An den Toren eines stattlichen Landschlosses versammelt sich die Jagdgesellschaft, Herren und Damen zu Pferde, welche von den Pikören mit der Meute und den Treibern erwartet werden. An einem Brunnen wird Rast gemacht, um die Pferde zu tränken oder selbst einen Trunk zu nehmen, während abseits ein junges Dämchen aus der Gesellschaft sich von einem der Herren den Hof machen läßt oder ein Jäger einer wasserschöpfenden Bauerndirne am Brunnen auf derbe Art die Cour schneidet. Nach der Rast geht es wieder auf die Jagd. Endlich ist der Hirsch aufgespürt — ausnahms weise wohl auch ein Fuchs, ein Wolf oder gar ein Bär —, die Hunde haben ihn erreicht, die Treiber locken durch den Ruf ihres Hüfthorns die Jäger herbei, die durch das Dickicht von allen Seiten heransprengen; der Hirsch ist erlegt, oder der Falke ist auf den Reiher niedergestoßen, im Walde wird das Mahl eingenommen, das auf Wagen mitgeführt wurde, oder die Beute wird zum Schlosse gebracht und vor der Herrin in Gegenwart der Jäger, die absitzen und absatteln, ausgebreitet.

Ein anderes Mal will die Herrschaft einen Besuch bei Freunden machen; eine vierspännige Karosse führt die Damen, die Herren reiten voraus oder folgen nach. Wir begleiten sie eine Zeitlang auf ihrer Reise. An der Waldesecke lagern Zigeuner, zerlumpte Kinder drängen sich an den Wagen, um zu betteln, eine junge Dame streckt ihren weißen Arm aus dem Fenster einer alten Zigeunerin entgegen, die ihr aus den Linien der Hand wahrsagt; an einer Schmiede wird Halt gemacht, um einem Pferde ein verlorenes Hufeisen aufsetzen zu lassen; an einem Hohlweg, den ein Gebirgsbach verwüstet hat, bringt eine Herde Rindvieh, die vorbeigetrieben wird, die Gäule in Verwirrung; da fällt ein Schuß aus nächster Nähe und streckt eines der Pferde und den Führer nieder, Räuber stürzen aus dem Hinterhalt hervor, plündern die Reisenden, mißhandeln sie, schneiden das Gepäck ab und entfernen sich in wilder Eile, als der Hufschlag der Pferde von hilfebringenden Reitern hörbar wird.

Auch dem Leben des Landmannes auf seinem Felde oder auf dem Gehöfte und auf der Landstraße weiß der Künstler ebenso zahlreiche, ebenso malerische und reizvolle Motive für seine Gemälde abzugewinnen. Wir sehen den Bauern im Stalle beim Anschirren und Ausspannnen seiner Pferde, wir folgen ihm hinaus auf das Feld, beobachten ihn bei der Heuwende, bei der Ernte, beim Einfahren des Kornes. Dann führt uns der Künstler mit ihm zur Pferdeschwemme, zum Schmied oder zum Ausspann an der Heerstraße; wir begleiten ihn, wenn er mit seinen Früchten zum Markte nach der Stadt oder zum Strand fährt, um Fische zu kaufen; wir finden ihn auf dem Pferdemarkt inmitten zahlreicher wallonischer Hengste und sehen ihn sonntäglich aufgestutzt bei holländischen Reiterspielen wie bei dem grausamen Katzenhaschen.

Alle solche und mancherlei ähnliche Motive sind in der größten Abwechslung, mit Einführung zahlreicher Einzelheiten, die wie zufällig angebracht scheinen und doch zur Gesamtwirkung, zu dem novellistischen Reiz in mannigfachster Weise beitragen, vom Künstler zur Darstellung gebracht. Dutzende von Figuren, oft hundert und mehr, in wildester Bewegung und im kleinsten Raume ausgeführt, ordnen sich wie von selbst zu vollen, einheitlichen Kompositionen. Kein anderer Künstler der holländischen oder der vlämischen Schule, Rubens allein ausgenommen, hat mit gleicher Phantasie und künstlerischer Freiheit seine Gemälde erfunden und angeordnet; wenige Künstler haben eine ähnlich gute Zeichnung, eine so feine Empfindung und solches Gedächtnis für Form und Bewegung; die Behandlungsweise des Künstlers erhöht die plastische Wirkung und ist zugleich von besonderem malerischen Effekt. Mit seinem Sinn für Ton und Luftperspektive verbindet Wouwermans auch koloristische Begabung. Ist seine Farbenwirkung anfangs reich und energisch bei bräunlichem Gesamtton (daher die Vorliebe für Abendstimmungen in dieser Zeit), so kommt er allmählich zu einem reicheren, silberhellen Tageslicht. Erst in seinen späteren Jahren hat er seine Bilder regelmäßig zu dunkel gehalten, die Zusammenstellung der Farben wird unharmonisch und fast unwahr. Verstärkt wird dieser Eindruck durch das Nachdunkeln und Auswachsen der Schatten. Die außergewöhnliche Leichtigkeit im Schaffen verführte den Künstler zu einer flüchtigen, unsoliden Malweise. Da nun der koloristische Sinn ebenso wie bei Jan Steen, der ihm in vieler Hinsicht verwandt ist, nicht die stärkste seiner künstlerischen Fähigkeiten ist, so kam es, daß in der neuesten Zeit die Gunst des kunstliebenden Publikums wie der Sammler für ihn erkaltete; jeder Galeriebesitzer wird zwar eines oder ein paar seiner hellen früheren Meisterwerke zu besitzen trachten, aber ganze Säle mit seinen Gemälden anzufüllen, wie es die großen Sammler im 18. und zum Teil noch im 19. Jahrhundert getan haben, würde heute auch den reichsten nicht mehr einfallen. Doch auch wenn man die Schwächen des Künstlers, namentlich in seinen späteren Gemälden, offen eingesteht, behält er seinen Platz unter den ersten Künstlern Hollands.

Die künstlerische Entwickelung unseres Meisters läßt sich an der außerordentlich reichen Zahl der erhaltenen Bilder gut verfolgen. Freilich sind nicht Jahreszahlen die Führer — denn sie fehlen fast ganz auf seinen Bildern —, wohl aber gibt die Form seines Monogramms Anhaltspunkte, da er es bis in seine letzte Zeit mehrfach ändert. In den frühesten Werken kommt der Einfluß Rembrandts, vermittelt durch dessen Haarlemer Schüler Jacob de Wet, zur Geltung, wie er sich besonders deutlich in einem Reitergefechte in bergiger Landschaft der Sammlung Stephan Michel in Mainz bekundet. Daneben verrät sich in den einfachen Motiven und der Art der Komposition, in dem derben Schlag der Pferde, in dem einförmigen, bräunlichen Ton mehr oder weniger stark das Vorbild des Pieter de Laer, der gerade nach Haarlem zurückgekommen war, als Wouwermans dort als Meister in die Gilde aufgenommen wurde (1639). Gelegentlich steht der jüngere Meister in solchen Bildern dem älteren so nahe, daß man beide verwechseln kann; so namentlich in der »Armenspeisung vor dem Kloster« in der Thiemeschen Sammlung zu Leipzig, die einer Komposition von Pieter de Laer nachgebildet scheint, aber viel wärmer im Ton und leichter, skizzierender behandelt ist. An diese Verwandtschaft zwischen beiden Künstlern knüpft Houbraken eine lange, schmutzige Geschichte, eine so gehässige Verdächtigung, wie sein Buch deren zum Glück nur wenige aufzuweisen hat. Wouwermans habe, so erzählt er mit behäbiger Breite unter Nennung seiner Eideshelfer, die Bilder des älteren Künstlers sich zunutze gemacht, habe sie nachgeahmt und den braven Pieter de Laer dadurch so beeinträchtigt und gekränkt, daß dieser sich schließlich aus Schwermut das Leben genommen habe. Sobald nun Wouwermans von dessen Tode gehört, habe er sich in den Besitz der Zeichnungen und Skizzen des Künstlers gesetzt und daraus später seine zahlreichen berühmten Kompositionen zusammengestohlen, ohne daß irgend jemand eine Ahnung davon gehabt hätte. Dies erzählt derselbe Houbraken, der den Künstler fünf Jahre vor Pieter de Laer sterben läßt, und der uns von letzterem mitteilt, daß er »seine Studien mehr im Kopfe als auf dem Papier zu machen liebte!« Hätte er nur einen aufmerksamen Blick auf ein paar Bilder Wouwermans' geworfen, so würde er sich überzeugt haben, wie verschieden sie, mit Ausnahme weniger Jugendwerke, von allen Gemälden des Pieter de Laer sind; er würde auch haben eingestehen müssen, daß eine einzige reichere Komposition des jüngeren Meisters fast ebensoviel Motive enthält, als alle Bilder des braven Pieter zusammengenommen.

Die Jugendwerke stammen aus den vierziger Jahren. Dem Ende dieser Zeit gehört eine Reihe unter sich sehr verwandter Bilder, regelmäßig von sehr bescheidenem Umfang, an, in denen die Figuren so untergeordnet und klein sind, daß diese Werke als reine Landschaften bezeichnet werden können. Die National Gallery in London, die Eremitage, die Schweriner Galerie, die Sammlung Huldschinsky und das Kaiser-Friedrich-Museum in Berlin wie andere Sammlungen besitzen hervorragende Werke dieser Art. Durch die Wahl des hohen Augenpunktes, durch die reiche Terrainbildung und den Ausblick in die Ferne, durch das duftige, silbergraue Tageslicht und die großen Formen der Wolken und der Schatten, die sie über die Landschaft werfen, wie durch die leichte, geistreiche Behandlung und die Belebung mit wenigen kleinen Figuren und Tieren, die auch durch ihre kräftige Färbung die Komposition bereichern, haben diese Bilder einen Reiz, der sie unter den besten Gemälden der Landschafter vom Fach mit Erfolg bestehen läßt.

Den fünfziger Jahren und wohl noch dem Anfange der sechziger gehört die große Zahl der Gemälde Wouwermans', die ausgezeichnet sind durch Fülle der Motive, Reichtum der Phantasie, Geschicktheit der Anordnung und Inszenierung, Lebendigkeit der Erzählung, Helligkeit und Klarheit der Färbung, die von einem kühlen Luftton beherrscht ist. Gelegentlich sind diese Bilder auch koloristisch von großem Reiz und durch pikante Beleuchtung sehr wirkungsvoll. So ein Bild der Sammlung Gustave Rothschild in Paris; hier hält ein Trupp von Reitern in farbigen Trachten vor einem stillen Wasser, in dem sich die helle, massige Wolke eines heranziehenden Gewitters spiegelt. Einen ähnlichen Effekt hat der Künstler in einem Winterbild der Sammlung R. Kann erzielt. Manche Bilder dieser Zeit stört schon die Überhäufung mit Figuren und Motiven, ein Fehler, der sich noch stärker in den

Gemälden der letzten Jahre geltend macht, die durch Nachdunkeln und Durchwachsen des Bolusgrundes in ihrer Farbenharmonie aus dem Gleichgewicht geraten sind. Gerade solche Bilder sind in den öffentlichen Sammlungen besonders zahlreich, und dadurch daß man sie hier gelegentlich, wie in Dresden und Petersburg, in einem oder mehreren Kabinetten zusammendrängte, hat man den ungünstigen Eindruck noch verstärkt und das Auge des Beschauers gegen die mannigfachen Reize der Bilder des Künstlers abgestumpft.

DAS HOLLÄNDISCHE STILLEBEN

Wenn von der Kunst der »Stilleben« die Rede ist, wird man zuerst an die zahlreichen Maler denken, welche in Holland während des 17. Jahrhunderts diese Kunst in der mannigfachsten Weise ausgeübt haben. Aber die Darstellungen, die wir unter diesem Namen zusammenfassen, kommen in der Kunst schon sehr viel früher vor. Bereits die Antike hat sie gekannt und mit großem Stilgefühl in der Dekorationsmalerei und namentlich in den Mosaiken verwandt. Auch in der Renaissancezeit wurde das Stilleben mit besonderem Geschick behandelt; freilich, so wenig wie im Altertum, in der großen Kunst, sondern in der Dekoration. In der Architektur, namentlich in den Füllungen, den Friesen, Pilastern und so fort finden wir nicht selten stillebenartige Zusammenstellungen; in reichster und pikantester Weise haben aber die Intarsiatoren sich dieser Motive bedient, die auch das Architekturbild und die reine Landschaft zuerst in die italienische Kunst eingeführt haben. Mit diesen stilvollen dekorativen Darstellungen hat die Stillebenmalerei des 17. Jahrhunderts keine Beziehung oder Verwandtschaft; sie ist nur um ihrer selbst willen da, ist von vornherein auf bildmäßige Wirkung berechnet. Die Niederlande sind die wahre Heimat dieser Kunst; die wenigen Maler, welche gleichzeitig in Italien und Spanien in derselben Richtung tätig waren, sind sämtlich Nachfolger der niederländischen Meister und mehr oder weniger abhängig von diesen. In Holland wie in den spanischen Niederlanden blühte dieser eigentümliche Zweig der Kunst während des ganzen 17. und fast bis zur Mitte des 18. Jahrhunderts. Kaum ein anderes Gebiet der Malerei hat hier eine ähnliche Zahl von Künstlern aufzuweisen. Eine ganze Reihe von ihnen war uns früher schon dem Namen nach und durch ihre Werke bekannt, aber fast auf jeder Ausstellung alter Gemälde und in zahlreichen Versteigerungen, namentlich in Holland und Deutschland, begegneten uns bis vor kurzem in bezeichneten Stilleben bisher unbekannte Meister, die uns durch Houbraken und die rege neue Urkundenforschung nur als leere Begriffe überliefert waren; für einige unter ihnen müssen selbst noch die Urkunden erst ausfindig gemacht werden. Auch bei der allmählich fortschreitenden wissenschaftlichen Bearbeitung der vielen kleinen Galerien in Deutschland und zum Teil auch derer in Frankreich werden auf zahlreichen Bildern, die bisher dem J. de Heem, Claes Heda, Frans Snyders und anderen bekannten Meistern zugeschrieben waren, die Namen von Künstlern zutage gefördert, die uns bis dahin in ihrer Tätigkeit oder selbst ihrem Namen nach nicht bekannt waren.

Die Freude an der künstlerischen Darstellung der unbelebten Natur hat ihren Grund in der tief im niederländischen Volke wurzelnden Lust, alles im Bilde zu gestalten, was die Welt der Erscheinungen nur bietet. Auf das Interesse am Stilleben weist noch im besonderen die holländische Gartenkunst und die Liebhaberei des Volkes für Blumen, die fast sprichwörtlich geworden ist. Die Freude an Prunkgefäßen in Gold und Silber, in Kupfer und Zinn bezeugen die Aufbauten auf den Tafeln der Schützengemälde und auf den Kredenzen in den Prachtgemächern, wie sie uns die Bilder eines B. van Bassen und D. van Delen vorführen. Auch sind ja die Raritätensammlungen und »Kunstkammern« von den Niederlanden ausgegangen, wo wir ihnen schon im Anfange des 17. Jahrhunderts begegnen.

Der großen Zahl der Künstler, welche sich an den verschiedensten Orten Hollands der Darstellung des Stillebens widmeten, entspricht die große Mannigfaltigkeit und erstaunlich vielseitige Gestaltung dieses Stoffgebietes. In Holland tritt das Stilleben, unter dem wir im weiteren Sinne auch die Blumenmalerei und die Schilderung toter Tiere begreifen, gleich mit der Loslösung der holländischen Kunst von der altniederländischen ins Leben. In der ersten Epoche ihrer Entwickelung, die sich in ihren Ausläufern bis gegen die Mitte des 17. Jahrhunderts, erstreckt, bekunden sich die lokalen Strömungen, welche für diese Periode überhaupt charakteristisch sind, besonders stark. Schon nach den Motiven können wir bei den Werken dieser Zeit meist mit einiger Sicherheit angeben, ob das eine oder andere Stilleben von einem Haarlemer oder von einem Leidener, Amsterdamer oder Haager Meister gemalt worden ist oder doch entstand, während der Künstler an einem von diesen Orten lebte. Diese Verschiedenheit der Motive und teilweise auch die verschiedene Auffassung und Behandlung lassen interessante Rückschlüsse zu auf den Charakter der Städte, welche in den ersten Jahrzehnten des Jahrhunderts, obgleich im Umkreise von wenigen Meilen belegen, noch eigentümlich abgeschlossen erscheinen. Die Maler der reichen alten Patrizierstadt Haarlem lassen den Beschauer an der Erinnerung der Tafelfreuden sich ergötzen; bald schildern sie den überladenen Tisch des Reichen mit den schönsten silbernen Pokalen und venezianischen Gläsern, bald das frugale Frühstück des Armen, dessen Appetit durch den Anblick einer Stange Bier, einiger Austern, etwas Käse und durch die Aussicht auf eine Pfeife Tabak gewiß nicht weniger gereizt wurde als die Gelüste des reichen Junkers mit verwöhntem Magen vor den Pfauenpasteten und den Gläsern mit Sekt. Wieder andere Haarlemer Künstler wählen das prunkende Tafelgeschirr aus dem Atelier der Goldschmiede, eines Vianen und Lutma, zum malerischen Vorwurf. Dem lukullischen Haarlem tritt das nahe Leiden mit Würde und Prätension als die alte Universitätsstadt und der Sitz der orthodoxen Theologie gegenüber. Die Stilleben der Leidener Maler sind malerische Zusammenstellungen von Büchern in schweinsledernen Einbänden, von Schreibutensilien, Musikalien und Musikinstrumenten; daneben steht ein Gläschen Dünnebier und liegt ein Tonpfeifchen, einen Genuß verheißend, den sich auch der prüdeste Gelehrte gestatten darf; aber es fehlen auch nicht Totenkopf, Stundenglas und Licht als Symbole der Vergänglichkeit aller irdischen Gelehrsamkeit und Genüsse. Im Haag ist es nicht der fürstliche Hof, sondern der berühmte Fischmarkt des nahen Scheveningen, der die Maler zur Wahl ihrer Motive bestimmt. In Utrecht wiederum wird von reformierten Flüchtlingen aus den spanischen Niederlanden jene Gattung farbenprächtiger Gemälde von Blumen und Früchten ausgebildet, als deren bedeutendster Meister sich bald Jan de Heem hervortut. In Amsterdam faßt die Stillebenmalerei erst festen Fuß, als Rembrandts Auftreten eine neue, die glänzendste Phase der holländischen Malerei hervorgerufen hatte und der Reichtum der Weltstadt Künstler aus allen Nachbarstädten anzog. Die vielseitige und großartige Entwickelung des Stillebens wird daher wesentlich durch künstlerische Gesichtspunkte bestimmt, die auch für die Wahl der Motive in erster Linie ausschlaggebend sind.

So mannigfach wie in den Motiven, so verschiedenartig sind die hundert und mehr Maler, welche dieser Kunst oblagen, in der malerischen Auffassung und Behandlung des Stillebens. Wenn auch die Darstellung eine gewisse Beschränkung nach dieser Richtung auferlegte, wenn die Fischstücke und Silbergefäße eine helle und kühle Malerei, wenn die Blumenbuketts reiche und kräftige Farben, wenn die Vanitas-Darstellungen monochrome Behandlung nahelegten, so lassen sich doch auch hier — und das gleiche gilt für die malerische Behandlung — je nach Ort und Zeit, nach Veranlagung und Schulung zahlreiche feine Abstufungen beobachten. Ein Gillig oder Putter malt die Fische fast farblos und kühl im Ton, ein A. van Beijeren macht ein leuchtendes, brillantes Farbstück daraus; ein Heda malt seine Frühstücke in kühlem Licht und mit wenig Lokalfarbe, ein Kalf oder Claeuw mit prachtvollster Farbengebung und reizvollem Helldunkel; und während ein J. D. de Heem oder J. van Huysum die Blumenstücke flüssig und delikat malt, impastiert sie A. van Beyeren wie ein moderner Impressionist. Gerade die Einfachheit der Motive machte die Maler erfinderisch in der Wahl und Ausbildung aller künstlerischen Mittel.

Bei Spezialisten, wie es die Stillebenmaler sind, dürfen wir größere Vielseitigkeit und eine reichere Entwickelung im Werdegang des Einzelnen nicht erwarten; nur bei den bedeutendsten und einflußreichsten Meistern läßt sie sich beobachten. Es lohnt daher, sich nur mit ihnen näher zu befassen, da ihre Entwickelung für die ganze Gattung typisch ist und Bedeutung hat.

JAN DAVIDSZ DE HEEM

Der bekannteste und gefeiertste Künstler unter den Stilllebenmalern war von jeher Jan Davidsz de Heem. Für die Entwickelung dieses Utrechter Künstlers und den Umfang seiner Wirksamkeit war es von Bedeutung, daß er seinen Wohnsitz mehrfach veränderte, namentlich, daß er zu einer Zeit, als er fremden Einflüssen noch zugänglich war, nach Antwerpen übersiedelte. Im Jahre 1635 ließ sich der kaum dreißigjährige Meister in die Gilde dieser Stadt aufnehmen und blieb hier zweiunddreißig Jahre ansässig; 1667 zog er wieder nach seiner Vaterstadt Utrecht, kehrte aber schon im Jahre 1672 nach Antwerpen zurück, wo er Ende des Jahres 1683 oder in den ersten Monaten des folgenden Jahres starb. De Heem hat also die Hälfte seines langen Lebens in Antwerpen zugebracht, hier war der Hauptplatz seiner Tätigkeit. Es ist daher begreiflich, daß die Geschichtsschreiber der Antwerpener Malerschule den Künstler als vlämischen Meister in Anspruch nehmen. So groß aber der Einfluß war, den die Kunst dieser Stadt, besonders die des Jan Brueghel und Daniel Seghers auf ihn ausgeübt hat, so steht doch auch soviel fest, daß de Heem schon fertiger Künstler war, als er Holland verließ. Seinen holländischen Charakter hat er darum auch in Antwerpen nie ganz verleugnet, und ehe er übersiedelte, hatte er schon eine reiche, mannigfache Entwickelung hinter sich.

Die Jugendwerke des Künstlers, die in Utrecht um die Mitte der zwanziger Jahre entstanden sind, finden sich, wenig beachtet, meist in kleineren deutschen Galerien und Privatsammlungen. Es sind einfache Fruchtstücke in der Art der älteren Utrechter

Maler Barth. Asteyn, B. van der Ast und Bosschaert, bräunlich im Ton und fast nüchtern mit fester Farbe ausgeführt: Stilleben mit wenigen Früchten, die wie zufällig in eine chinesische Schüssel oder auf einen Teller ausgeschüttet sind. Beispiele dieser Fruchtschalen aus den Jahren 1624 bis etwa 1626 enthalten die Sammlungen Schubart in München (versteigert), Öder in Düsseldorf und Glitza in Hamburg. In den folgenden Jahren, während eines längeren Aufenthaltes in Leiden, schließt sich der Künstler der eigentümlichen Richtung der älteren Leidener Stillebenmaler an, wie mehrere Darstellungen einer »Vanitas« lehren; eines in einer öffentlichen Sammlung, in der Galerie zu Gotha (1629). Innerhalb dieser Gruppe von Bildern, die alle nur von geringem Umfang sind, läßt sich eine deutliche Entwickelung in der Richtung einer geschickteren Anordnung, einer malerischen Behandlung und besonders einer feineren Ausbildung von Ton und Helldunkel beobachten. Bestimmend für diesen Fortschritt war offenbar der Einfluß des jungen Rembrandt, der damals in Leiden seine ersten Schüler um sich versammelte und, wie diese, gelegentlich selbst eine Vanitas malte oder wenigstens retuschierte.

Die Übersiedelung des jungen de Heem nach Antwerpen um 1634—35 war wiederum von einschneidender Bedeutung für den Künstler. Wie sehr er aber Holländer blieb, empfindet man, wenn man seine Bilder neben denen des D. Seghers sieht. Auch de Heems Blumenstücke und seine Fruchtkörbe sind von reichster Färbung; aber statt der kalten Tagesbeleuchtung und der hellen Lokalfarben bei Seghers herrscht bei ihm ein ausgesprochenes Helldunkel, das die verschiedensten Farben zu einem warmen Ton vereinigt; statt des dünnen Farbenauftrages und der dekorativen Behandlung bei diesem, welche den Einfluß von Rubens verraten, finden wir bei de Heem jenes echt holländische liebevolle Eingehen auf die Natur, auf die Eigenart jeder Pflanze und jeder Frucht, auf Form und Erscheinung, und die fleißigste Nachbildung der gewonnenen Eindrücke. Immerhin darf die vlämische Schule stolz darauf sein, daß dieser berühmteste unter den holländischen Stillebenmalern seine Eigenart erst in Antwerpen und gerade unter dem Einflusse älterer vlämischer Künstler voll ausgebildet hat. Bei seiner Empfänglichkeit für Eindrücke von außen war aber dieser Aufenthalt und die Verwertung der gewonnenen Eindrücke in der Heimat bei zeitweiser Rückkehr zugleich für die glückliche Entwickelung nicht nur seines eigenen Talentes, sondern dieser ganzen Gattung der Malerei in Holland und teilweise auch in den spanischen Niederlanden von großer Bedeutung, wie sich daraus auch die auffallende Verwandtschaft der holländischen und vlämischen Stilleben um die Mitte des 17. Jahrhunderts mit erklärt.

WILLEM KALF

Jan de Heems Bilder haben durch den außerordentlichen Geschmack in der Anordnung, in der Zusammenstellung der Blumen und Früchte, durch ihre reiche und doch tonige Färbung, durch die Wahrheit und Subtilität ihre Wiedergabe, durch die klare und durchsichtige, wunderbar vertriebene Malweise, die ohne jeden sichtbaren Auftrag doch fast niemals glatt oder glasig wirkt, zu ihrer Zeit die größte Bewunderung gefunden und sind seither gleich geschätzt gewesen. Die moderne impressionistische Kunstrichtung hat keine rechte Freude mehr an dieser Sauberkeit und Vollendung in Zeichnung und Durchführung; unserer Empfindung steht ein Künstler näher, der, unter Rembrandts Einfluß ausgebildet, in seinen Stilleben durch die Kraft und Wärme der Farben und sein Helldunkel eine ähnliche Wirkung erzielt wie der Altmeister der holländischen Kunst; dieser Künstler ist Willem Kalf.

Kalf war Amsterdamer Kind. Er ist im Jahre 1621 oder 1622 geboren und tritt uns schon Anfang der vierziger Jahre mit datierten Bildern entgegen. Wenn Hendrick Pot, der Haarlemer Genre- und Bildnismaler, wirklich sein Lehrer gewesen ist, wie man nach Houbrakens Angabe meint*), so fällt es auf, daß seine frühesten Gemälde weder im Motiv noch in der Malweise irgendwelche Verwandtschaft mit diesem Künstler zeigen. Diese Jugendwerke sind (neben ein paar kleinen Landschaften in der Art des J. van Goyen) große Stilleben, die den »Frühstücken« des J. J. Treck, Heda, P. Claesz, des jungen Frans Hals und wie sie alle heißen, nahe verwandt und mindestens gleichwertig sind. Sie entstanden, soweit sie datiert sind, in den Jahren 1642 bis

---

*) Man nimmt deshalb an, daß H. Pot nach 1648 nach Amsterdam übergesiedelt sei; als ob nicht Kalf ebensogut zu ihm nach dem nahen Haarlem in die Lehre hätte gehen können! Auch war er ja im Jahre 1648 schon seit mindestens sechs Jahren Meister.

1644 (im Städelschen Institut zu Frankfurt, in der Galerie zu Rouen, in Warwick Castle, bei Herrn J. Simon in Berlin u. s. f.) und zeigen einige Platten eines einfachen Mahles auf einer Frühstückstafel und daneben prächtige Schenk- und Trinkgefäße aller Art in Zinn und reinem oder vergoldetem Silber. Die Lokalfarben treten fast ganz zurück; der Aufbau lehnt sich am stärksten an den von Kalfs älterem Landsmann J. J. Treck an. Der kühle graubraune Ton und das Helldunkel erklären sich offenbar durch den Einfluß von Rembrandts Gemälden aus dem Ende der dreißiger und vom Anfang der vierziger Jahre, die sich durch den ähnlichen, fast einfarbigen Ton, freilich bei größerer Wärme, charakterisieren. In derselben tonigen Art sind einzelne kleine Stilleben mit frugalen Frühstücken gemalt, die dem Motiv nach der gleichen Zeit entstammen; so ein paar Austern, Nüsse und ein Römer mit Rheinwein in der Sammlung L. Knaus in Berlin und ein Römer nebst einem Raerener Krug, der das Wappen von Amsterdam trägt, und einem Tonpfeifchen und Kohlenbecken zur Seite beim Prinzen von Hessen in Schloß Friedrichkron, Bilder in der Art des P. Claesz und Heda, aber noch von feinerer malerischer Wirkung.

Das Vorbild Rembrandts bleibt auch weiter für Kalf bestimmend. Unter dem Einfluß der leuchtend farbigen Gemälde des Meisters in der zweiten Hälfte der vierziger und in den fünfziger Jahren bildet Kalf seine Eigentümlichkeit erst voll aus und entwickelt eine solche Glut und Pracht der Farben, ein so feines mysteriöses Helldunkel und eine malerische Stoffbehandlung in echt Rembrandtscher Art, daß er der Schule dieses Meisters in weiterem Sinne zugerechnet werden darf. Es sind zwei unter sich sehr verschiedene Arten von Stilleben, die der Künstler hinfort malt. Einmal kleine Bilder mit dem Einblick in einen düsteren Winkel der Küche oder Vorratskammer, gelegentlich auch des Hofes, wo Geschirr, Gemüse und Küchenvorräte aller Art in malerischer Unordnung zusammengehäuft sind. Diese Bilder, die von ganz geringem Umfange sind, finden sich vereinzelt in öffentlichen und privaten Sammlungen: zwei im Louvre, zwei in der Galerie in Mannheim, zwei besonders kleine in der Eremitage, je eines im Museum Boymans zu Rotterdam und im Metropolitan-

Museum zu New York, im Berliner Museum, in der Schweriner Galerie, in der Sammlung Michel in Mainz, ein besonders schönes bei Dr. Bredius im Haag. Zwei dieser Bilder, in den Galerien zu Straßburg und Aachen, zeigen solche malerische Winkel im Freien, neben einem Ziehbrunnen. Eine oder ein paar Figuren, die gelegentlich dunkel im Hintergrund angebracht sind, erscheinen untergeordnet. Diese Bildchen haben in ihrer Erfindung und Anordnung, in der malerischen Behandlung und koloristischen Wirkung etwas auffallend Modernes; sie erinnern an Künstler wie Decamps, und doch sind sie durchaus charakteristisch für ihre Zeit und haben in den Werken des jungen Frans Hals, des G. Dou, P. van den Bosch und anderer ihre Gegenstücke. Beobachtet man, mit welcher Feinheit die grünen und gelben Kürbisse mit einer blutigen Lunge und diese mit einem blauen Topf oder Lappen und den Messinggefäßen und Kupferkesseln kontrastieren, und wie dieser starke Farbeneffekt durch das Helldunkel fein abgetönt ist, so wird es begreiflich, wie ein solches Bildchen, das sich im Besitz des Malers François Boucher befand, schon im 18. Jahrhundert auf einer Versteigerung mit 600 Francs bezahlt wurde.

Im eigentümlichen Gegensatz zu diesen kleinen Darstellungen unordentlicher und schmutziger Küchenwinkel stehen die gleichzeitig und in größerer Zahl entstandenen prächtigen Frühstückstische. Sehen wir dort die Vorrichtung für das Mahl des armen Mannes, so hier den Nachtisch für den verwöhnten Gaumen des reichen Amsterdamer Mynheers; und während jene Bilder flüchtige malerische Impressionen sind, so sind diese mit dem raffiniertesten Geschmack zusammengestellt und ausgeführt. Auf einer farbigen Marmorplatte oder einem mit persischem Teppich bedeckten Tisch steht eine blauweiße chinesische Porzellanschüssel mit ein paar Zitronen und Orangen oder einer offenen Granate; daneben etwa eine Silberkanne, ein grüner mit Rheinwein gefüllter Römer auf hohem silbernen Gestell, ein silberner Aufsatz oder Muschelpokal, ein Nautilusbecher oder ein Silberschälchen, ein hohes venezianisches Glas mit Rotwein, ein feines chinesisches Porzellangefäß mit Lackfarben gehöht, zur Seite vielleicht noch ein feines emailliertes Ührchen und ein paar Orangeblüten, um neben Gaumen und Auge auch den Geruchssinn an diesem raffinierten Genusse teilnehmen zu lassen. Das sind die Bestandteile, aus denen sich die Stilleben des Kalf in mannigfachen Kombinationen zusammensetzen. Von dunklem Grund heben sich diese Gegenstände wie ein Bukett von schönsten Blumen leuchtend und farbenprächtig ab. Kein anderer Stillebenmaler kommt Willem Kalf nur nahe in dem koloristischen Reiz, mit dem er seine Farben zusammengestellt, in der malerischen und zugleich delikaten Behandlung, mit der er das Stoffliche darin wiedergegeben hat. Bald gibt ein chinesisches Porzellangefäß, bald ein schillernder polierter Muschelbecher, ein Goldpokal oder ein getriebenes Silbergefäß die Hauptnote in diesem Farbenkonzert an, und alle anderen Farben sind danach gestimmt.

Kalf war zu seiner Zeit ein geachteter Künstler. Er galt als ungewöhnlich gebildet und kunstverständig, und seine Bilder waren, wohl wegen ihrer subtilen Durchbildung und dem prächtigen Farbenschimmer, bei den Amsterdamer Bürgern wie bei fremden kunstsinnigen Potentaten gleich beliebt. Besonders scheint ihn der Große Kurfürst geschätzt zu haben, da er ihn als Sachverständigen bei Bildererwerbungen in Amsterdam benutzte und eine Reihe von Bildern seiner Hand erwarb, die meist noch in den königlichen Schlössern aufbewahrt sind. Im 19. Jahrhundert war der Künstler dagegen lange auffallend vernachlässigt. Die großen öffentlichen Sammlungen hatten bis vor kurzem und haben vielfach noch keine Bilder von ihm aufzuweisen. Aus ihren Vorräten wurden früher die Provinzialsammlungen mit Gemälden des Künstlers ausgestattet, so daß jetzt die Galerie in Le Mans sein herrlichstes, umfangreichstes Bild aufzuweisen hat. Erst in neuester Zeit hat Kalf wieder allgemeine Anerkennung gefunden. Unter den öffentlichen Galerien hat Berlin fünf besonders schöne Bilder seiner Hand; auch in deutschen Privatsammlungen sind jetzt eine Reihe seiner bedeutendsten Bilder zu finden: in Berlin in den Sammlungen B. Richter, O. Huldschinsky, L. Knaus, J. Simon, in der Galerie Thieme in Leipzig, bei Herrn Ch. van de Poll im Haag (1656) und so fort.

Die Gemälde des Willem Kalf bieten für die holländische Kunst noch ein spezielles Interesse durch die Gold- und Silberarbeiten, die auf den meisten vorkommen. Diese Gefäße und Geräte haben bis auf einige wenige ältere Stücke, welche noch im Stil der späteren Renaissance gehalten sind, einen eigentümlichen Barockcharakter, der für Holland besonders bezeichnend ist und namentlich die Arbeiten des bekannten Freundes von Rembrandt, des Goldschmiedes Jan Lutma in Amsterdam, kennzeichnet. Während in Deutschland und teilweise auch in den Niederlanden gleichzeitig die Kartuschen und das Band- und Rollwerk der Spätrenaissance leicht zu einem geschmacklosen Gekröse von Schweinsohren und Fischköpfen verquickt werden, bildet das Amsterdamer Kunsthandwerk um die Mitte des 17. Jahrhunderts daraus eine eigentümlich reizvolle, in seiner malerischen Unbestimmtheit für die Behandlung des Metalls besonders geeignete Dekorationsweise, die in der Gestaltung und Empfindung mit dem Rokoko schon manches gemein hat. Man würde die Kenntnis dieser Epoche der holländischen Goldschmiedekunst und des holländischen Kunstgewerbes überhaupt kaum besser fördern können, als wenn man aus den Gemälden des Willem Kalf, des Pieter Roestraeten (der später in England englische Silberarbeiten zum Vorbild nimmt), der beiden van Streek und anderer die Silbergefäße kopieren ließe; erst dann ließen sich die eigentümlichen Elemente, welche in den vereinzelten Exemplaren, die uns erhalten sind, nur einen unbestimmten, phantastisch malerischen Eindruck machen, klarer erkennen. Bei einem Studium dieser Kunst dürften auch Rembrandts Werke nicht außer acht gelassen werden, an die man wegen ihrer ganz unbestimmten, rein malerischen Wiedergabe der Formen vielleicht zuletzt denken würde. Einige Prachtmöbel und Gefäße auf seinen Gemälden, die goldgestickten Bordüren seiner Staatskleider, ein paar Zeichnungen zu Rahmen für seine Bilder lassen die gleiche Richtung der Dekoration erkennen wie die Silberarbeiten des alten Lutma und die Ornamentstiche seines Sohnes und des G. van den Eeckhout (vergl. S. 18). Daß dieser Stil auf Rembrandts Ornamentik einen gewissen Einfluß ausgeübt hat, ist wohl zweifellos; ebenso wahrscheinlich ist es aber auch, daß gerade Rembrandts reiche, märchenhaft gestaltende Phantasie nach dieser Richtung wesentliche Anregung gegeben hat.

ABRAHAM VAN BEIJEREN

Neben Willem Kalf ist erst in unserer Zeit ein ihm oft nahekommender Künstler zur Anerkennung gelangt, Abraham van Beijeren, der, gleichalterig mit ihm und wie dieser, weit vielseitiger ist als die anderen Stilllebenmaler Hollands. Die eigene Zeit hat ihn kaum beachtet. Der Künstler, der im Haag geboren ist und hier lange und wiederholt tätig war, wechselte mehrfach seinen Wohnsitz, war aber überall von Gläubigern geplagt, obgleich er fleißig und rasch malte. Zwei Jahrhunderte hindurch war er dann so gut wie vergessen. Die wenigen Bilder in öffentlichen Sammlungen, die sein Monogramm tragen, wurden nach den Monogrammistenlexiken auf A. van Borssum, A. van Becke oder ähnliche Namen getauft. Erst die koloristische Richtung der modernen Kunst in den siebziger Jahren des vorigen Jahrhunderts hat van Beijeren allmählich wieder zur Anerkennung gebracht. Gerade die Künstler sind es gewesen, die seine Fischstücke und Stilleben zuerst würdigten und zu sammeln begannen.

Abraham van Beijeren war ein Schwager des Haager Fischmalers Pieter de Putter, der etwa zwanzig Jahre älter war. Es ist daher nicht unwahrscheinlich, daß van Beijeren unter ihm seine Schule durchgemacht und sich zuerst als Fischmaler ausgebildet hat; denn seine Fischstücke scheinen seiner früheren Zeit anzugehören. Ein Hauptbild dieser Art, in der Berliner Galerie, trägt neben dem vollen Namen die Jahreszahl 1655, während sonst Jahreszahlen sehr selten auf des Künstlers Bildern vorkommen.*) Aber auch der graue Ton und die dünne, flotte Mal-

*) Im Kunsthandel in Paris sah ich vor längerer Zeit ein charakteristisches, derb gemaltes und noch einfach komponiertes Fischstück

weise lassen darauf schließen, daß diese Bilder am Ende der vierziger und in den fünfziger Jahren entstanden sind. Aus derselben Zeit stammen wahrscheinlich auch jene erst in neuerer Zeit wieder bekannt gewordenen Seestücke van Beijerens. Schon dadurch, daß sie, soweit sie bezeichnet sind, dasselbe Monogramm tragen wie seine Fischstücke und Stilleben, dürfen wir auf diesen Künstler schließen; in einigen seiner Fischstücke hat dieser aber auch Ausblicke auf den Strand und das Meer angebracht, die den gleichen Charakter haben wie seine Marinen. Der mittleren und späteren Zeit des Künstlers, dessen Todesjahr wir noch nicht kennen — wir vermögen ihn bis 1675 zu verfolgen —, dürfen wir seine verschiedenartigen Stilleben: Frühstückstische, wie Blumen- und Fruchtarrangements, zuschreiben, nach ihrer reichen Färbung und ihrer Behandlungsweise zu urteilen.

A. van Beijeren ist in allen Motiven gleich geschickt, wenn er sie auch nicht alle gleich meisterhaft behandelt. Seine Seestücke, deren uns etwa ein Dutzend bekannt sind (in öffentlichen Galerien befinden sich solche im Boymans Museum zu Rotterdam, im Gemeindemuseum im Haag, in der Galerie zu Düsseldorf, im Kaiser Friedrich-Museum zu Magdeburg, zwei in der Galerie zu Budapest), stehen zwischen den Marinen des Jan van Goyen und A. van Everdingen etwa in der Mitte. Sie zeigen regelmäßig das Meer in Erregung mit bewegter Luft darüber; das Wasser ist in einem hellen, warmen grauen Tone gemalt, die Behandlung ist breit, zuweilen selbst flüssig, in den Schatten scheint der braune Grund durch. Die Wirkung dieser Bilder ist wesentlich dekorativ, aber die Naturbeobachtung ist stets wahr und selbständig. Bedeutender noch ist der Künstler in seinen Stilleben. Ohne durch besonders originelle Motive oder Auffassungsweise aufzufallen, weiß er doch den verschiedensten Darstellungen seine besondere Art aufzuprägen. Er ist tonig und doch sehr farbig. In einem warmen bräunlichen Ton, bei feinem

---

von kräftiger Färbung, deutlich bezeichnet A. Beyeren 1634. Mit der Geburtszeit des Künstlers (1620) läßt sich dieses Datum unmöglich vereinigen; die 3 ist wohl ein Schreibfehler statt 5. Die Akademie in Wien besitzt eine Fischbude mit einer Verkäuferin zur Seite, welche die Jahreszahl 1666 trägt.

Helldunkel, läßt er einzelne Farben stark sprechen, namentlich ein kräftiges Rot. Zwischen seinen schleimigen, grünlich-grauen Fischen, den Schellfischen, Butten, Schleien und so fort, fehlen nie ein paar Stücke eines aufgeschnittenen Lachses, ein gesottener Hummer oder ein paar Krabben. In seinen Frühstücken spielt der Hummer eine ähnliche Rolle oder an seiner Stelle ein gekochter Schinken, eine chinesische Schale mit Orangen, Granaten und dergleichen. Eine Plüschdecke von kühler dunkelvioletter Farbe, prächtige Silbergefäße, in denen sich die Umgebung spiegelt (gelegentlich entdecken wir darin auch den Künstler an seiner Staffelei), Muschelbecher, Trauben und Früchte aller Art, Kelchgläser und grüne Römer mit Wein vereinigen sich in der verschiedensten Zusammenstellung zu einem ebenso harmonischen und prächtigen wie tonigen Farbenbild. Reiche Prachtstücke mit solchen Motiven besitzen die Sammlungen Rudolf Kann in Paris, C. von Hollitscher und Oscar Huldschinsky in Berlin. Besonders farbig, ganz aus dem Rot heraus gestimmt, sind einzelne Bilder mit Fleischauslagen, Lungen und dergleichen neben einem toten Huhn, einem Messinggefäß und Gemüse, wie die Stilleben in der Haager Galerie, auf Schloß Friedrichkron und in der ehemaligen Sammlung Schubart in München, und einige wenige Blumenstücke; so das prächtige Rosenbukett im Rijksmuseum zu Amsterdam, der bunte Feldblumenstrauß im Mauritshuis im Haag und die große Blumengirlande in dem obengenannten Bilde der Sammlung Huldschinsky.

Nur selten ist die Stimmung eines solchen Bildes hell und kühl; dann ist die Wirkung fast noch harmonischer und dekorativer. Andererseits leiden diese »Frühstückstische«, wie auch die »Fischbänke« und »Fruchtstücke« gelegentlich an Überfüllung und an Überhäufung mit den verschiedensten Gegenständen. Die volle Meisterschaft des Künstlers kommt daher noch besser in einzelnen kleinen Bildern von einfacher Komposition zur Geltung, in denen ein grüner Römer mit goldigem Naß und ein Stangenglas mit Rotwein neben einem silbernen Teller mit ein paar Austern und einer Zitrone oder eine chinesische Schale mit ein paar Orangen und Pfirsichen, einigen Nüssen und dergleichen zusammengestellt zu sein pflegt. Solche Bilder, von denen sich namentlich in Berliner Privatbesitz, in den Sammlungen M. Kappel, H. Frenkel und B. Richter, sowie im Museum von Schwerin schöne Exemplare befinden, wetteifern mit ähnlichen Kompositionen von Kalf. Ein Werk ganz eigener Art ist ein kleines Frühstück mit Muscheln in der Sammlung Lippmann - Lissingen zu Wien, ein Meisterwerk auf schwarz und weiß gestimmt, in dem ein paar Krabben und ein grüner Römer zur Seite die farbige Note abgeben. Diese kleineren Werke sind nicht so brillant in der Farbe, sind toniger, satter und wärmer, aber von wunderbarem Reiz in der Harmonie und in der flüssigen, malerischen Wiedergabe des Stofflichen. Sie lassen sich in ihrer Art den Meisterwerken der besten holländischen Maler an die Seite setzen.

ADRIAEN BROUWER

Bei dem Namen Adriaen Brouwer taucht ein kaleidoskopisches Bild bunt gemischter Erinnerungen in uns auf: Schilderungen des niederdeutschen Volkslebens von feinstem Humor und höchster künstlerischer Vollendung, die in unserem Gedächtnisse untrennbar verknüpft sind mit dem Brouwer-Kabinett der Pinakothek zu München, vermischen sich mit den Schnurren und tollen Streichen, die den Meister zu einem Liebling der alten Künstlerbiographen gemacht haben. Ein Adonis in Lumpen, ein Philosoph unter der Narrenkappe, ein Epikureer mit zynischen Formen, ein Kommunist ganz eigner Art, der das Seine jedem zum Mitgenuß zur Verfügung stellte, ein wahrer Proteus als Mensch war Brouwer auch als Künstler nicht weniger vielseitig, nicht weniger ursprünglich und rücksichtslos. Jeder Zoll ein Künstler, ein malerisches Genie, das neben den Größten genannt zu werden verdient, aber von einem unüberwindlichen Hang zum Abenteurerleben beseelt. Er taucht plötzlich auf, niemand weiß woher, und verschwindet ebenso unvermutet, niemand weiß wohin. Er tritt ins Leben ein, indem er, noch ein halber Knabe, seinen Eltern davonläuft; kaum zum Manne gereift, wird er schon aus dem Leben abgerufen, ebenso plötzlich und gewaltsam: der Tod ereilt ihn in irgend einer Kneipe, und sein Körper wird mit den Leichen von Bettlern in einem Loch zusammengeworfen. Je mehr uns die Forschung mit seinem Leben vertraut macht, um so interessanter erscheint der Charakter des Mannes, je mehr seine Werke uns bekannt werden und je mehr wir uns in sie vertiefen, um so anziehender wird das Bild des Künstlers.

Bei Brouwer liegt die Gefahr besonders nahe, sein Bild im Licht moderner Anschauung erscheinen zu lassen. Hat die Zeit der braven Bourgeoisie auch für Brouwer eine »Ehrenrettung« versucht und ihn unter Nichtachtung der alten Künstlerbiographen, die von seinen Extravaganzen und tollen Streichen erzählen, zu einem biederen Salonhelden der Umgebung des Malerfürsten Rubens gestempelt, so ist unsere modernste Bohèmeliteratur geneigt, aus ihm einen Stromer nach Art der neuesten russischen Novellenhelden zu machen. Versuchen wir das Bild des Menschen und des Künstlers schlicht und treu zu fassen, wie es sich aus den Urkunden und den Werken gewinnen läßt.

Nach der Darstellung Houbrakens, dessen Werk 1718 erschien, war Adriaen ein holländischer Landsmann, ein geborener Haarlemer, verbrachte seine Lehrzeit bei Hals, floh schließlich, um der Ausnutzung durch seinen Meister zu entgehen, nach Amsterdam und wurde dort, dank seinem Freund van Zomeren rasch bekannt. Wir werden sehen, daß der Biograph in bezug auf die Lehrzeit des Künstlers und seinen Aufenthalt in Amsterdam guter alter Tradition folgte; was er sonst erzählt, ist aber fast ganz von den älteren vlämischen Schriftstellern entlehnt. Wo er nicht auf diese zurückgreift, bezieht er sich auf ein Manuskript, welches Nicolaus Six, ein Schüler des Karel de Moor, also ein jüngerer Zeitgenosse Houbrakens, angeblich unter den Papieren seiner Vorfahren gefunden und dem Künstlerbiographen zur Verfügung gestellt haben soll. Wie es mit der Glaubwürdigkeit dieses Manuskriptes aussieht, wird der Vergleich mit den Urkunden ergeben.

Die früheste gedruckte Nachricht über den Künstler gibt die 1645 ausgegebene Ikonographie A. van Dycks in der Unterschrift unter seinem bekannten Bildnis, das Brouwers Freund Schelte a Bolswert gestochen hat. Sie lautet in dem seltenen ersten Druck: ADRIANVS BRAUWER GRYLLORUM PICTOR ANTVERPIÆ, der zweite Druck fügt dem noch bei: NATIONE FLANDER.

Der älteste Malerbiograph, der uns von Brouwer erzählt, ist sein jüngerer, im Jahre 1627 geborener Landsmann Cornelis de Bie. In seinem »Gulden Cabinet« (von 1661) nennt auch er den Künstler wiederholt »uyt Vlaenderen« und »gheboren in Vlaenderen«. Aber von seiner Lebensgeschichte erfahren wir nichts durch ihn, auch nicht über Ort und Zeit seiner Geburt oder seines Todes, über die Namen seiner Lehrer oder über irgendwelche andere Einzelheiten aus seinem Leben. In Antwerpen, wo unter seinen Mitbürgern, namentlich unter den Malern, noch eine Reihe von seinen Bekannten und Freunden am Leben waren, war man so erfüllt von dem jungen Künstler-Philosophen, von seinem pessimistischen Humor, seinen tollen Einfällen und seinem ausgelassenen Treiben, daß, wo man von ihm sprach, nicht von seiner Herkunft, nicht von seinen Lehrern oder seinem bürgerlichen Stande die Rede war, sondern von dem originellen Charakter und den humoristischen Streichen oder von seiner Kunst. Als Ausdruck dieser öffentlichen Meinung Antwerpens, wo der Künstler im Volksmunde in ähnlicher Weise noch heute fortleben soll, hat de Bie in seinen Versen ein fesselndes und treues Bild vom Charakter und der Lebensweise des Künstlers, wie von seiner Kunst gegeben, auf das wir später näher einzugehen haben. Von seinen Streichen, den »geestigte aventuren«, durch welche »syn leven noch langh inde ghedachtnis sal blijven«, erzählt de Bie mit breitem Behagen. »Auf der See vom Feinde völlig ausgeplündert und mit dem nackten Leben nach Amsterdam entronnen, griff Brouwer, da er kein anderes Mittel wußte, sich Unterhalt zu verschaffen, zur Palette und kam durch seine Geschicklichkeit sofort zu Geld. Er kaufte sich grobe Leinwand, woraus er sich ein modernes Kostüm fertigen ließ, das er mit einem prächtigen Blumenmuster bemalte. Alle Welt staunte den jungen Fant in der reichen modischen Tracht an, und die jungen Damen Amsterdams suchten die Läden ab, um Kleider von demselben kostbaren Stoffe zu bekommen. Als Brouwer nun eines Abends im Theater war, sprang er am Schluß des Stückes in seiner stadtbekannten Kleidung auf die Bühne, nahm in jede Hand ein nasses Tuch, womit er das bunte Muster abwusch, und stand in seinem Anzug von farbloser Sackleinwand da, den Amsterdamer Modenarren eine Predigt über die Eitelkeit und Torheit alles menschlichen Tuns und Trachtens haltend«.

Etwas ausführlicher als de Bie berichtet ein anderer Zeitgenosse, Izaak Bullart, der in Brüssel lebte und Brouwer wahrscheinlich kannte. Er bestätigt dessen vlämische Herkunft mit der genauen Angabe: »natif d'Audenarde«. Auch über den Tod des Künstlers, den Ort, wo er starb, und das Alter, das er erreichte, gibt er Auskunft: »il mourut à Anvers âgé de trente deux ans seulement, consommé de débauches, et si pauvre qu'il fallut mendier l'assistance des personnes charitables pour fournir aux frais de son enterrement. Il fut inhumé dans l'ambulacre des P. P. Carmes d'Anvers; d'où il a esté depuis transporté dans leur Eglise; non pour ses vertus, mais à cause de la grande réputation qu'il a remporté par son pinceau«. Sodann erzählt Bullart, daß der Künstler nach längerem Aufenthalt in Holland (»ayant demeuré quelque temps en Hollande«) nach Antwerpen kam, und daß er dort »éstant allé promener au Chasteau vétu à la Hollandoise il y fut retenu prisonnier; mais bientôt après relaché, lorsqu'on reconnut son innocence et son enjouement«. Dem Erlebnis Brouwers im Theater zu Amsterdam, welches Bullart offenbar dem de Bie nacherzählt, fügt er eine ganz ähnliche Geschichte hinzu: »Die Verwandten des Künstlers waren über die nachlässige und oft verschlissene Tracht, in der er einherging, entrüstet. Für die Hochzeit eines seiner Neffen in Antwerpen ließ sich Brouwer ein reiches modisches Sammetkostüm anfertigen, in dem er bei der Feier erschien. Als nun an der Hochzeitstafel die Gesellschaft ihre Bewunderung über das prächtige Kostüm ausdrückte, ergriff der Künstler plötzlich mit jeder Hand eine Fleischschüssel mit fetter Sauce und schüttete den Inhalt über sein Kleid; und indem er erklärte, er sähe, daß man nicht ihn, sondern seine Kleider zur Hochzeit gebeten hätte, warf er diese ins Feuer und eilte von der Tafel zu seinen wahren Freunden — in die Kneipe«.

Etwa gleichzeitig mit Bullart schrieb auch ein deutscher Zeitgenosse des Künstlers, Joachim von Sandrart, der freilich nicht immer zuverlässig ist, aber bei einem Aufenthalt in den Niederlanden mit Bekannten Brouwers in Beziehung stand, einige kurze Bemerkungen über den Künstler nieder (1675). Er gibt wieder an, Brouwer sei seiner Herkunft und seinem Wesen nach ein Vlame gewesen. »Er habe sich durch seine lustige Natur, die zum Possenreißen und Lustreden nach Art des Diogenes Cynici geneigt gewesen, fast bei jedermann beliebt gemacht«.

Lassen wir jetzt die Urkunden sprechen, um zu sehen, wie

weit sie die Angaben der Biographen des Künstlers bestätigen, vervollständigen oder widerlegen.

Auf Bullarts Mitteilung, nach welcher der Künstler in Oudenaarde geboren ist, wie auf die Houbrakens hin, der dieser Angabe die Autorität jenes angeblichen Sixschen Manuskriptes entgegensetzt und Haarlem als den Geburtsort nennt, hat man in beiden Orten die Taufregister und sonstigen Kirchenbücher durchsucht, jedoch ohne Erfolg. Herr H. Rapsaet, der die Durchforschung der Oudenaarder Urkunden übernahm, publiziert aber bei dieser Gelegenheit eine leider durch die Urkunden nicht mehr zu verbürgende Nachricht, die er nach einer Mitteilung seines Großvaters gibt, und die ich hier wörtlich folgen lasse: »Quant au peintre Adriaen de Brouwere, j'ai vu, avant la révolution et du temps que j'étais secrétaire du collège des chefstuteurs de la ville d'Audenarde, l'état des biens ou inventaire après décès du père d'Adriaen de Brauwere; il était peintre de patrons pour les maîtres tapissiers et mourut en état de déconfiture. Les tuteurs des ses enfants renoncèrent à sa succession; son fils, le peintre, alors âgé seulement de seize ans, avait déjà abandonné la maison paternelle, sans que l'on sût où il s'était retiré«. Dieser Bericht hat an sich schon eine gewisse Wahrscheinlichkeit für sich, obgleich er, aus der Erinnerung niedergeschrieben, auch das unscheinbarste Dokument nicht aufzuwiegen vermag. Urkunden über den Künstler begegnen wir aber erst in Holland seit 1625 und später in Antwerpen. In dieser Stadt wird Brouwer seit Ende des Jahres 1631 nicht selten erwähnt, so daß wir berechtigt sind, seinen ununterbrochenen Aufenthalt dort vom Winter 1631/32 bis zu seinem Tode Ende Januar 1638 anzunehmen. Leider war es in Antwerpen nicht Sitte, in den notariellen, kirchlichen oder Gerichtsurkunden bei dem Namen auch die Herkunft, Alter oder sonstige den Personenstand betreffende Angaben zu machen; daher enthalten die Akten nicht die geringste Andeutung über sein Vorleben, sein Alter, seine Herkunft oder seine Eltern. Auch die in neuester Zeit in Haarlem und Amsterdam gefundenen Dokumente geben darüber keine Auskunft.

In den »Liggeren« der Lukasgilde von Antwerpen ist Adriaen Brouwer im Winter 1631/32 als Meister eingetragen. Er zahlt dafür das volle Eintrittsgeld von 26 Gulden. Fast gleichzeitig meldet er schon einen Schüler an, Jan Baptist Dandoy, den kaum vierzehnjährigen Sohn eines Freundes, den wir gleich näher kennen lernen werden. Ein paar wenig jüngere Urkunden geben den Beweis, welchen Ruf der junge Künstler damals schon in Antwerpen genoß. Danach verkaufte David Ryckaert II. Anfang des Jahres 1632 eine Kopie nach Brouwer, eine Kegelbahn darstellend. Eine zweite, fast gleichzeitige Urkunde nennt Brouwer in Beziehung zu dem größten Meister Antwerpens, zu P. P. Rubens. Am 4. März 1632 erklärt nämlich »Signor Adriaen Brouwer, constschilder residerende binnen dese stadt Antwerpen« auf Wunsch des Kapitäns der Bürgerwehr Daniel Deegbroot vor dem Notar Peeter de Breuseghem und in Gegenwart von Rubens an Eidesstatt, daß er einen »Bauerntanz«, dessen Original etwa seit einem Jahre in Besitz des Herrn Peter Pauwel Rubens sei, nur einmal gemalt habe. Gleichzeitig bezeugt er, daß ein ihm durch den Antwerpener Kaufmann Jacomo de Cachiopin vorgezeigtes Bildchen ein frühes Werk seiner Hand sei.

Obgleich sich daraus ergibt, wie gesucht Brouwers Gemälde schon damals waren, und obgleich die Preise, die dafür gezahlt wurden, ungewöhnlich hoch waren, liefert uns gleich eine folgende Urkunde vom Sommer desselben Jahres den sprechendsten Beweis, wie weniges der Künstler nichtsdestoweniger sein Eigen nannte, und wie tief er in Schulden steckte. Es ist ein Inventar, das der Notar des Malers Craesbeeck, Frans Marcelis, von den »meubelen competeren Signor Adriaen de Brouwer« auf Antrag eines ungenannten Gläubigers aufnahm. Dieses ausführliche Verzeichnis, das auch den kleinsten Pinsel nicht vergißt, gewährt uns einen interessanten Einblick in das Heim des Künstlers, lehrt seine Lebensführung und seinen Charakter kennen. Auch der ärmste Schüler einer Akademie von heutzutage würde sich wie ein Fürst vorkommen, wenn er seine Habe vergleichen wollte mit dem, was der Künstler sein Eigentum nannte, dessen Werke damals schon die ersten Kenner und Sammler Antwerpens sich streitig machten und mit Gold aufwogen. Von Möbeln: »een spiegeltken«; von Anzügen: ein paar Hosen, ein kurzer schwarzer Taffetrock, ein Rock mit silberner Einfassung und ein schwarzer

Tuchmantel; außerdem ein Gürtel mit Dolch, drei schwarze Mützen, zwei Hüte und zwei paar Ärmel. Mit der Wäsche sieht es besonders dürftig aus: ein Kragen, fünf Manschetten und — kein Hemd! Auch die Malutensilien waren spärlich: ein Glas mit Farben, ein paar Dutzend Pinsel, Pinselstöcke, aber auch ein »hölzerner Mannekin samt Untersatz«. Der kleine Besitz an Kunstwerken war zweifellos durch Geschenke oder im Tausch von Freunden erworben: zwei kleine Landschaften in schwarzen Rahmen von Momper, zwei grau in grau gemalte Bilder von Joos van Cleef, ein Bildchen auf einer Marmortafel von J. Foucquier, ein Bild des Kaisers Theodosius, »noch een stucxken, wesende eenen Kayser sittende in sijne Majesteyt«, endlich zwölf Kupferstiche.

Auffallend in dieser ganz armseligen Umgebung sind »acht Bücher«, eine Anzahl, die damals ausreichte, um den Namen »Bibliothek« zu rechtfertigen; nannten doch auch wohlhabende Künstler oft nicht mehr gedruckte Werke ihr Eigen. Namentlich aber verwundert der Besitz einer Karte der Belagerung von Breda. Was hatte dieser Diogenes unter den Malern mit der Belagerung von Breda, was überhaupt mit Politik und öffentlichen Dingen zu schaffen? Diese Frage drängt sich uns wiederholt auf, besonders im Zusammenhang mit einem der nächsten Dokumente, das über das Leben des Künstlers handelt. Er unterzeichnet am 23. Februar 1633 ein Aktenstück »op den Casteele van Antwerpen«. Damals saß er als Staatsgefangener in Haft, und sieben Monate später war er noch nicht aus der Haft entlassen! Daß er nicht seiner Schulden halber eingezogen war, ist nach der Angabe van den Brandens außer Zweifel; denn Schuldgefangene saßen in Antwerpen ausnahmslos im städtischen Gefängnis »het Steen«, während auf der Festung, dem Sitz der spanischen Besatzung, nur Staatsgefangene interniert waren. Daß der Künstler eine Zeitlang auf der Festung als Gefangener saß, erzählt uns schon Houbraken; wir erfahren es aber auch aus der »Académie« des zuverlässigen Bullart, welcher als Grund angibt, Brouwer sei verhaftet »estant allé au Casteau vétu à la Hollandoise«. Van den Branden verwirft diesen Grund als nichtig, da das Kostüm der holländischen und vlämischen Künstler fast das gleiche gewesen sei. Man kann das vollständig zugeben, ohne deshalb die Richtigkeit von Bullarts Angabe bezweifeln zu müssen. Konnte nicht der Künstler durch irgend ein Abzeichen, z. B. in der Farbe seiner Tracht, durch ein Band oder etwas Ähnliches seine Parteinahme für Holland auf dem Kastell, wo er, wie wir später sehen werden, schon näher bekannt war, demonstrativ zur Schau getragen haben? Spricht hierfür nicht auch jene Karte der Belagerung von Breda, die vielleicht unmittelbar mit seiner Gefangennahme in Verbindung zu bringen ist? Sollte er in seinem abenteuerlichen Leben — diese Vermutung spricht van den Branden selbst aus — auch 1625 die Belagerung von Breda mit durchgemacht haben, und zwar auf Seiten der Holländer, so daß er durch den Besitz jener Karte, durch Abzeichen in seiner Tracht und sein Benehmen den Verdacht der Spanier auf sich lenkte? In Verbindung mit anderen Anhaltspunkten scheint uns eine solche Hypothese nicht zu gewagt zu sein. Läßt nicht — Herrn Rapsaets Angaben als richtig vorausgesetzt — auch der Umstand, daß sich der Jüngling schon aus dem Vaterhause auf und davon gemacht hatte, ohne eine Spur von sich zu hinterlassen, eine solche Abenteurerzeit in seinem Leben beinahe als wahrscheinlich erscheinen? Und läßt sich nicht auch die beiläufige Bemerkung eines so zuverlässigen Zeugen, wie de Bie, daß Brouwer »waneer hy (op Zee ghewesst hebbende) van den vyandt gans berooft was« in diesem Zusammenhang eher auf eine Kriegsfahrt beziehen, die Brouwer als Söldner mitmachte, als (mit Bullart) auf ein Reiseabenteuer, das ihm durch den Überfall von Piraten zustieß?

Doch kehren wir von solchen Hypothesen, die der Phantasie einen weiten Flug gestatten, wieder zu den Tatsachen, zu den Urkunden zurück. Die interessante Nachricht, daß Brouwer wirklich als Staatsgefangener auf der Festung zu Antwerpen interniert war (und zwar keineswegs nur ganz kurze Zeit, wie Bullart behauptet), verdanken wir wieder dem genialen Schuldenmachen des Künstlers. Daß jenes Inventar von des Künstlers dürftiger Habe durch den Notar von Brouwers Schüler und Freund Craesbeeck, durch Frans Marcelis aufgenommen wurde, macht es an sich schon wahrscheinlich, daß irgend ein reicher Bekannter die Hand im Spiele hatte. Diese Vermutung wird bestätigt durch eine wenig spätere Urkunde vom 5. Oktober 1632, in der die gesamte Habe Brouwers durch den Anwalt Anselmo de Cocquiel dem Signor van den Bosch, einem von Brouwers Gläubigern, überwiesen wird, »um eine Beschlagnahme desselben durch andere Gläubiger Brouwers zu verhindern«. Van den Bosch, ein reicher Seidenhändler Antwerpens, gehörte damals offenbar zu den bevorzugten Mäcenen des Künstlers, da er sich trotz schlechtester Erfahrungen, nur um gelegentlich ein Gemälde von ihm zu bekommen, gern zu reichlichen Darlehen an Brouwer bereit finden ließ. In jener Urkunde, die der Künstler am 23. Februar 1633 auf der Festung unterzeichnete, verpflichtet er sich gegen Jan van den Bosch, von seiner Schuld von 1600 Gulden vom 1. März an monatlich hundert Gulden abzuzahlen, und zwar in Gemälden von seiner Hand »zu so anständigen Preisen, daß er daran Profit haben könne, in Anbetracht, daß van den Bosch sein Geld so lange nicht zurückerhalten habe und auch noch nicht zurückerhalten werde, ohne irgend Zinsen dafür zu bekommen«. Wieder für Jan van den Bosch stellt Brouwer am 23. September desselben Jahres, noch immer auf der Festung, in Gegenwart seines alten Bekannten Jan Dandoy, einen neuen Schuldbrief über 500 Gulden aus, mit denen die Zehrung (»montkosten«) während seiner Gefangenschaft beglichen werden soll. Für diese Summe verpflichtete sich der Künstler, binnen zwei Monaten eigenhändig zwei Gemälde, deren Preis er selbst festsetzen solle, für den Postmeister Jacques Roelants zu Antwerpen zu malen. Ein Schuldbrief über 1516 Gulden, welchen Brouwer gleichzeitig für denselben Gläubiger unterzeichnet, mit der Verpflichtung, daß er, wenn er diesmal die bestimmten Termine in der Rückzahlung, sei es in Geld oder in Bildern, nicht einhalte, »ohne Gnade verfolgt und abgeurteilt sein wolle«, ist wohl nur eine Erneuerung des alten Schuldbriefes vom 23. Februar, der sich inzwischen statt vertragsmäßig um 600 fl., nur um 84 fl. verringert hatte.

Nach Houbrakens Erzählung soll Brouwer auf der Festung mit dem Herzog von Arenberg, der angeblich dort gleichfalls gefangen saß, zusammen getroffen sein und ihm seine Befreiung zu verdanken haben. Allein Philips Karel, Herzog zu Arenberg und Aarschot, durch sein rüdes Benehmen gegen Rubens in der Kunstgeschichte nicht in vorteilhafter Weise bekannt, saß niemals in Antwerpen gefangen; und ein anderer Arenberg, der Prinz von Brabanson, den Houbraken mit ihm verwechselt haben könnte, wurde erst im Jahre 1634 in das Gefängnis geworfen. Seine Befreiung wird Brouwer neben seinem Betragen, das wohl wenig von dem eines Spiones an sich hatte, der Vermittelung einflußreicher Freunde, die er in Antwerpen besaß, verdankt haben. Die Auslösung aus der Haft erfolgte sehr wahrscheinlich durch die von Jan van den Bosch geleistete Zahlung jener Summe von 500 fl. für die »montkost«. Wie aber war es möglich, daß ein einzelner Gefangener in sieben Monaten oder wenig länger eine Schuldenlast von 500 fl., die heute etwa einer Summe von 8000 Mark gleichkommt, allein für seine Beköstigung aufhäufen konnte? Im Gefängnis selbst wäre dies freilich nicht recht denkbar gewesen; aber für diejenigen Gefangenen, welche sich frei innerhalb der Festung bewegen durften (und zu diesen muß auch Brouwer gehört haben), gab es in der Tat kostspielige Versuchungen verschiedener Art, denen zu widerstehen Brouwer am wenigsten der Mann war. Über das Treiben auf der Festung gibt uns van den Branden interessante Aufklärungen. Es befanden sich innerhalb der Mauern eine Mühle, Bäckerei, Brauerei und vor allem eine eigene Weinkneipe, in der allein in Antwerpen Wein und Bier steuerfrei verzapft wurden, so daß die Getränke rein und in bester Qualität zu haben waren. War doch die starke spanische Besatzung von der Stadt, wo sie aufs äußerste verhaßt und gefürchtet war, so gut wie vollständig abgeschlossen und für ihre Bedürfnisse, aber auch für ihre Vergnügungen und Zerstreuungen auf den engen Raum innerhalb der Festungsmauer angewiesen. Obgleich die Wein- und Bierkneipe der Festung von der Stadt aus nur schwer zugänglich war, war sie doch das geheime Ziel der kneiplustigen Jugend von Antwerpen. Die Taverne mit ihrem billigen und vorzüglichen ausländischen Stoff bildete den stärksten Anziehungspunkt trotz aller Verbote der städtischen Behörden, wie deren häufige Wiederholung und die Erhöhung der Strafsätze am besten beweisen. Auch waren die Bäckerei, die Mühle und jene Wirtschaften in den Händen guter Vlamen, in deren Familien sie sich forterbten. Unter ihnen traf Brouwer nicht nur gute Kneipbrüder, sondern auch tüchtige

Kunstgenossen. Jan Grison, der Inhaber der Weinstube, hatte zwei Söhne, die Bildschnitzer waren; der Bruder des Bäckers Aart Tielens war der bekannte Landschaftsmaler Jan Tielens, der bei diesem auf der Festung wohnte; und der Gatte von Tielens' Nichte, Joos van Craesbeeck, der erst in der Bäckerei seines Schwiegervaters Geselle war und nach dessen Ermordung das Geschäft übernommen hatte, war Brouwers größter Bewunderer und der tüchtigste Schüler, den er bildete. Brouwer scheint ihn schon, ehe er als Gefangener auf der Festung saß, näher gekannt zu haben; denn, wie bemerkt, nahm der stets von Craesbeeck benützte Notar Frans Marcelis schon 1632 Brouwers Inventar auf.

In den Kreis dieser vlämischen Gewerbetreibenden, die untereinander nahe verwandt waren (Craesbeecks Frau, Johanna, war mütterlicherseits die Enkelin des Jan Grison), scheinen sich der freie Ton und die wilden Sitten der südländischen Soldateska, die sie zu bedienen hatten, eingeschlichen zu haben. Dafür spricht der schreckliche Tod des alten Bäckers Tielens und die Art, wie sein Geselle Craesbeeck die Liebe seiner Tochter gewann, und wie er später um das Blutgeld für seines Schwiegervaters Mord feilschte. Hier in dieser stark gemischten, lebensfrohen Gesellschaft und unter den fremden Abenteurern, wo künstlerisch gleichgesinnte Kumpane sich am Kneiptisch zusammenfanden und auch die Phantasie in mannigfacher Weise Anregung fand, wird dem Gefangenen auf der Feste seine Zeit nicht allzu lang geworden sein; die Summe von fünfhundert Gulden, die er dort in kaum mehr als einem halben Jahre für Speise und Trank vertat, ist das sprechendste Zeugnis dafür.

Wann Brouwer aus der Haft entlassen wurde, wissen wir nicht genau; doch vermute ich, wie oben ausgeführt, daß die Zahlung seiner »Montkosten« durch seinen Freund Jan van den Bosch am 25. September 1633 unmittelbar vor seiner Freilassung erfolgte und bestimmt war, ihn aus den Banden der auf der Festung hinzugekommenen Gläubiger auszulösen. Wir begegnen dem Künstler in Antwerpener Urkunden erst nach einem halben Jahre wieder; am 26. April 1634 trat er in Wohnung und Kost bei dem Kupferstecher Pauwel du Pont, der damals mit seiner jungen Frau Christiana Herselin das Haus seines Schwiegervaters in der Everdijkstraat bewohnte. Der Künstler lebte längere Zeit bei Pontius, vielleicht sogar bis zu seinem Tode, ein Beweis, daß er auch in einem geordneten Haushalt, dem eine achtbare Frau vorstand, sich zu benehmen verstand. Der neue Freund war wohl die Veranlassung, daß er sich, wie früher in Amsterdam und Haarlem, der gesetzteren, vornehmeren Klasse der Antwerpener Künstlerschaft anschloß und ihre Lebensweise und Vergnügungen teilte. So ließ er sich mit Pontius und dessen Freund Peeter de Jode zusammen im Jahre 1634/35 in der Lucasgilde als Mitglied der Rederijkerskamer aufnehmen und machte das Festmahl derselben mit. Mit denselben Künstlern zusammen finden wir ihn auch in den Jahren 1635/36 und 1636/37 wieder als Mitglied dieser literarischen Gesellschaft und als Teilnehmer an ihren Festen verzeichnet. Durch Pontius wird er wohl auch mit Rubens, mit dem er, wie wir sahen, gleich im Anfange seines Aufenthaltes zu Antwerpen in Berührung kam, in nähere Beziehungen getreten sein. Die Nachricht späterer Kunstschriftsteller, daß Rubens den Versuch gemacht hätte, Brouwer in sein eigenes Haus aufzunehmen, aber durch dessen regellosen Lebenswandel bald wieder davon hätte abstehen müssen, klingt durchaus nicht unwahrscheinlich. Denn die Tatsache, daß der große Künstler nicht weniger als siebzehn Gemälde Brouwers in seine Sammlung aufnahm, trotz der hohen Preise, mit welchen dessen Bilder bezahlt wurden, beweist, daß Rubens vor seiner Kunst die größte Hochachtung hatte. Er nahm daher zweifellos auch an seiner Person ein lebhaftes Interesse und stand mit ihm in direkter Verbindung, da Brouwers Bilder im Handel nur selten zu bekommen waren: gingen doch seine meisten Bilder an Zahlungsstatt an seine kunstfreundlichen Gläubiger, die sich deshalb stets zu neuen Darlehen bereit finden ließen. Da du Pont mit Rubens, dessen Werke er stach, seit Jahren in naher persönlicher Beziehung stand, so kann Rubens die Veranlassung gewesen sein, daß jener Brouwer in seinen Hausstand aufnahm.

Freilich ein braver Bürgersmann, wie die meisten Kunstgenossen, wurde unser Künstler in dieser neuen Gesellschaft offenbar doch nicht; die Abenteuerlust hatte zu tief in ihm Wurzel geschlagen. Zu seinen leichtlebigen alten Freunden blieb er nach wie vor in naher Beziehung. Bei einem Kinde des Jan Dandoy stand der Künstler am 26. Juli 1634 Gevatter, und bei seinem Tode steckte er noch tief in Schulden bei diesem seinem ältesten Antwerpener Gläubiger. In seinen letzten Jahren fand er auch in Gijsbrecht van den Cruyse, dem Inhaber der beliebtesten Künstlerkneipe Antwerpens jener Zeit, des »Robijn«, einen guten Freund, für welchen er ein kleines Bildchen, »Toebackdrinckers«, malte. In dessen Schuldbuch stand er mit 32 fl. 13 st. angemerkt, die er indes nie bezahlte. Im Schuldenmachen und trägen Zahlen war er überhaupt ganz der Alte geblieben. Am 12. Februar 1635 erscheint er mit seinem Wirt du Pont und mit den gemeinsamen Freunden Peeter de Jode und Anton van der Does als Zeugen vor dem Notar Theodoor Ketgen, um sich als Schuldner seines Wirts für die Summe von 297 fl. (und zwar 225 fl. an Kost für dreiviertel Jahre, sowie 72 fl. an vorgeschossenem Gelde) zu bekennen und ihm dafür ein Bild von Joos van Cleef, drei auf einem Bilde vereinigte Köpfe von A. van Dijck, und ein kleines Bild von seiner eigenen Hand, ein »Bordeeltken«, dessen Vollendung er verspricht, zu zedieren. Das Gemälde von van Cleef kennen wir schon aus Brouwers Inventar vom Jahre 1632, das des van Dijck — es war vielleicht eine Skizze des bekannten, von drei Seiten aufgenommenen Bildes Karls I., jetzt in Windsor Castle, nach dem Bernini die Büste des Königs modellierte — besaß er zu jener Zeit aber noch nicht. Van den Brandens Vermutung, daß van Dijck, der im Frühjahr 1632 nach England übersiedelte, den Künstler bei seinem ersten längeren Besuch in Antwerpen 1634 für den bekannten Stich gemalt und damals jenes Bild ihm geschenkt oder eingetauscht habe, ist daher sehr wahrscheinlich.

Im Frühjahr 1636 lernen wir wieder ein paar neue Bekannte Brouwers kennen, zwei holländische Künstler, Jan Lievens und Jan Davidsz de Heem, von denen Lievens 1635 über London, de Heem erst kurz vorher aus Utrecht nach Antwerpen gekommen war. Brouwer unterzeichnete am 1. März 1636 mit diesen Künstlern eine Urkunde über die Aufnahme eines Schülers in das Atelier von Jan Lievens. Daß er wenigstens zu Jan de Heem seitdem in näherer Beziehung blieb, beweist dessen Forderung an seinen Nachlaß. Zu einer solchen wurde ihm leider allzubald Gelegenheit gegeben: am 1. Februar des Jahres 1638 erhielt der »Schilder Brouwer« bei den Karmelitern ein Begräbnis für — 18 Stüber. Die Leiche wurde später vom Kirchhof in die Kirche der Karmeliter übertragen. Sandrarts Angabe, daß dies auf Betreiben seiner Freunde und unter großer Beteiligung der Künstler und Kunstfreunde Antwerpens geschehen sei, dürfen wir wohl um so eher Glauben schenken, als Sandrart, wie erwähnt, wenige Jahre nach Brouwers Tode längere Zeit in Antwerpen wohnte. Wenn Bullart als die Todesursache Brouwers Ausschweifungen angibt, so haben wir nach dem Vorleben des Künstlers, soweit wir es an der Hand der Urkunden verfolgen können, keinen Grund, seine Angabe für unwahr zu halten. Doch verdient auch die Mitteilung Houbrakens Berücksichtigung, nach der er an der Pest gestorben sei, die gerade im Frühjahr 1638 besonders heftig in Antwerpen wütete. Der plötzliche Tod, wie das rasche und mehr als formlose Begräbnis ohne Wissen der Freunde sprechen dafür, daß der Künstler von dieser furchtbaren Krankheit hingerafft wurde.

Nach Brouwers Tode schweigen die Urkunden Antwerpens noch nicht sogleich von ihm: sie reden mit bekannten Zungen, mit den geschwätzigen Anklägerzungen, denen wir die meisten sicheren Nachrichten über das Leben des Künstlers verdanken. Am 19. Februar 1638 legt Jan Dandoy Beschlag auf seinen Nachlaß, am 26. März folgen ihm Jan de Heem und Guillam Aerts, am 4. Juni Maria Kints und Adriaen de Bie. Nach jenem früher erwähnten Inventar von des Künstlers »gesamter Habe« aus dem Jahre 1632 ist es kaum zweifelhaft, wie es mit der Befriedigung der Forderungen dieser alten Freunde und Gläubiger des Künstler aussah: »Men sach naer sijne doodt niemandt om't goedt crackeelen: — Want hij niet achter liet als eenighe pinceelen, — Met esel en pallet . . . .«

In neuerer Zeit haben wir auch über die Periode im Leben des Künstlers, bevor er nach Antwerpen kam, einige wichtige Nachrichten erhalten, die zugleich auf seinen Charakter interessantes Licht werfen. Wir erfahren daraus, daß er in seiner Jugend in der Tat in Holland lebte und schon in den Jahren

1625 bis 1627 in Amsterdam und Haarlem als geachteter Künstler tätig war. Es fand sich ein Exemplar eines Gedichtes des Amsterdamers Pieter Nootmans auf die Schlacht von Pavia, das eine lange Widmung vom 10. März 1627 an den »Constrijken en wijtberoemden Jongman Adriaen Brouwer, Schilder van Haarlem« enthält. Nootmans spricht darin von den vielen Diensten, die ihm der Freund erwiesen habe, und bittet ihn, für seine Dichtung bösen Zungen gegenüber einzutreten. Wie später in Antwerpen, so erweist sich der Künstler, der mit einundzwanzig Jahren schon »weitberühmt« genannt wird, also auch hier als Freund der Dichtkunst. Er ließ sich in die Haarlemer Retorijkerkamer »In Liefde boven al« aufnehmen und ist im Jahre 1626 als »Beminnaer« eingetragen. In einem kurzen Gedicht preist der Künstler die Dichtung seines Freundes Nootmans. Schon vor diesem Aufenthalt in Haarlem war Brouwer längere Zeit in Amsterdam ansässig; am 23. Juli 1626 bestätigt er mit den Malern A. van Nieulandt und Barent van Someren vor dem Notar, im März 1625 in Amsterdam verschiedene Bilder angesehen zu haben. Auch dieser B. van Someren war von Haus aus Maler, hatte aber später ein Wirtshaus übernommen, damals das »Schild von Frankreich« genannt, in dem fremde Schauspieler zu gastieren pflegten.

Diese an sich unbedeutenden Urkunden sind uns darum so wertvoll, weil sie die alten Nachrichten über Brouwers längeren Aufenthalt in Holland bestätigen und ihn auch dort in Beziehung zu Dichtern und Schauspielern zeigen, so daß die alten Geschichten über ihn dadurch sehr an Wahrscheinlichkeit gewinnen. Auch die Angabe, daß er in Haarlem Schüler des Frans Hals war, erscheint danach nicht aus der Luft gegriffen. Diese Lehrzeit müßte allerdings schon mehrere Jahre vor jenem 1626 urkundlich beglaubigten Aufenthalt in Haarlem liegen, da Brouwer damals schon als »weitberühmter« Künstler bezeichnet wird. Nach einer recht derben Schnurre, die Houbraken von seinem Kollegen M. Carré gehört haben will, dem sie die dabei beteiligte Tochter von Frans Hals selbst oft erzählte, müßte dieser erste Aufenthalt in das Jahr 1623 fallen, also in die Zeit, als der Künstler etwa siebzehn oder achtzehn Jahre alt war. Da dieser aber nach allen

Berichten ein außerordentlich frühreifes Genie war, dürfen wir wohl annehmen, daß er damals schon ein oder zwei Jahre bei Hals in der Lehre war. Der Aufenthalt des Künstlers in Holland, namentlich in Haarlem, ist also wahrscheinlich von etwa ebenso langer Dauer gewesen wie der spätere Aufenthalt in Antwerpen. Es wird dadurch verständlich, daß Houbrakens Gewährsmann Nicolaus Six den Künstler in Haarlem geboren sein läßt, und daß selbst ein Bekannter und Altersgenosse, Mattys van den Bergh, der in Rubens' Hause aufwuchs, ihn auf einer Zeichnung im Berliner Kupferstichkabinett »Adrian Brouwer Harlemensis« nennt. War er auch Vlame von Geburt, so konnte er doch ein Holländer nach seiner Ausbildung heißen. Es erklärt sich daraus auch, daß sich im 17. Jahrhundert eine beträchtliche Zahl von Bildern seiner Hand in Holland befand, und daß die meisten Stiche nach seinen Bildern von holländischen Stechern der Zeit herrühren. Alle Gemälde, die wir jetzt als Jugendwerke bezeichnen — und ihre Zahl ist allmählich eine nicht unbeträchtliche geworden —, sind zweifellos noch in Holland entstanden.

Diese urkundlichen Nachrichten, so spärlich sie noch sind und so einseitig das Bild ist, das sie entwerfen, lassen uns nicht im Zweifel über den Charakter des Künstlers; sie stimmen in dieser Hinsicht mit den Urteilen der alten Künstlerbiographen so sehr überein, daß sie gewissermaßen die Belege für dieselben sind. Mögen auch jene Schnurren und Anekdoten, die ein Houbraken oder selbst Brouwers Zeitgenossen, Bullart und de Bie, erzählen, stark ausgeschmückt und zum Teil selbst erfunden sein: daß sie von dem Künstler vollführt sein könnten, daß er ähnliche und wohl noch ärgere Streiche wirklich ausgeführt hat und von Haus aus zu Possen aufgelegt und zu Ausschweifungen geneigt war, läßt sich nach den Urkunden nicht mehr bezweifeln. Einem Künstler pflegt man ja auch heute noch manches zu verzeihen; an einen Maler, der in den Stürmen der niederländischen Freiheitskriege und des dreißigjährigen Krieges aufwuchs, den modernen Maßstab von Moral und Anstand zu legen, wäre aber doppelt ungerecht. Allein Brouwers Ungebundenheit, seine Rücksichtslosigkeit gegen den äußeren Anstand, seine Verachtung aller Formen war der Art, daß er sich schon seinerzeit in der

»Gesellschaft« mehr oder weniger unmöglich machte. Daß »Winkelkneipen« seine eigentliche Heimat waren, daß er die Szenen, die er malte, nicht nur erlebte, sondern gelegentlich auch mit durchlebte, dafür gibt jene Schuld von 500 fl., die er als Gefangener an Zehrung im Laufe von wenigen Monaten kontrahierte, dafür gibt auch die Ausstattung seines Ateliers beredtes Zeugnis. Daß er »träg war im Malen und flink im Verzehren«, belegen dieselben Urkunden, indem sie uns verraten, welche Mühe und Not die Gläubiger des Malers hatten, nicht etwa, um ihr Geld bar zurückerstattet zu bekommen — dessen hat sich wohl keiner unter ihnen je berühmen können! —, sondern um nur ein angefangenes Bildchen, das ihnen verpfändet war, nach Jahr und Tag von ihm fertigstellen zu lassen.

Allerdings trieb es der Künstler nicht so arg, daß er deshalb etwa völlig aus der Gesellschaft seiner Kollegen ausgeschlossen gewesen wäre oder sich auch nur selbst daraus ganz fern gehalten hätte: wir finden ihn vielmehr längere Zeit als Mitglied der literarischen Gesellschaften in Antwerpen wie in Haarlem und (was nach dieser Richtung noch ein besseres Zeugnis abgibt als die Teilnahme an einigen »Künstlerfesten«) sehen ihn mehrere Jahre als Haus- und Tischgenossen eines angesehenen Antwerpener Künstlers und dessen ehrbarer Gattin. Auch stehen die alten Freunde unentwegt zum Künstler, und zwar nicht nur die verbummelten Kneipfreunde, sondern auch die gesetzten Bürger, obgleich er an ihren Geldbeutel ununterbrochen seine fatalen Anforderungen stellte. Es müssen ihm also außer dem sprudelnden Humor und den spaßhaften Einfällen, die uns noch aus jedem seiner Bilder lebendig entgegentreten, persönliche Vorzüge und Eigenschaften des Verstandes und Herzens eigen gewesen sein, die den rücksichtslosen Libertin da, wo man die Exzentrizitäten seines Wesens und seine fadenscheinige Tracht nicht zu scheuen brauchte, zu einem beliebten Gesellschafter machten. Brouwer war eine auffallend schöne, stattliche Erscheinung; das können wir noch heute nach dem Bilde feststellen, welches uns van Dyck in seiner Ikonographie hinterlassen hat. Seine regelmäßigen männlichen Züge beleben ein paar große, dunkle Augen, seine hohe Figur ist von stolzer Haltung; der feine Mund mit den zuckenden Lippen, wie die Augen, deren matter Glanz von dem Leben des Künstlers Zeugnis ablegt, verraten die rasche Auffassung, das schlagfertige Urteil, den treffenden Witz. Aber sein Humor muß durchaus gutartig gewesen sein, wie denn selbst jene Streiche, die von ihm erzählt werden, keineswegs auf boshafte Launen schließen lassen. Er war von einer Gutherzigkeit, von einer Freigebigkeit, die kein Maß kannte. Ein Freund der Dichtkunst und Musik, ein gewandter Schauspieler, ein glänzender Erzähler und Causeur, wußte er sich jeden zum Freunde zu machen. Seine Anspruchslosigkeit und Verachtung aller kleinlichen Eitelkeiten, gegen die er in Wort und Bild eiferte, erleichterte gleichfalls den harmlosen freundschaftlichen Verkehr mit dem Künstler. Diese Mißachtung äußerer Formen und nichtiger Ehren verhinderte aber nicht, daß Brouwer ein ausgeprägtes Selbstgefühl, einen großen Künstlerstolz bewahrte. Mehrere von Bullarts Geschichtchen kennzeichnen die Denkweise des Künstlers nach dieser Richtung; so die Schnurre von der Hochzeit, die er verließ, als er sah, daß man ihn seines prächtigen Kleides wegen auszeichnete; oder die Erzählung, daß der Künstler, wenn die Liebhaber den geforderten Preis für Zeichnungen, die er, um sich auszulösen, in der höchsten Not gemacht hatte, nicht zahlen wollten, lieber seine Zeichnungen verbrannte, als ein geringeres Gebot annahm. Trotz aller Verkommenheit liebte er seine Kunst über alles. Diese bewahrte ihn vor völligem Untergang.

Brouwer war, milde ausgedrückt, ein echter Bohême, ein verbummeltes Genie — freilich nicht in dem Sinne, daß unter seinem Lebenswandel sein Genie verkommen wäre; seine Kunst zeigt vielmehr eine stetige Vervollkommnung bis zu seinem frühzeitigen Tode. Hören wir noch, was seine beiden Biographen Bullart und de Bie über seine Persönlichkeit aussagen: »Comme il avoit l'esprit facetieux« sagt Bullart, »& porté à la debauche il en fit paraître les traits dans ses moeurs, aussi bien que dans ses ouvrages. Brouwer estoit extrémement addonné au Tabac & à l'Eau de vie. Comme il n'aimait que le libertinage, & la boisson, il se negligeoit jusqu'au point qui d'estre les plus souvent couvert d'un mechant habit, qui le rendoit meprisable à ceux qui ne scavoient pas combien il excelloit en l'Art, & qui ne penetroient pas plus avant que l'exterieur. — Il travallait rarement ailleurs que dans le Cabaret —«. De Bie's Verse besagen etwa das gleiche:

»— Hy heeft altijdt veracht al s'wereldts ydel goet.
Was traegh in't Schilderen, en milt in het verteren
Met t'pijpken in den mont in slechte pis taveren,
Daer leefden sijne jeught, schoon hij was sonder gelt
Ghelijck hij meestendeel was al den dagh ghestelt.
— En soo hij was in't werck, soo droegh hy hem in't leven . . .«

Der unwiderstehliche Drang zur »Libertinage und zum Trunk« entstand in ihm vielleicht in seiner Jugendzeit, die er nach verschiedenen Anzeichen geradezu als Abenteurer verbracht zu haben scheint. Der Umstand, daß der halberwachsene Jüngling das Vaterhaus verlassen hatte und daß man bis zum Tode des Vaters zu Hause nichts mehr von ihm hörte, die enge Beziehung zu Schauspielern, Dichtern und Besitzern von Bühnen und die Erzählungen von seinen Erlebnissen auf der Bretterwelt: alles dieses legt die Vermutung nahe, der Künstler habe als junger Bursche sich auch auf der Bühne versucht und habe vielleicht selbst zum Söldnerhandwerk gegriffen. —

Die feste Basis, welche wir durch die Urkunden für die Lebensgeschichte Brouwers gewonnen haben, gibt uns auch den Anhalt zu sicherer Kritik seiner Werke und ihrer Datierung. Wir können vor allem von den Gemälden seiner vollendeten Meisterschaft während des Antwerpener Aufenthaltes die Jugendwerke, die in Holland entstanden, deutlich unterscheiden, seitdem wir wissen, daß er hier seine Lehrzeit verbracht und durch fünf oder sechs Jahre als selbständiger Künstler tätig war. Noch W. Bürger und W. Schmidt haben die beiden Bilder des Rijksmuseums für Werke des P. Brueghel oder eines seiner Schüler erklärt; heute wird sie niemand mehr als Jugendwerke Brouwers anzweifeln. Um diese Bilder können wir bereits etwa ein halbes Dutzend ähnliche Gemälde und eine Reihe von Kopien und Stichen nach solchen gruppieren, die alle in Holland entstanden sind. Diese Kompositionen bewegen sich allerdings noch in der Richtung, die der alte Pieter Brueghel in seinen Meisterwerken gewiesen hatte. Bald sehen wir Bauernvolk, gemischt mit Söldnern und Dirnen draußen auf der Kirmeß sich im Tanze drehen oder beim Kegeln sich vergnügen, bald in der Kneipe zechen, schmausen, karessieren oder in wildem Streit entbrennen. Die Autorschaft Brouwers ist für diese Bilder gesichert; verschiedene tragen das echte Monogramm des Meisters, andere werden in den Urkunden oder alten Inventaren erwähnt oder sie stimmen mit den Nachbildungen und Stichen überein, die nach ganz verwandten Bildern des Künstlers schon zu dessen Lebzeiten angefertigt wurden. Diese Stiche rühren meist von holländischen Künstlern, von den beiden Vischer, S. Savry und anderen, her und sind von holländischen Verlegern ausgegeben worden. Auf diese und ähnliche Künstler gehen auch die Stiche zurück, die man irrtümlich Brouwer selbst zuschreibt, der wohl nur flüchtige Zeichnungen als Vorlagen dazu lieferte.

Die frühesten und derbsten Kompositionen des Meisters sind uns nur durch alte Kopien erhalten: der »Bauerntanz« — vielleicht das Bild, das Rubens 1631 erwarb — in einer Zeichnung von Rubens' Schüler M. van den Bergh (Berliner Kabinett), der »Tanz in der Scheune« in einer Kopie von Jan Hals in der Galerie zu Lyon, die »Schule«, ein Rundbild, unter Einfluß des älteren P. Brueghel in einer holländischen Nachahmung im Kunsthandel im Haag (1905), die wüste »Hochzeit« (unter dem Namen »de Pisser« in Holland bekannt) in einer Zeichnung von C. Dusart, eine »Kirmeß mit Keglern« in einer gleichzeitigen Kopie, wahrscheinlich von D. Ryckaert, um die 1632 Prozeß geführt wurde (in belgischem Privatbesitz), der »Streit« in einer wohl eigenhändigen Zeichnung Brouwers im Dresdener Kabinett. Wenig später entstanden die verwandten Originalgemälde, »der Quacksalber im Freien« in der Galerie zu Mannheim, der »Streit« im Rijksmuseum, die Bauernkneipen ebenda, in der Sammlung Bredius im Haag und im Privatbesitz zu Philadelphia, in der Galerie zu Schwerin, in der Sammlung Waller zu Amsterdam (jetzt im Handel), endlich ein ähnliches, sehr übermaltes Bild im Handel in Budapest (1904). Gemeinsam ist diesen Bildern die außerordentlich derbe Auffassung; mit großem Behagen und überlegenem Humor schildert der junge Künstler das Treiben bei diesen bäuerischen Festen, die tolle Ausgelassenheit mit allen

Auswüchsen. Die untersetzten Gestalten mit ihren eckigen Körpern, die in formlosen, sackartigen Kostümen stecken, mit den großen Köpfen, den Ramsnasen und breiten Mündern, sind noch stark typisch gehalten; die Kompositionen sind überfüllt, die Färbung ist reich, gelegentlich fast bunt und hart durch die starken Lokalfarben, die Zeichnung noch oberflächlich, namentlich in den Extremitäten, die Behandlung vorsichtig, zum Teil selbst ängstlich. In allem steht der Künstler noch den älteren und gleichzeitigen Genremalern in Holland, den D. Vinckboons, A. van de Venne, P. Bloot, P. Quast, G. de Heer und anderen nahe und verrät gelegentlich eine gewisse Abhängigkeit von ihnen. Aber in der geschlossenen Komposition, in der einheitlichen Darstellung, in der treffenden Charakteristik, in der Freude an der Durchbildung des Einzelnen, im Farbensinn ist der junge Maler jenen älteren Künstlern schon weit überlegen.

Im Winter 1631/32 erscheint Brouwer, von dem wir seit 1627 nichts erfahren, plötzlich in Antwerpen. Die neue Umgebung, das glänzend entfaltete künstlerische Leben, namentlich der Einfluß von Rubens, der mit seinen zahlreichen Schülern wie ein Fürst mit einer Hofhaltung das damalige Antwerpen beherrschte, wirkten zusammen, um die Anlagen des jungen Künstlers in kurzer Zeit zu voller Entfaltung zu bringen. War er schon in Holland anerkannt und geschätzt, so wurde er in Antwerpen — zum Teil wohl auch infolge seines eigenartigen Auftretens — gleich in den Kreis der ersten Künstler aufgenommen und von Rubens selbst ausgezeichnet und herangezogen; freilich ohne, wie wir sahen, von seinen alten Gewohnheiten und seinem ungebundenen Leben zu lassen. An Rubens' Gemälden erkannte er zum erstenmal, was komponieren heißt, fühlte das tiefe Verständnis für die Natur, empfand das gewaltige Leben in seinen Bildern, ihre Farbenpracht, die Wärme und den blumigen Reichtum ihres Tons, die freie Behandlung — alles, was ihm selbst noch fehlte. Er lernte jetzt vielfach neu hinzu, ohne sich indes auch nur einen Schritt von seiner eigenen Bahn abbringen zu lassen.

Sicheren äußeren Anhalt zur Datierung der Werke des Künstlers, die hier in Antwerpen in den sieben Jahren bis zu seinem

Tode entstanden — also bis auf die kleine Zahl der Jugendwerke alles, was wir von ihm kennen: mehr als hundert Gemälde, — haben wir leider nicht, da Brouwer seine Bilder fast niemals datierte und sich durch Urkunden keines auf die Entstehung genau festlegen läßt; aber durch den Vergleich mit den ersten, in Holland gemalten Bildern und nach dem künstlerischen Charakter lassen sie sich unschwer in Gruppen zusammenfassen und zeitlich ordnen. An die besten Bilder der letzten holländischen Zeit erinnern noch Gemälde wie die »Kartenspieler« in der Antwerpener Galerie, die kleinen Kneipszenen im Louvre und im Städelschen Museum zu Frankfurt, sowie verschiedene kleine Darstellungen mit Ärzten in den Wiener Privatgalerien und anderen Orts. Ein paar vollendete Meisterwerke sind dagegen schon die »Baderstube« und der »Messerkampf« der Münchener Pinakothek, die wie Gegenstücke erscheinen. Trefflich abgerundet in der Komposition, weise beschränkt in der Zahl der Figuren und von einer Fülle pikanten Details belebt, das aufs geschickteste untergeordnet ist, sind diese Bilder zugleich Meisterwerke von packend dramatischer Wirkung, von feinster und reichster Charakteristik, von seltenem Geschmack in der Anordnung der Falten (soweit man bei Bauernwämsern und Lederhosen davon sprechen kann), von sicherster Zeichnung und malerischer Farbenwirkung bei ungewöhnlich liebevoller und doch freier Durchführung. In der Zusammenstellung der Farben und teilweise auch in der Behandlung klingen noch die Jugendwerke nach; gelb und rot dominieren noch, aber diese Töne sind außerordentlich fein und mannigfaltig abschattiert und mit ebenso reizvollen graubläulichen und violetten Farben zusammengestellt. Auch der Gesamtton ist ein ähnlich hellblonder, aber wärmer als in den ersten Gemälden; und dabei ist das Helldunkel stärker ausgebildet und überall aufs feinste angewandt. Im »Messerkampf« ist die Färbung fast noch zarter, die Behandlung im Licht schon emailartiger, im Schatten und im Grunde leichter und tuschender. Die lebensvolle Wiedergabe des Motivs, die Zuspitzung des packenden Momentes und die Beziehung aller Figuren auf die Handlung ist hier so meisterlich, Komposition und malerische Durchführung sind so vollendet, daß damals in Antwerpen nur Rubens einer gleichen Leistung fähig war. Nach dieser Richtung hat auch Brouwer nichts Vollendeteres geschaffen, während er in der malerischen Ausführung später noch darüber hinausgeht.

Mit diesem Bilde nähern wir uns schon der mittleren Zeit seiner Tätigkeit, die ungefähr vier Jahre, die Zeit um 1633 bis 1636 umfaßt, also gerade die Periode, für die wir das Bild des Menschen in einer gewissen Vollständigkeit gewonnen haben. Ihr entstammen die meisten seiner erhaltenen Gemälde. Ist es uns bei dem Mangel an Daten schon unmöglich, diese Zeit nach Anfang oder Ende genauer zu begrenzen, so können wir noch weniger den Versuch machen, die Werke dieser Epoche unter sich nach der Zeit ihrer Entstehung zu ordnen. Nur läßt sich im allgemeinen — nach dem Charakter der älteren Werke wie nach dem der letzten, wesentlich abweichenden Gemälde des Künstlers — annehmen, daß die farbigeren Bilder mit pastosem, emailartigem Farbenauftrag die älteren sind, die mehr einfarbigen, im Ton aufgelösten und in leichter tuschender Weise behandelten Gemälde dagegen die späteren. Die übrigen nicht geringen Verschiedenheiten der Werke dieser Gruppe erklären sich bei dem kurzen Zeitraum, in dem sie entstanden sind, aus den mannigfachen Verhältnissen und Launen, unter denen Adriaen arbeitete, wie aus dem großen Reichtum an Phantasie, aus dem heraus er jede Situation neu, jede Individualität eigenartig gestaltete.

Die Pinakothek besitzt nahezu ein Dutzend Bilder dieser Zeit, darunter wieder ein paar Meisterwerke, wie die fein durchgeführten »Spieler«, die »Schläger beim Kartenspiel«, die »Keilerei am Fasse«, die flüchtig aufskizzierte »Schlägerei zwischen fünf Bauern«, Szenen, die der Künstler mit Hilfe seiner treffenden Zeichnungen aus frischer Erinnerung prima niedergeschrieben hat. Mehrere Kompositionen, die wohl zu einer Folge der »fünf Sinne« gehörten, dann die ganz kleinen karikierten Köpfe in der Dresdener Galerie und in der Liechtenstein-Sammlung, eine andere Folge der »Sieben Todsünden«, die im Berliner Museum und in mehreren Pariser Privatsammlungen zerstreut sind, fast alle (wenig zahlreichen und meist nicht sehr bedeutenden) Genrebilder in den englischen Privatgalerien, darunter der köstliche »Lautenspieler« im Victoria- und Albert-Museum, »der Dorfnotar« in Lier bei

Antwerpen und andere mehr gehören dieser Zeit an. Die gleichen Motive kehren häufig wieder; in diesen paar Jahren allein etwa ein Dutzend Schlägereien, und doch welche Abwechselung! In der Auffassung und Anordnung, in Färbung, Helldunkel und Behandlung ist der Künstler immer wieder neu, immer wahr, lebendig und pointiert, voll überlegenen Humors auch in den wildesten Kampfesszenen. Bei allem Interesse an der fesselnden Darstellung behält er ebenso sehr die malerische Ausführung im Auge und hat die größte Freude an der Durchbildung der zahlreichen Einzelheiten, über der er doch niemals die Bildwirkung vergißt.

Daß in allen diesen in Antwerpen gemalten Bildern die Fülle individueller Gestalten auffällt, während die typischen Figuren, die in den in Holland entstandenen Jugendwerken der Stil waren, gelegentlich nur noch im Hintergrunde erscheinen, mag auf den ersten Blick auffallen, da ja gerade die vlämische Kunst auf typische, die holländische auf individuelle Bildung ihrer Gestalten ausging; aber im Künstler war doch in Holland, in Hals' Schule der Sinn für individuelle Gestaltung geweckt, er entwickelte ihn jetzt in Antwerpen rasch und stetig, nachdem er alle Schwierigkeiten in der malerischen Ausgestaltung überwunden hatte. Es mußte ihm hier um so leichter gelingen, da er in Antwerpen in den Kneipen eine buntere, vielfach intelligentere Gesellschaft traf als auf den Dörfern vor Haarlem und Amsterdam: neben Bauern, Handwerkern und Matrosen spanische Söldner, herrschaftliche Diener und allerlei verdächtiges Gesindel, wie es sich im Hafen einer Welthandelsstadt zu sammeln pflegt.

Dieser Zeit gehören auch fast alle Landschaften Brouwers an. Als Landschaftsmaler war der Künstler bis vor kurzem unbeachtet, obgleich seine Bilder dieser Art fast alle bezeichnet sind. Auch auf diesem Gebiet ist er so eigenartig, so groß, daß er gleich nach Rubens genannt zu werden verdient. Schon in einigen Jugendwerken ist die Bildung der Landschaft auffallend fein; aber erst in dieser mittleren Zeit und wohl auch in den letzten Jahren scheint er eigentliche Landschaften gemalt zu haben, die meist eine untergeordnete Staffage enthalten. Regelmäßig sind es flüchtig niedergeschriebene Eindrücke aus der Natur, anspruchslos in der Form, aber von feinster Empfindung für Licht- und Lufteffekte: ein Dünenhügel, ein paar Büsche am Wege, eine Hütte oder ein kleiner Ort hinter verkrüppelten Bäumen, einfache Motive, wie er sie draußen vor Antwerpen sah. In der luftigen Erscheinung und in der Stimmung, in ihrer breiten malerischen Behandlung sind diese Bilder moderner als die Werke irgend eines Landschafters des 17. Jahrhunderts; sie wetteifern zugleich mit Cuyps und A. van de Veldes feinsten Stimmungsbildern. Die »Landschaft mit dem Schäfer« im Kaiser-Friedrich-Museum, die »beiden Bauern an der Düne« in der Galerie der Akademie zu Wien und das ähnliche, noch feinere Bild in der Brüsseler Galerie (allein mit vollem Namen bezeichnet) erinnern in der Wirkung hellen blonden Tageslichtes an Gemälde von Daubigny; die Hütte an der Düne, deren Flugsand das Gestrüpp am Hang verkrüppeln läßt, mit dem blauen Meer im Grunde (Sammlung Thieme, Leipzig) gemahnt an ähnliche Motive von J. F. Millet; die Mondscheineffekte (Kaiser-Friedrich-Museum und ein besonders pikantes Werk bei M. G. Warneck, Paris), die Gewitterstimmungen und Abendlandschaften sind voll echter, kraftvoller Poesie. Die Landschaft in einem gemalten Steinrahmen mit Blumenranken von D. Seghers in Bridgewater Gallery zu London ist eine der großartigsten Stimmungslandschaften. Zwischen dem spärlichen Buschwerk einer Düne scheint das rote Dach eines Hauses hervor; von der Ebene her, deren Weiden und Felder in tiefem Grün strotzen, ziehen düstere Gewitterwolken herauf, deren weiße Köpfe unheimliche Lichter über die Landschaft werfen. Von ähnlicher Wirkung ist die kleine Landschaft mit kegelspielenden Bauern in der Berliner Galerie. Noch ergreifender und zugleich durch ungewöhnliche Größe besonders wirkungsvoll ist der »Sonnenuntergang« in der Grosvenor Gallery zu London, der dort noch jetzt als Meisterwerk von Rembrandt bewundert wird. In der Tat ein Meisterwerk; in der großartigen Erscheinung des leuchtenden Abendhimmels hinter den dunklen Baummassen und des Lichtscheines, der auf der stillen Wasserfläche des Vordergrundes zittert, ebenso sehr an Rubens' farbenprächtige Landschaften, wie an Rembrandts düstere Abendstimmungen erinnernd.

Für die Gemälde aus der letzten Zeit des Künstlers, aus

den Jahren 1636 und 1637 (einer der letzten Tage des Januars 1638 ist ja der Todestag des Künstlers), ist die Unterordnung der Lokalfarben unter einen feinen grauen Ton charakteristisch, der aber klar und leuchtend bleibt, auch wenn er gelegentlich ins Schwärzliche fällt und dann die Lokalfarben fast ganz verdrängt. Dazu kommt eine außerordentliche Sicherheit und Leichtigkeit in der Pinselführung, eine geistvolle tuschende Manier der Behandlung, die bei bedeutenderem Umfange der Bilder zu größter Breite sich steigert. Diese Vorliebe für größeres Format, sowie namentlich für wesentlich größere Figuren, bestimmt fast ausnahmslos den Charakter der Werke dieser Zeit. Gelegentlich kommt selbst ein einzelnes Brustbild annähernd in Lebensgröße vor. — Auch hier steht die Pinakothek nach Zahl und Bedeutung der Bilder wieder obenan. Die »Singenden Bauern« und die »Würfelnden Soldaten« sind in der pikanten Wahl und der lebendigen Auffassung des Moments, in der treffenden Individualisierung, in Anordnung, Feinheit des Tones und malerischer Behandlung gleich ausgezeichnet. Sie sind in den Köpfen und Extremitäten sorgfältig durchgebildet im Vergleich zu zwei gleichfalls dieser Gruppe von Werken angehörigen Bildern mit Wirtshausszenen, in denen der Wirt die Hauptperson ist. Das kleinere, »Der eingeschlafene Wirt«, erscheint fast wie eine Improvisation, wie sie der Künstler nach der Angabe Bullarts bisweilen selbst in der Kneipe ausführte. Das größere, »Der Wirt mit einem Gläschen Branntwein scharmierend«, das umfangreichste Bild Brouwers in der Pinakothek, stimmt in der auffallenden Größe der Figuren, in dem schwärzlichen, bald ins Bräunliche, bald ins Graue fallenden Ton, aus dem die sparsamen Lokalfarben nur matt heraustreten, in der unbestimmten, fludderigen Behandlung des dünn und flüssig getuschten Hintergrundes, aber auch in der meisterhaften Anordnung und Sicherheit der Zeichnung und Ausführung ganz überein mit den »Rauchern« der Galerie Steengracht im Haag, mit der »Schenke« in der Galerie zu Haarlem und den beiden breit und kräftig gemalten »Operationen« im Städelschen Museum zu Frankfurt, den Meisterwerken des Künstlers. Die letztgenannte Sammlung besitzt auch das fast lebensgroße Brustbild eines jungen Burschen, der über einen bitteren Trank ein saures Gesicht zieht, ein Werk, zu dem der Louvre in dem »Raucher« eine Art Gegenstück aufweist; Bilder, die in lebendiger, humoristischer Auffassung, in plastischer Wirkung, Breite der Behandlung und Feinheit des grauen Gesamttones dem Frans Hals ganz nahe stehen. Ein ähnliches Bild mit feiner Abendstimmung, ein junger Bursche, der bei Licht ein Geldstück prüft, besitzt die Galerie der Naturhistorischen Gesellschaft in New York. Zu diesen späten Werken gehört auch das pikante kleine Bildnis vor einer Landschaft (vielleicht ein Selbstbildnis), das die Galerie des Haag vor einigen Jahren erworben hat.

Trotz der kurzen Dauer der künstlerischen Tätigkeit Brouwers ist seine Entwickelung sehr bedeutend und mannigfaltig, ein Zeichen für die außergewöhnliche Begabung des Künstlers, dessen Leben und Treiben doch nicht dazu angetan war, ihm viel Ruhe zur Arbeit zu gönnen. Dennoch ist es nicht schwer, gewisse charakteristische Merkmale aufzufinden, die allen seinen Werken, den frühesten wie den spätesten, gemeinsam sind.

Nach den Motiven seiner Bilder haben wir Brouwer als Sittenbildmaler und Landschafter kennen gelernt. Seine Genrebilder umfassen fast ausschließlich Szenen der unteren Gesellschaft aus dem Bauern- und Handwerkerstand. Gelegentlich finden wir unter diesem Arbeitervolk auch einen Söldner und Burschen zweideutigen Charakters, die sich der Gesellschaft angeschlossen haben. Der Künstler schildert diese fast ausnahmslos in ihrem Treiben in der Kneipe: beim Trunk, beim Spiel oder rauchend; bisweilen auch in harmloser Unterhaltung, einer Fiedel lauschend, singend und tanzend; häufiger noch in erbittertem Streit, den die Erhitzung über dem Spiel oder der Trunk veranlaßt hat. Dann führt uns der Künstler mit besonderer Vorliebe in Baderstuben, wo einem Bauer das Pflaster auf den frischen Schmiß der letzten Schlägerei gelegt oder ein Geschwür geschnitten wird. Merkwürdig ist, daß er eine Seite des Treibens in diesen »Pistaveernen« und »Bordeelkens« fast gar nicht berührt, den Verkehr mit dem weiblichen Geschlecht, oder davon doch nur, wie in mehreren seiner frühesten Werke, im Hintergrunde, allerdings dann derb und karikierend, erzählt. In den meisten Bildern fehlen überhaupt die Frauen. Wenn sie vorkommen, sind es meist garstige alte Weiber, und die wenigen jüngeren hat der Künstler wahrlich nicht mit Schönheit oder sinnlichen Reizen ausgestattet. Macht aber einmal ein Bauer einer solchen Schönen den Hof, so tut er es gleich auf eine so bäuerische, echt vlämische Manier, daß eine sinnliche Aufwallung im Beschauer überhaupt nicht aufkommen kann. Dürfen wir hieraus, da uns nach allen anderen Richtungen die Gemälde des Künstlers ein so deutliches Bild seines Treibens geben, auf einen bestimmten Zug seines Charakters schließen? War es Gleichgültigkeit gegen das weibliche Geschlecht, oder hatte ihm der roheste Genuß die edleren Empfindungen gegen dasselbe genommen?

In alten Nachlaßverzeichnissen und Versteigerungskatalogen finden sich einige abweichende Motive, die wir unter den erhaltenen Gemälden nicht kennen: ein »Alchimist«, »Die Versuchung des heiligen Antonius«, ein »Kuchenbäcker« und ein »Maleratelier«. Darstellungen, die dem Titel nach abweichend erscheinen, wie die Folgen der »Fünf Sinne« oder der »Sieben Todsünden«, sind vom Künstler in den Bereich seiner gewöhnlichen Schilderungen gezogen und lassen sich in erhaltenen Stücken noch nachweisen.

Für die Motive, wie für die Komposition seiner Gemälde ist ein einheitlicher, geschlossener Charakter bezeichnend. Im Gegensatze zu den Kirmessen und Volksfesten aller Art mit ihren bunten Szenen, wie sie uns Pieter Aertsens und Pieter Brueghels Bilder vorführen, wie sie aber auch die Sittenbildmaler vom Anfang des 17. Jahrhunderts, wie sie noch David Vinck-Boons und Jan Brueghel, ja später selbst Teniers noch schildern, bildet bei Brouwer eine einzelne bestimmte Szene von wenigen Figuren den Mittelpunkt des Bildes, und jede einzelne Gestalt ist zur Erklärung und Belebung derselben erfunden. Sind einmal im Hintergrunde ein paar abseits stehende Figuren scheinbar ohne Zusammenhang mit der Hauptgruppe angebracht, so dienen sie tatsächlich doch zur Verdeutlichung der Handlung oder zur Charakteristik des Lokals. Dies gilt für alle Gemälde, von denen die Originale erhalten sind. Nur in einzelnen seiner Jugendwerke, die nur in Kopien oder in Reproduktionen dritter Künstler existieren, wie im »Bauerntanz«, ist noch ein Rest jenes Strebens der älteren Schule fühlbar, dem gerade Brouwer ein Ziel setzt: in einer Fülle von mannigfaltigen Szenen ein Bild des Bauernstandes im allgemeinen zu geben.

In seiner Komposition, in der Anordnung der Figuren und selbst des nebensächlichen Beiwerkes herrschen bei Brouwer eine Klarheit und ein Verständnis, die nur über der Einfachheit und Anspruchslosigkeit in der Wiedergabe nicht immer gleich in die Augen springen. Aber der Künstler besitzt auch die Kehrseite dieser Fähigkeit: wie er eine reiche Darstellung klar zu disponieren versteht, so weiß er auch aus dem einfachsten Motiv, selbst aus einem flüchtigen Studienkopf eine interessante Komposition zu gestalten. Es geschieht gleichfalls nur durch geschickte Ausnützung des Raumes bei anscheinend absichtslosester Anordnung. Man betrachte daraufhin nur das kleine »Zerrbild« der Dresdener Galerie oder den großen »Zecher« im Städelschen Museum. Die gleichen Vorzüge besitzen in ihrer Art die landschaftlichen Motive Brouwers. Im Gegensatze gegen die älteren und zum Teil auch gegen die gleichzeitigen vlämischen Landschaftsmaler, die selbst auf kleinstem Raume eine möglichst reiche Szenerie, gewissermaßen ein Abbild der Erde in ihrer mannigfaltigen Gestaltung und Belebung zu geben sich bemühen, wählt Brouwer nur einen ganz kleinen Ausschnitt aus der Natur, den er mit ähnlicher Meisterschaft und verwandten Mitteln wie seine einfachen sittenbildlichen Motive zu einer reichen, abgeschlossenen Komposition gestaltet, so daß trotz einer flüchtigen Ausführung gelegentlich die großartigste Wirkung entsteht.

In der Auffassung des Künstlers stechen am meisten hervor: treffende Charakteristik des Motives wie der einzelnen Gestalten, dramatische Belebung und Humor. Den geeignetsten Moment der Handlung hat wohl kein anderer, hat jedenfalls kein Genremaler richtiger erfaßt, den Höhepunkt der Situation so überzeugend und packend wiederzugeben verstanden. Dieselbe treffende Charakteristik zeichnet aber auch die Schilderung der einzelnen Figuren aus. Unter seinen Gestalten begegnet uns nur selten dieselbe Person, geschweige, daß einige wenige Typen sich wiederholen, wie dies bei David Teniers und A. van Ostade die Regel ist. Schon in seinen frühesten Bildern ist dieses Streben nach reicher Individualisierung im Keime vorhanden, im Laufe seiner Entwickelung wird ihm die Ausprägung lebensvoller, mannigfaltiger Gestalten in allen Hauptfiguren seiner Bilder ein selbstverständliches Erfordernis. Nur in den flüchtig hingesetzten Figürchen im Grunde, die ausschließlich zur Abrundung der Komposition oder zur volleren Charakteristik der Szene dienen, hat auch Brouwer aus dem Gedächtnisse die typischen Gestalten seiner Kneipen angebracht, aber auch dann nur selten, ohne in Haltung oder Ausdruck mit ein paar Strichen noch einen besonders individuellen Zug hinzuzufügen.

In der dramatischen Belebung seiner Motive, im Erfassen des Höhepunktes der gewählten Aktion und im Zusammenwirken aller Figuren, ja selbst in der Wahl des Beiwerkes zum Zwecke der Verdeutlichung des Motives steht Brouwer dem Großmeister der vlämischen Schule, P. P. Rubens, nahe, in dessen Schule man ihn daher hat verweisen wollen. Wie jeder Nerv des Bauern die Operation empfinden läßt, die der Dorfbarbier an ihm vornimmt, und wie sie jeder Zuschauer in seiner Art nachfühlt und uns dadurch noch verständlicher macht, wie der Fiedler ganz in seinem Spiel aufgeht, das in der Gesellschaft nachklingt, den Knäuel einer allgemeinen Schlägerei, die Folgen einer Bauernorgie: diese und ähnliche Motive schildert Brouwer mit einer Lebendigkeit, in einer Zuspitzung der inneren Erregung und der äußeren Bewegung, wie sie nur den Verzückungen der Heiligen, den Schlachten und Bacchanalien eines Rubens innewohnen. Und doch bleibt Brouwer stets innerhalb seiner Grenzen, bleibt er der einfache Sittenschilderer, dank dem Humor, in dem der Grundzug aller seiner Schöpfungen liegt. Dieser Humor ist so wirkungsvoll, weil er völlig naiv und ohne alle tendenziösen Nebenabsichten ist; dabei ist er ebenso treffend und überraschend wie der Humor eines Jan Steen, dem die Naivität so häufig fehlt. Auch bleibt sein Witz trotz aller Schärfe stets gutmütig. Selbst bei dem heftigsten Streit, beim erbittertsten Messerkampfe kommt kein Mißton in diese humoristische Stimmung. Er zeigt uns den Streit nicht in seinen abschreckenden Folgen, nicht den Kampfplatz mit Leichen und Sterbenden bedeckt, wie sein Schüler Craesbeeck, sondern die Art, wie sich seine Recken leichte Wunden beibringen, wirkt ebenso komisch wie die verrenkten Stellungen und die karikierten Gesichter, welche die Hitze des Kampfes hervorruft.

Die Landschaften Brouwers zeigen, daß er mit demselben scharfen Blick für die freie Natur begabt war, wie für die Erkenntnis der Menschen, ihrer Leidenschaften und kleinen Schwächen. Freilich äußert sich hier seine Empfindung in ganz anderer Weise: wir lernen ihn in seinen landschaftlichen Motiven als wahren Dichter kennen, als einen jener seltenen Künstler, welche die belebte Oberfläche der Erde und ihre großartigen Erscheinungen zu erkennen und die Stimmungen der Natur in verwandte Empfindungen der menschlichen Seele zu übersetzen verstehen.

Aus der Auffassung in seinen Werken dürfen wir einen Schluß auch auf seine Persönlichkeit und seinen Charakter ziehen, für deren Erkenntnis sonst nur jene nicht gerade schmeichelhaften Urkunden und Urteile von Zeitgenossen vorliegen. In den beweglichen hübschen jungen Burschen, die bald den vierstimmigen Gesang leiten, bald mit ihrer Fiedel oder durch ihren sprudelnden Witz die derbe Gesellschaft aufheitern, hat der Künstler, wenn auch unbewußt, ein Stück seines eigenen Wesens gegeben, wie auch der unverwüstliche Humor, der uns aus allen seinen Werken entgegenlacht, ein Abbild der eigenen sorglos frohen Stimmung ist. Seine scharfe Beobachtung, seine Erhebung über die kleinen menschlichen Eitelkeiten und Torheiten, sein treffender und doch gutherziger Witz, sein offener Sinn für die Schönheiten der Natur: alle diese Eigenschaften des Menschen spiegeln seine Gemälde wieder.

Brouwers malerische Fähigkeiten sind von jeher am meisten gewürdigt und selbst von denen anerkannt worden, welche mit Ludwig XIV. von Frankreich die Abneigung gegen sein Geschlecht von »magots« gemein haben. Seine Gemälde zeichnen sich zunächst durch vollendete Meisterschaft der Zeichnung aus. Er allein von allen Malern des Bauernstandes hat den naheliegenden Fehler vermieden, von dem selbst A. van Ostade sich nicht ganz freigehalten hat, aus den ungeschlachten Gesellen in ihrer wenig kleidsamen, der Form sich nicht anpassenden Tracht »magots«

zu machen, das heißt typische Gestalten zu bilden. Bei seinen Figuren können wir weder von auffallend kurzen oder langen Proportionen, von zu kleinen Köpfen oder gleichmäßig dicken Nasen sprechen: alle seine Gestalten sind durchaus individuell. Kopf und Hände sind mit größter Feinheit gezeichnet und lassen sich mit Bestimmtheit als zueinander gehörig, wie überhaupt zu der ganzen Gestalt und dem Charakter der Umgebung passend erkennen. Auch die schwierigste Verkürzung gelingt dem Künstler wie spielend. Der Tracht gewinnt er nicht nur ihre malerische Seite ab, er entwickelt auch einen außerordentlichen Geschmack in ihrer Anordnung, namentlich im Faltenwurf, durch den er die Formen des Körpers zu heben versteht, statt sie zu verdecken. Um sich ein klares Bild von der Meisterschaft des Künstlers im Zeichnen zu machen, verfolge man einmal irgend ein untergeordnetes Detail in seinen Bildern, etwa die Zeichnung seiner Schuhe; man wird erstaunen, welches Studium er einer solchen Nebensache widmet, und welchen besonderen Reiz er ihr zu verleihen weiß.

Wenn wir Brouwer einen perfekten Zeichner genannt haben, so ist dies natürlich im Sinne aller Koloristen zu verstehen. Ein Blick auf seine Handzeichnungen beweist, wie wenig ihm an einer sauberen Kontur gelegen ist; in ganz wenigen charakteristischen Strichen gibt er vor allem die Bewegung, kennzeichnet die Handlung und zeichnet den Gegenstand, wie er ihm malerisch erscheint, unter den komplizierten Bedingungen von Färbung und Beleuchtung, von Luft und Licht. Die Kunst, alle diese Erfordernisse zu gleicher Zeit zu beachten, zeigt seine vollendete Meisterschaft; und die anscheinende Nonchalance, mit der er sie ausübt, gibt seinen Bildern noch besondere Anziehung.

Geht der Künstler anfangs auf eine kräftige harmonische Wirkung der Lokalfarben aus, so tritt allmählich der Ton mehr hervor, der schließlich die Lokalfarbe teilweise fast aufhebt. Die Wahl und die Zusammenstellung der Farben zeigen das originelle koloristische Talent. In den Jugendbildern ist es ein helles Gelb, welches neben Zinnoberrot dominiert über verschiedene mattere rote, grüne und neutrale Farben. Allmählich tritt dann ein tiefes, leuchtendes Grün in den Vordergrund, das mit verschiedenen Rot, mit Blau, Violett und helleren neutralen Farben ein ganz einziges, reizvolles Farbenkonzert bildet. In der späteren Zeit macht sich ein leuchtend grauer, zuweilen ins Schwärzliche fallender Ton so sehr geltend, daß die Lokalfarben, ein blasses Stahlblau und verschiedene matte rote und violette Töne daneben nur noch schwach angedeutet sind. Wirken in den frühesten Bildern die Farben noch etwas kalt und metallisch, so besitzen Brouwers Werke in den mittleren und zuweilen auch noch in der letzten Zeit außerordentliche Leuchtkraft, Harmonie und Feinheit des Tones.

Auch in der Pinselführung macht Brouwer eine nicht unwesentliche Entwickelung durch. Wenn sie in den ersten Gemälden durch das eigentümlich strichelnde Aufsetzen der Lichter noch etwas zu trocken und fest erscheint, so ist die Behandlung in der mittleren Zeit im Licht körnig und emaillierend, in den Schatten und im Hintergrunde dagegen leicht tuschend, wobei hie und da der warme hellbraune Grund durchscheint. Die letzten Werke zeigen jene mehr gleichmäßig deckende Behandlungsweise, die in breiten, sicheren Strichen die dünne Farbe hinsetzt und nur hie und da ein starkes Licht energisch impastiert. In Ton und Färbung erinnert diese Art auffallend an die gleichzeitige mittlere Epoche des Frans Hals, namentlich in seinen Genrebildern.

Vergegenwärtigen wir uns zum Schluß noch die künstlerische Eigenart Brouwers in ihrem Verhältnis zum Wesen der vlämischen und holländischen Kunst. Die Fülle individueller Gestalten, wie die feine humoristische Auffassung sind charakteristische holländische Züge, während ihre gesteigerte Lebensfähigkeit, die leidenschaftliche Bewegung vlämisch sind und unter dem Einfluß von Rubens entwickelt sind. In Brouwers Auffassung der Landschaft, die einen sehr eigenartigen, jedem Schuleinfluß fernstehenden Charakter hat, sind doch das Stimmungselement sowohl, als die ausgebildete Luftperspektive weit weniger vlämische als holländische Eigentümlichkeiten; in den energisch ausgesprochenen Lokalfarben könnte man dagegen wieder einen der Malerei Antwerpens charakteristischen Zug entdecken, wenn nicht Brouwers malerische Entwickelung, gerade umgekehrt wie die des Rubens, ein allmähliches Zurücktreten der Lokalfarbe hinter den Ton aufwiese. Aber auch abgesehen davon ist doch auch die Farbengebung Brouwers in seiner ersten wie in seiner mittleren Periode wesentlich von den koloristischen Prinzipien der gleichzeitigen vlämischen Maler, namentlich des Rubens, verschieden und zeigt besonders in den früheren Gemälden mehr Verwandtschaft mit den Bildern der ältesten holländischen Genremaler. Von Wichtigkeit ist aber auch der Umstand, daß ein Zusammenhang seiner Kunst mit der älteren vlämischen Schule fehlt; dagegen sind Vorstufen für seine Auffassung in Holland vorhanden. Beziehungen zum alten P. Brueghel, der schon 1569 starb, und zu dessen Zeitgenossen und unmittelbaren Nachfolgern sind kaum zu entdecken. In den verschiedenen holländischen Städten tritt aber in den zwanziger Jahren eine Anzahl von Malern des bäuerlichen Sittenbildes hervor, die in ihren Motiven, in der Einfachheit der Komposition, in Auffassung und Charakteristik, wie in der Färbung sich so sehr an Brouwers Jugendwerke anschließen, daß diese in neuerer Zeit mehrfach dem Einen oder Anderen von ihnen zugeschrieben sind. Solche Künstler sind A. van de Venne, Pieter Quast, Pieter Bloot, G. de Heer, P. J. und C. Monincx, Potuyl, P. de Stom, der Monogrammist E. M. und andere selten vorkommende und wenig bekannte geringere Maler und Zeichner im Charakter der eben genannten Meister; sodann unter den jüngeren, mit unserem Künstler etwa gleichzeitig wirkenden Malern Andries Both, Cornelis Saftleven, teilweise auch A. van Ostade. Wir kommen also durch das Studium von Brouwers Werken zu demselben Schluß, zu dem uns die Prüfung der älteren Schriftquellen und der Urkunden geführt hat: Brouwer, ein Vlame von Geburt, hat seine künstlerische Erziehung in Holland genossen, wahrscheinlich als Schüler von Frans Hals, und hat sich wesentlich auf Grund dieser Ausbildung und ohne bedeutenden Einfluß der vlämischen Schule später in Antwerpen selbständig weiter entwickelt.

Wir sahen, wie gesucht die Gemälde unseres Künstlers schon bei seinen Zeitgenossen waren. Gerade die größten Künstler schätzten sie am höchsten; besaß doch Rubens in seiner Sammlung siebzehn Bilder von ihm, mehr als von irgend einem anderen Maler, und Rembrandt acht Gemälde und ein Skizzenbuch mit Zeichnungen von seiner Hand. Die Preise, die für seine kleinen Bilder gezahlt wurden, waren ebenso hoch wie für große Gemälde dieser berühmten Meister. Bei dem Aufsehen, das Brouwers Werke gerade unter den Künstlern machten, ist es begreiflich, daß sie auf die Entwickelung des Sittenbildes von größtem Einfluß wurden. Freilich als Lehrer konnte er bei seiner kurzen Lebensdauer und seiner regellosen Lebensweise diesen Einfluß nicht ausüben. Nach den Liggeren hat er nur einen eigentlichen Schüler gehabt, den als Künstler jetzt unbekannten Jan Baptiste Dandoy, den Sohn eines Freundes und Gläubigers, des lockeren Kaufmanns und Gastwirts Jan Dandoy. Der zweite, den man stets als seinen Schüler nennt, Joos van Craesbeeck, war, wie die Liggeren berichten, nicht in seiner Lehre, sondern hat ihm das Malen in den Kneipen und auf dem Kastell gewissermaßen abgesehen. Aber Brouwers Gemälde und die weit verbreiteten Nachbildungen danach haben einen um so größeren Einfluß ausgeübt, in den spanischen Niederlanden sowohl wie in Holland, einen Einfluß, der bis an das Ende des 17. Jahrhunderts sich geltend macht. In den Niederlanden steht das niedere Genre ganz unter Brouwers Einfluß. Vor allem gilt dies für David Teniers. Die Gemälde, die er malte, während er mit Brouwer bekannt war, etwa zwischen 1634 und 1638, schließen sich so eng an dessen Werke an, daß sie nicht selten für seine Arbeiten gehalten wurden. Teniers verdankt in der Tat das Beste seinem Vorbild; je mehr dies verblaßt, um so schwächer werden seine Bilder. Andere vlämische Sittenbildmaler: Craesbeeck, die beiden Ryckaert, selbst Gonzales Cocx in seinen seltenen Genrebildern stehen ebenso stark wie jener unter der Einwirkung des Künstlers. Das gleiche läßt sich von den holländischen Genremalern sagen. Das altholländische Sittenbild hatte auf Brouwer selbst in seiner Jugend einen gewissen Einfluß geübt; aber auf die Kunst derselben Meister, von denen er lernte, der Quast, Bloot, de Heer u. s. f., hat auch er rückwirkend gewirkt. Eigentliche Nachfolger sind verschiedene seiner Zeitgenossen, so der Rotterdamer Cornelis Saftleven, der Anfang der dreißiger Jahre in Antwerpen lebte, und dessen etwa gleichalteriger Stadtgenosse Hendrik M. Sorgh. Die Jugendbilder von Adriaen van Ostade lassen deutlich das Vorbild der frühesten Werke Brouwers, die in Haarlem entstanden, erkennen. Später bilden sich A. Diepraem, P. Verelst, Egbert Heemskerk und andere noch unmittelbar nach seinen Werken, und selbst Künstler wie Jan Steen, Bega und Dusart haben manche Bilder gemalt, in denen sie unseren Künstler offen zum Vorbild nahmen.

So hat gerade der Meister, den mehr als irgend einen anderen namhaften Künstler der Vorwurf eines ungezügelten, abenteuerlichen Lebens trifft, in seinen Gemälden der Nachwelt ein unverwüstliches Denkmal hinterlassen und durch sie zugleich auf das Sittenbild seiner Zeit einen so glücklichen, nachhaltigen Einfluß ausgeübt wie vor und nach ihm kein anderer Maler.

RUBENS UND VAN DYCK

ANTON VAN DYCK ALS MITARBEITER VON RUBENS

Rubens und van Dyck, die als leuchtendes Doppelgestirn am vlämischen Kunsthimmel bewundert werden, die Landsleute waren, aus ähnlichen Verhältnissen hervorgingen, in der gleichen Atmosphäre groß wurden und die gleichen fürstlichen Gönner hatten, sind doch in ihrem Charakter und ihrer Lebensführung, wie in ihrer Kunst wesentlich verschieden. Rubens' großer, vielseitiger und harmonischer Gestalt, einer Erscheinung fast von antiker Größe nach Anlage und Erziehung, steht van Dyck als einseitige, erregbare und empfindsame, als eigenwillige und zugleich abhängige Natur gegenüber, ein Romantiker fast im modernen Sinne. Wie sein Lehrer von Jugend auf mit Ehren und Glücksgütern überhäuft, war er doch weder geliebt wie dieser noch durch seine Erfolge ganz befriedigt in seinem Beruf. »Der Schüler mit seiner schwachen Körpergestalt und seinem unruhigen Geiste — so kennzeichnet Max Rooses die beiden Künstler — schweifte immer weiter, aber erreichte niemals jenes Ziel, in welchem er Befriedigung und Übereinstimmung der Form mit seiner Idee gefunden hätte. Der Lehrer, an Seele und Körper gleich gesund, schaute in der Ruhe seiner Macht mit unbeirrter Zufriedenheit sein glänzend und vollkommen zum Ausdruck gebrachtes Ideal und herrschte wie ein überall gefeierter Fürst auf dem Gebiete der Künste«. In diesen Worten ist zugleich der Charakter der Kunst und der künstlerischen Entwickelung beider Meister gekennzeichnet. Während Rubens nur langsam, aber stetig sich zum Meister bildet, während er die verschiedensten Eindrücke auf sich einwirken läßt und sie bewußt und bedächtig in sich verarbeitet und erst, als er bereits ein Menschenalter hinter sich hat, seinen eigenen Stil voll ausgebildet hat, tritt uns Anton van Dyck, kaum zum Jüngling gereift, schon als fertiger Meister entgegen, entwickelt er eine Leichtigkeit und Kraft des Schaffens, wie kaum die routiniertesten Dekorationsmaler auf der Höhe ihrer Tätigkeit. Aber jeder starke Eindruck von außen wirkt übermächtig auf ihn ein und bringt ihn in eine neue Richtung, die er mit Begeisterung verfolgt, bis ein neuer Eindruck ihn wieder anders bestimmt. Statt der urwüchsigen männlichen Kraft, statt des sprudelnden Lebens in den Werken von Rubens kennzeichnet die Gemälde seines Schülers eine eigentümliche Nervosität, die sich anfangs in einer romantischen Ungebundenheit kundgibt, bald aber einem empfindsamen, fast sentimentalen Zug Platz macht, mit dem sich ein akademisches Streben nach Formenschönheit und Eleganz verbindet. Dagegen ha van Dyck, ohne die Eigenart oder Phantasie seines großen Meisters zu besitzen, gerade durch seine Abhängigkeit vom Modell als Bildnismaler die volle Erfassung und Respektierung der Individualität voraus, und indem er seinen Porträts den Stempel des eigenen lebhaften Sinnes, seines chevaleresken Wesens aufzudrücken verstand, hat er ihnen einen ganz eigenen Reiz verliehen. Als Porträtmaler steht van Dyck daher in den verschiedenen Epochen seiner Tätigkeit, in denen auch seine Bildnisse sehr verschiedenartig erscheinen, den größten Meistern der Bildniskunst nahe oder selbst völlig gleich.

Trotz dieses weiten Abstandes zwischen Meister und Schüler sind sich die Werke beider Künstler während einer kurzen Zeit ihres Lebens so nahe verwandt, daß sie nur schwer voneinander zu unterscheiden sind, so schwer, daß bis vor kurzem noch die Mehrzahl der Gemälde van Dycks aus seiner ersten Epoche für Werke des Rubens galten und sogar heute noch zum Teil als dessen Meisterwerke bewundert werden. Es erklärt sich dies aus jener Empfänglichkeit und Abhängigkeit der Natur des van Dyck, der die Eigenart von Rubens in den Jahren, in denen er sein Mitarbeiter und Schüler war, fast zu der seinigen zu machen wußte. Wenigstens in der Erscheinung gleichen sich diejenigen Bilder beider Künstler, die etwa zwischen den Jahren 1617 und 1621 entstanden sind, zum Verwechseln; doch spricht aus der künstlerischen Empfindung, aus der heraus sie gemalt sind, die verschiedene Künstlernatur, sieht man näher zu und hat man erst einmal den Charakter der Jugendwerke van Dycks richtig aufgefaßt. An solchen durch gleichzeitige Zeugnisse beglaubigten Bildern fehlt es aber keineswegs.

Die neuere Urkundenforschung hat die Akten eines langwierigen Prozesses in Antwerpen ans Tageslicht gebracht, der über die Frage der Echtheit einer Folge van Dyckscher Brustbilder Christi und der Apostel geführt wurde. Freunde und Schüler des Künstlers sagen dabei aus, daß van Dyck bereits im Jahre 1615 eine solche Bilderfolge gemalt habe, die ein junger Schüler Herman Servaes kopierte. Diese Apostelbilder sind uns ebenso wie die Kopien erhalten. Während letztere aus Schleißheim neuerdings nach Burghausen in Bayern gekommen sind, sind die Originale jetzt zerstreut: fünf besitzt die Galerie in Dresden, vier andere, und wohl die besten der Folge, Earl Spencer in Althorp; je ein Bild befindet sich im Louvre (aus der Sammlung Lacaze), in der Eremitage zu St. Petersburg und in der Galerie zu Besançon (aus dem Vermächtnis Gigoux). Ob diese zwölf Bilder die ursprüngliche Folge ausmachen oder ob eines oder das andere eine freie Wiederholung ist, müßte durch einen genauen Vergleich festgestellt werden. Alle diese Gemälde, denen zwei Brustbilder Christi und der Maria in der Galerie zu Sanssouci aufs nächste verwandt sind, charakterisiert der enge Anschluß an Rubens bei stärkerem Helldunkel, derberer und flüchtigerer Behandlung und starker jugendlicher Übertreibung.

In demselben Prozesse, in dem jene Apostelfiguren erwähnt werden, wird ein anderes Jugendwerk namhaft gemacht, das heute noch nachweisbar ist: »Der trunkene Silen«. Dieses Bild haben wir entweder in dem jetzt in der Brüsseler Galerie befindlichen Silen mit zwei bacchischen Begleitern oder in dem mit dem Monogramm bezeichneten ähnlichen Gemälde der Dresdener Galerie, bei dem noch ein Mohr der Gruppe hinzugefügt ist, wiederzuerkennen. Beide haben den gleichen Charakter wie jene Apostelbilder. Das Brüsseler Bild, flüchtiger und unwahrer, erscheint als das frühere; es ist 1617 oder selbst noch 1616 entstanden. Das Dresdener, das auch durch gleichzeitige Stiche beglaubigt ist, erscheint schon von Rubens' großem Bacchanal in München beeinflußt, von dem die Komposition frei übernommen ist*). Durch das Alter des Dargestellten wie durch alte Zeugnisse als Jugendwerk beglaubigt ist auch das schöne Selbstbildnis van Dycks in der Pinakothek zu München. Wenn es nicht das 1618 gemalte Original ist, nach dem Meyssens seinen Stich anfertigte, so ist es eine wenig später entstandene, nur unbedeutend veränderte Wiederholung. Der Künstler hat sein eigenes Bildnis mit ungewöhnlicher Sorgfalt und Liebe ausgeführt.

Außer diesen urkundlich beglaubigten Bildern dürfen wir eine Reihe anderer Gemälde sowohl nach ihrer inneren Verwandtschaft mit jenen Werken, wie nach ihrer Herkunft, nach der Tradition oder anderen indirekten Beweisen als Jugendwerke van Dycks ansprechen. Zunächst sind offenbar alle Gemälde des Künstlers, die in Rubens' Besitz waren und 1641 mit seiner Sammlung zur Versteigerung kamen, in dieser Zeit vor seiner Reise nach Italien entstanden. Denn als der junge Künstler 1627 nach Antwerpen zurückkehrte, hatte Rubens eben seine Gattin Isabella Brant verloren und suchte Zerstreuung auf Reisen und in diplomatischer Tätigkeit, infolge deren er bis zu seiner Vermählung mit Helene Fourment Ende des Jahres 1630 nur vorübergehend in der Heimat weilte; bald darauf siedelte aber Anton van Dyck, der zu seinem großen Meister in kein näheres Verhältnis wieder getreten zu sein scheint, ganz nach England über. Schon diese rein äußeren Gründe verweisen also die Entstehung der acht umfangreichen Bilder, welche Rubens von seinem Schüler besaß, in die Zeit, während dieser bei ihm als Gehilfe tätig war. Glücklicherweise lassen sich diese Bilder noch mit mehr oder weniger Bestimmtheit nachweisen. Zwei darunter sind etwas verkleinerte Wiederholungen von Gemälden, die zu einer Folge von Passionsbildern gehören, deren Originale sich jetzt in der Berliner Gemäldegalerie und in einer amerikanischen Sammlung befinden.

Die beiden Berliner Bilder: »Die Verspottung Christi« und »Die Ausgießung des hl. Geistes«, wurden zusammen erworben

*) In Verbindung mit diesen Bildern entstand wohl auch das in der Farbe sehr leuchtende Brustbild eines Satyrs, das sich eine Zeitlang in der Sammlung A. Thiem zu San Remo befand.

mit »Den beiden Johannes«, die vielleicht die Schutzheiligen der Kirche waren, für welche die Bilder gemalt wurden. Prinz Heinrich brachte sie um das Jahr 1775 aus den Niederlanden nach Berlin. Ihre äußere Beglaubigung erhalten sie durch die große Inschrift auf den »Beiden Johannes«: *A^io^ van Dyck fecit.* Obgleich unter sich von sehr verschiedenem künstlerischen Wert, tragen alle drei doch den gleichen Charakter in ausgesprochenster Weise an sich und kennzeichnen sich als Jugendwerke des Künstlers durch die Übertreibung der Eigenart des Rubens, durch Steigerung der Gestalten in das Kolossale, gespreizte Zeichnung der Extremitäten, glühendes Kolorit und tiefere und wärmere Färbung. In der »Verspottung Christi« und zum Teil auch noch in den »Beiden Johannes«, zu denen die Akademie in Madrid die geistreiche Skizze besitzt, treten diese Eigentümlichkeiten des Künstlers meist in vorteilhafter Weise in Erscheinung, in der »Ausgießung des hl. Geistes« sind sie dagegen zur Karikatur verzerrt. In der »Verspottung Christi« geht der Schüler in Pracht und Kraft der Farben, in Tiefe der Stimmung, in Leuchtkraft des Tons weit über seinen Lehrer hinaus und kommt darin den großen venezianischen Malern nahe. Mit der Wucht der Gestalten, mit der Pracht der Färbung und ihrer Leuchtkraft steht die Freiheit und Breite der Ausführung in glücklichstem Einklang. In den Schatten sind die Farben oft nur angedeutet: auf dem dünnen grauen Grunde sind die Konturen ganz breit mit flüchtigem Pinsel eingeschrieben, während in den Lichtern die Farbe breit und fett aufgetragen ist. Dadurch erhält das Bild seinen außerordentlich frischen Eindruck, und erscheinen zugleich die Formen nicht so übertrieben kolossal, wie sie in Wirklichkeit sind.

Die »Beiden Johannes« haben in der Färbung und Behandlung die ähnlichen Vorzüge. Doch war schon das Motiv den Fähigkeiten des Künstlers nicht so gelegen. Die nervöse Erregbarkeit kommt in diesen beiden Einzelgestalten, die eine gewisse ruhige Monumentalität erforderten, in allzu starker Bewegung unvorteilhaft zum Ausdruck; auch treten die Übertreibungen und Fehler in der Zeichnung bei der Durchsichtigkeit des Aufbaues viel stärker hervor, als in reichen, bewegten Kompositionen, wie in der Verspottung Christi. Nach dieser Richtung könnte die dritte Komposition, die Ausgießung des hl. Geistes, als günstigeres Motiv erscheinen; wenn dieses Bild dennoch in jeder Beziehung selbst hinter den »Beiden Johannes« weit zurücksteht, so liegt der Grund wohl in erster Linie darin, daß dem Künstler zur Erfassung dieses ganz innerlichen, transzendentalen Gegenstandes die Tiefe und der Ernst der Auffassung abgingen, und daß er gerade mit seinem jugendlichen Ungestüm in dieser ersten Zeit seiner Tätigkeit ein solches Motiv in die Karikatur verzerren mußte. Schon mit der Komposition hat der Künstler nicht zustande kommen können: die Figuren sind verzettelt und zum Teil ungeschickt angeordnet; und statt einer Wiedergabe der inneren Begeisterung und Erregung hat er sich damit begnügt, die Apostel und Maria in hektischer Aufregung darzustellen, so daß ein beinahe widerwärtiger Eindruck entsteht. Ein drittes Bild der Passionsfolge, die Gefangennahme Christi, ist neuerdings aus der Galerie des Lord Methuen zu Corsham House in eine amerikanische Sammlung übergegangen. Das Bild steht der Verspottung Christi in Auffassung und an künstlerischem Wert nahe.

Von zwei Bildern dieser Folge, von der »Gefangennahme Christi« und von der »Verspottung Christi« befinden sich Wiederholungen in der Galerie des Prado zu Madrid; Philipp IV. ließ sie 1641 auf der Versteigerung des künstlerischen Nachlasses und der Sammlungen von Rubens in Antwerpen für sich erwerben. Rubens hatte unter den im Auftrage einer Abtei zu Brügge gemalten Gemälden die beiden, deren Motiv dem Talent des jungen Künstlers am besten lagen, erkannt und bestellte nach ihnen Wiederholungen für seine eigene Galerie. Da hier der Meister unmittelbaren Einfluß auf die Ausführung ausübte, erscheinen sie schon in der Komposition, namentlich aber im Ausdruck und in den malerischen Qualitäten den ersten Exemplaren noch entschieden überlegen. Die »Dornenkrönung« ist etwas kleiner; durch Verzicht auf einige Figuren ist die Komposition klarer geworden, die Färbung ist gemäßigter und die Karnation nicht so übertrieben warm als in dem Berliner Exemplare. Auch die »Gefangennahme Christi« ist dem größeren Bilde desselben Motivs aus Corsham House noch überlegen. Hier steht van Dyck durchaus auf der Höhe der Kunst seines Lehrers. Die aufgeregte Szene ist von gewaltigem Leben beseelt, ohne daß Übertreibungen wie in jenem ersten Exemplar stören. Die Farbenwirkung ist durch die Fackelbeleuchtung eine sehr eigenartige und besonders effektvolle. Lichtwirkung, Färbung und malerische Behandlung erinnern an Meisterwerke Tizians aus dessen letzter Zeit, wie an die »Dornenkrönung« in München und im Louvre. Überall hat der Rat des Lehrers, für den van Dyck die Wiederholung ausführte, die überschüssige Kraft des jungen Künstlers einzuschränken verstanden, hat ihn vor Übertreibungen bewahrt und seine außerordentliche Begabung in wunderbarer Weise zur Geltung zu bringen gewußt. Selbst in der Empfindung, in der Erscheinung der edlen Heilandsfigur, deren hehre Haltung im wirkungsvollen Gegensatz zu der Aufregung der Jünger und der rohen Gewalt der Schergen steht, zählt dieses Bild zu dem hervorragendsten, was die vlämische Kunst überhaupt hervorgebracht hat. Und doch wird es noch übertroffen durch die große, in ihrer Art sorgfältig durchgeführte Skizze in der Galerie Cook zu Richmond.

Mit diesen Bildern ist die Zahl der eigenhändigen Werke, welche van Dyck in diesem kurzen Zeitraum von etwa drei Jahren vollendete, nicht entfernt erschöpft; auf Grund einiger urkundlich beglaubigten oder durch Zeitgenossen für diese frühe Zeit gesicherten Werke und durch den Vergleich mit den oben genannten Gemälden des Passionszyklus können wir jetzt schon mehr als die zehnfache Zahl, darunter eine Reihe sehr umfangreicher Gemälde, nachweisen, die er in der Zeit von seiner Ernennung zum Freimeister bis zu seiner Abreise nach Italien, neben den für Rubens nach dessen Skizzen ausgeführten Werken, selbständig geschaffen hat.

Als eines seiner frühesten Werke ist die »Kreuztragung« in der Dominikanerkirche zu Antwerpen beglaubigt, ein Gemälde, das sich jenen anderen Darstellungen aus der Passion nahe anschließt und vielleicht ursprünglich zu demselben Zyklus gehörte. Sodann entstand in dieser Zeit eine ganze Reihe von Gemälden mit dem hl. Hieronymus, von denen sich zwei in Rubens' Besitz befanden; darunter auch das Hauptbild, »Der knieende Hieronymus in Bußübungen«, jetzt in der Dresdener Galerie, ein koloristisches

Meisterwerk, zugleich eine so großartige Charakterfigur, wie sie van Dyck nur ausnahmsweise geschaffen hat. Ein kleineres Bild desselben Motivs, in der Galerie des Prado, erscheint wie eine Vorarbeit dazu. Noch früher ist ein hl. Hieronymus im Gebet in der Galerie Liechtenstein. Hier haftet der Künstler noch ganz am Modell; er gibt den buckligen Alten mit derber Wahrheit wieder. Der große Hieronymus in der Galerie zu Stockholm, von dem verschiedene alte Wiederholungen vorkommen, erscheint gleichfalls bei dem engeren Anschluß an Rubens, insbesondere an dessen Gemälde gleichen Motivs in der Galerie zu Dresden, als eine jenem Dresdener Exemplare noch vorausgehende Arbeit.*)

Charakterfiguren von scharf ausgesprochenen Zügen, wie der Hieronymus, lagen besonders dem Sinn und dem Talent des jungen Künstlers. Daher finden wir von ihm in dieser Zeit auch verschiedene Gemälde der hl. Magdalena, die meist in Halbfigur, als herbe Büßergestalt, den reuevollen Blick nach oben gewendet, dargestellt ist. Eines dieser Bilder befindet sich in der Oldenburger Galerie, ein zweites ähnliches Gemälde bei Sir Francis Cook in Richmond, das große Hauptwerk besitzt das Rijksmuseum. Ein ganz ähnliches Werk, eine leidenschaftlich aufblickende Frau, im Hofmuseum zu Wien, ist nicht als Magdalena gedacht, sondern die Studie zu einer Frauengestalt des großartigen Bildes der Schlangenanbetung im Museo del Prado zu Madrid. Dieses schon seinem Motiv nach der Begabung des jungen Künstlers besonders entsprechende Gemälde erscheint in dem tiefen rötlichen Kolorit des Fleisches, in der Zeichnung der Extremitäten, in den Typen als ganz charakteristisches Werk des jungen van Dyck, wie der Vergleich mit der in demselben Raum hängenden »Gefangennahme Christi« zweifellos macht. Wie verschieden Rubens dasselbe Motiv auffaßte und malte, beweist das bekannte Gemälde dieses Gegenstandes von seiner Hand in der National Gallery zu London. Als charakteristisches Jugendwerk

*) Eine flüchtige kleine Skizze zu diesem Bilde in der Sammlung Rud. Kann zu Paris. Der gleichen Darstellung in der Galerie von Lord Spencer zu Althorp, die Waagen anführt, erinnere ich mich nicht; ebensowenig kann ich über das von Waagen genannte Jugendwerk des hl. Hieronymus im Besitz von Mr. Matthew Anderson Auskunft geben.

hat man auch den »Barmherzigen Samariter« aus einer polnischen Sammlung in der van Dyck-Ausstellung zu Antwerpen 1899 erkannt. Ein anderes, mit Recht sehr bewundertes Werk unter Rubens' Namen, der »hl. Martin« in der Galerie zu Windsor, ist schon durch Rooses als ein Werk der frühen Zeit des van Dyck erkannt worden. Es ist sehr wahrscheinlich identisch mit dem Gemälde, welches sich in der Versteigerung von Rubens' Sammlungen befand. Eine Reihe meist weniger bedeutender Bilder und Studien dieser Zeit, die wir unten zusammenstellen, haben ausgesprochen den gleichen Charakter*).

*) In Rubens' Besitz befand sich auch ein mythologisches Motiv von der Hand des van Dyck, »Jupiter bei Antiope«. Max Rooses hat das Bild in einem Gemälde der Münchener Pinakothek (früher in Schleißheim) wiedererkennen wollen; doch gilt dieses Bild mit Recht nur als das Werk eines Nachfolgers; das echte Bild ist aus Rubens' Besitz nach England gekommen und befindet sich jetzt in der Galerie des Earl Wemyss zu Gosford. Zwei Kopien van Dycks, die Rubens besaß, einen Karl V. zu Pferde (angeblich nach Tizian) in den Uffizien und den hl. Ambrosius in der National Gallery zu London, der eine kleinere Wiederholung des herrlichen großen Gemäldes von Rubens im Hofmuseum zu Wien ist, sind weniger bedeutende Arbeiten dieser Zeit. Eine heilige Familie in der Cookschen Galerie zu Richmond und die Madonna mit der hl. Anna bei S. Wedells in Hamburg schließen sich noch ganz an Rubens an, auch in der helleren, etwas glasigen Färbung. Ähnliches gilt vom »David und Goliath« in der Galerie Leuchtenberg zu Petersburg, von dem größeren Einzug Christi in Jerusalem, der 1905 auf der Versteigerung Mersch in Berlin vorkam, und von der Verspottung Christi der Sammlung Virnich in Bonn (ausgestellt in Düsseldorf 1904). Dem Hieronymus der Dresdener Galerie steht die Kreuzigung Petri in der Galerie zu Brüssel (Nr. 262) in der tiefen, violettroten Fleischfarbe, dem trockenen Auftrag der Farben und der Breite der Behandlung ganz nahe. Heller, aber auch bunter in der Farbe ist das große Martyrium des hl. Sebastian in der Münchener Pinakothek. Das kleinere Bild des gleichen Motivs und die ganz verwandte Susanna in dieser Sammlung zeigen in der malerischen Behandlung und Färbung, in der tonigen Wirkung und im Helldunkel den unmittelbaren Einfluß der venezianischen Meister, namentlich des Tintoretto, den der junge Künstler aus manchen Werken in der Sammlung seines Meisters kannte. Daß diese Bilder gleichfalls um 1618/19 entstanden, beweist schon der jugendliche Kopf des Sebastian, das treue Porträt des Künstlers.

Von ähnlicher venezianischer Leuchtkraft der Farbe ist ein kleineres Bild mit Nymphen, die von Satyrn verfolgt werden, in der Berliner

Verschiedene der hier zusammengestellten Gemälde mit historischen Motiven beschreibt schon Max Rooses als Jugendwerke des van Dyck, dagegen glaubt er dieser Zeit nur ein einziges Porträt mit Wahrscheinlichkeit zuweisen zu können, ein männ-

---

Galerie. Für ein derbes, sehr frühes Werk des Anton van Dyck halte ich auch das als Rubens ausgegebene große Bild der Galerie im Dulwich College, »Simson und Delila« (Nr. 168). Ein besonders sorgfältig durchgeführtes, im engsten Anschluß an Rubens gemaltes Werk in der Galerie im Buckingham Palace: »Christus, der die Kranken heilt«, das richtig van Dyck benannt ist, schließt sich hier an. Ein sehr charakteristisches Jugendwerk des Künstlers kam auf der Versteigerung der Galerie Marlborough in den Besitz einer englischen Dame, »Christus und die Kindlein«; eigentlich ein vlämisches Familienbild, bei dem das biblische Motiv nur den Vorwand des Bildes abgab. Zwei Studienköpfe für dieses Bild besaß gleichzeitig der Kunsthändler E. Warneck in Paris. Studienköpfe verschiedener Art, meist flüchtig, aber sehr wirkungsvoll behandelt, kommen nicht selten vor, fast regelmäßig wieder unter Rubens' Namen. So galten als dessen Werke der aufblickende Apostel der Berliner Galerie und ebenda die Studie eines alten Mannes zu dem früher genannten Bilde der »Ausgießung des heiligen Geistes«; letzteres interessant auch dadurch, daß die flüchtige, aber sehr geistreiche auf Papier gemalte Skizze von Jordaens, dem sie der junge Künstler wohl verehrt hatte, auf Holz aufgeklebt und ringsum vervollständigt worden ist. Geringer ist die mit der Sammlung Suermondt erworbene Halbfigur des Apostels Petrus in demselben Museum. Einen ähnlichen Kopf eines aufblickenden Mannes hat kürzlich die Galerie in Brüssel erworben; wohl gleichfalls eine Studie zu der »Ausgießung«. Sehr charakteristisch ist weiter die Studie mit den Negerköpfen in der Brüsseler Galerie. Andere, ganz flüchtige Studienköpfe dieser Zeit besitzen die Münchener Pinakothek, die Galerien zu Augsburg und Bamberg; die letztere Sammlung sogar drei dieser Art, anscheinend gleichfalls Studien zu den oben erwähnten Apostelbildern. Ein betender Mönch kommt in der Galerie Nostiz zu Prag vor, mit dem wieder Studienköpfe in der Galerie Moltke zu Kopenhagen (Nr. 10) und in der Eremitage (Nr. 629) zusammengehen. Wie van Dyck damals gelegentlich auch andere Künstler als seinen Meister auf sich wirken ließ, zeigt die Halbfigur eines hl. Jacobus, offenbar eine freie Kopie nach Ribera (1891 bei Ch. Sedelmeyer in Paris). Daß er gleichzeitig bisweilen auch dritten Antwerpener Künstlern behilflich war, zeigen die trefflichen Figuren in den großen Stilleben von Snyders im Hofmuseum zu Wien und in der Haager Galerie, und die Gestalten im Vordergrunde auf der Schlacht von P. Snayers in der Münchener Pinakothek; in letzerer finden wir den Gaul des hl. Martin in Windsor wiederholt.

liches Bildnis im Besitz des Herrn Alfons della Faille in Antwerpen. Die Bildnisse aus dieser ersten Periode seines Schaffens lassen sich jedoch gleichfalls nach Dutzenden zählen; ich erkenne solche Bilder namentlich in einer Reihe von Gemälden, die noch heute als Meisterwerke des Rubens bewundert werden. Das 18. Jahrhundert hatte von dieser frühen Tätigkeit des van Dyck noch eine richtigere Kenntnis, wenn auch vielleicht nur auf Grund der Tradition; denn so weit sich jene Bildnisse überhaupt zurückverfolgen lassen, galten sie damals noch fast ausnahmslos als Gemälde des van Dyck.

Als besonders charakteristisches Bild des jungen Künstlers habe ich den »Christus und die Kindlein« aus der früheren Galerie Blenheim bezeichnet. Da hier die Bildnisse mit Idealfiguren gemischt sind, läßt sich leicht und mit Sicherheit bei einem Vergleich mit zahlreichen jener oben genannten biblischen Bilder an der manierierten Zeichnung der Hände, an dem Kolorit und der Behandlung der junge van Dyck erkennen. Ganz ähnlichen Charakter zeigt ein Familienbildnis, unter Jordaens' Namen, in der Galerie von Sir Francis Cook zu Richmond. Weit bedeutender, aber nicht weniger charakteristisch ist das dem Rubens zugeschriebene große Porträtstück eines älteren Ehepaares in der Galerie zu Budapest*).

---

*) Schon durch das Alter der Dargestellten lassen sich sodann zwei berühmte Bildnisse van Dycks, den Maler Frans Snyders und seine Gattin darstellend (das eine jetzt in Castle Howard, das andere in Warwick Castle), als Werke des Künstlers aus dieser frühen Zeit bestimmen. Genau den gleichen Charakter tragen verschiedene Bildnisse, die gleichfalls jetzt meist in englischem Privatbesitz sind: eine junge Dame mit ihrem Kinde und ein männliches Bildnis bei Lord Brownlow in Ashridge Park, eine junge Frau bei Lord Denbigh in London, ein ähnliches Bildnis in Petworth, der Cornelius van der Geest in der National Gallery und ein diesem Bilde nahe verwandtes männliches Bildnis unter Rubens' Namen in der Galerie zu Brüssel (Nr. 419; datiert 1619). Zu den frühesten Porträten gehört nach der ganz derben, flüchtigen Behandlung und dem fetten Farbenauftrag das Bild eines Lautenspielers vor landschaftlicher Ferne bei Herrn Wiener in Berlin. Andere, meist nicht weniger bedeutende Bildnisse dieser Zeit bei Madame André in Paris (stattliches Porträt eines beleibten alten Herrn aus der Sammlung Rothan, in der es dem Jordaens zugeschrieben war), Mr. Cart-

Als hervorragendste Werke unter diesen (in der Fußnote aufgezählten) Jugendporträts des Anton van Dyck seien ein paar große Bildnisse der Eremitage genannt, die zu seinen schönsten Werken und überhaupt zum Schönsten gehören, was die Porträtmalerei aufzuweisen hat. Zwei darunter haben früher stets als Gemälde des van Dyck gegolten; sie haben alle charakteristischen Eigenschaften der vorstehend genannten Bildnisse. Das eine, ein junges Ehepaar mit einem Kinde darstellend, galt als die »Familie des Frans Snyders« (Nr. 627); eine Bezeichnung, die schon deshalb hinfällig ist, weil Snyders niemals Kinder hatte. Von gleicher Meisterschaft und gleichem Liebreiz ist die »junge Dame mit

---

wright (eine junge Frau und ein alter Mann), im Kestner-Museum zu Hannover (ein treffliches männliches Porträt), in der Sammlung Stroganoff zu St. Petersburg (ein Antwerpener Gelehrter und seine Gattin, besonders hervorragende Werke), die Porträts von P. Hecke und seiner Frau, unter Rubens' Namen in der Sammlung G. v. Rothschild zu Paris, ein »Junges Mädchen« in der Sammlung Holford zu London (Rubens genannt), die Bildnisse von Herrn und Frau de Vinck im Privatbesitz zu Antwerpen, andere Bilder in der Galerie zu Madrid (Bildnis eines Geistlichen, Nr. 1334), in der Galerie zu Kassel (die »Frau mit der Rose«, das »Ehepaar Snyders« und das »Porträt des Malers Wildens«), namentlich aber eine ganze Reihe von Porträts in der Galerie zu Dresden und in der Galerie Liechtenstein zu Wien. In der letztgenannten Sammlung führen drei dieser Bildnisse: zwei Gegenstücke, Mann und Frau im mittleren Alter, sowie das große Bild einer jungen Dame im Lehnstuhl noch heute den Namen des van Dyck. Zwei andere, die Bildnisse eines älteren Mannes und seiner Ehefrau, bei denen neben dem Alter der Dargestellten das Jahr 1618 als Zeit der Entstehung im Hintergrunde angegeben ist, sind jetzt, entgegen der alten Bezeichnung, dem P. P. Rubens zugeschrieben, dem sie in der Tat noch sehr nahe stehen. Aber die eigentümliche, für A. van Dyck ganz charakteristische Zeichnung der spitz zulaufenden Finger, die grauen Schatten, die etwas nüchterne Behandlung des Details sprechen ebensosehr gegen Rubens, wie sie für die erste Zeit des van Dyck bezeichnend sind.

Den gleichen Charakter hat das Porträt eines Mannes mit den Handschuhen in der Rechten, welches das Metropolitan-Museum in New York aus der Sammlung des Lord Methuen (unter Rubens' Namen) erworben hat, sowie der junge Mann der Familie de Charles von 1620 im Besitz von Sir George Donaldson in London. Nahe verwandt, wenn auch entschieden geringwertiger, sind die kleineren Bildnisse eines anderen alten Ehepaares aus demselben Jahre 1618 in der Galerie zu

ihrem Töchterchen« (Nr. 635, jetzt Rubens zugeschrieben), angeblich Susanna Fourment und ihre Tochter Katharina, beide in ganzer Figur; ein Bild, das aus der Sammlung Choiseul erworben wurde. Aber auch das berühmte Bildnis der Isabella Brant, mit dem Triumphbogen von Rubens' Palast in der Ferne, erscheint mir als ein Meisterwerk des Schülers und nicht des Lehrers. Ich vermute, daß es das Bild ist, welches van Dyck von Rubens' Gemahlin malte, als er aus seinem Hause ausschied, um nach England zu gehen. Das reiche Kolorit, der leuchtend warme Ton, die feinen grauen Schatten, die Zeichnung der schlanken Hände sind durchaus bezeichnend für ihn und abweichend von der Art des Rubens.

Dresden. Hier spricht schon eine gewisse schülerhafte Ungeschicklichkeit in der Anordnung und Behandlung gegen die Urheberschaft des Rubens, dessen Bildnisse aus diesen Jahren schon vollste künstlerische Freiheit bekunden. Als eine flüchtige, den Apostelköpfen verwandte Porträtstudie aus der Frühzeit van Dycks darf wohl auch das fast braun in braun gemalte Brustbild eines jungen Mannes in derselben Sammlung angesehen werden. Einige Jahre später entstanden sodann das leuchtende, durch den emailartigen Farbenauftrag ausgezeichnete Porträt einer jungen Frau, die das Kopftuch kokett über den Kopf zieht (eine freie Kopie nach dem Bildnis von Rubens bei G. v. Rothschild zu Paris), und das wie das vorige ebenfalls in Dresden befindliche köstliche Porträt einer Dame mit ihrem Kinde, das den oben zusammengestellten Frauenbildnissen der englischen Privatsammlungen, wie der Gattin des Snyders bei Lord Warwick u. a. m., vollständig entspricht. Von gleicher Schönheit ist das Bildnis des »Herrn, der sich die Handschuhe anzieht« (Nr. 1023 C). Charakteristische Arbeiten des van Dyck scheinen mir auch die Bildnisse eines jungen Ehepaares in der Dresdener Galerie (dem eben genannten alten Ehepaare noch nahestehend) und das berühmte Porträt eines alten Mannes, der neben einem Stuhl steht, in der Galerie Liechtenstein zu sein. Ganz ähnlich behandelt sind die beiden herrlichen Bilder eines jungen Mannes und seiner Frau in der Galerie der Eremitage (Nr. 580 und 581), die wie die vorgenannten dem Rubens zugeschrieben werden. In der geistreichen Flüchtigkeit der Behandlung, in der frischen, farbigen Karnation haben diese Bilder noch soviel Verwandtschaft mit den gleichzeitigen beglaubigten Bildnissen des Rubens, daß in der Tat nur ein aufmerksamer Vergleich mit den zahlreichen Jugendwerken des van Dyck und mit den zweifellosen Bildnissen seines Lehrers zu einer Entscheidung über die Urheberschaft führen kann.

In allen diesen Bildern ist die Eigenart des van Dyck so deutlich ausgesprochen, daß wir nur selten noch zweifeln werden, ob wir sie ihm oder seinem Lehrer zuzuschreiben haben, wenn auch beide Künstler bei dem starken Einfluß, den der Meister auf den Schüler ausübte, in dieser Zeit auf den ersten Blick zum Verwechseln ähnlich erscheinen. Am augenfälligsten, namentlich bei größeren Kompositionen van Dycks, ist die Tiefe der Farben und die außerordentliche Wärme des Tones. Im Fleisch vermeidet er die kühlen bläulichen Halbschatten und die roten Töne, die für Rubens so charakteristisch sind: seine Halbschatten sind grau getönt, gelegentlich ins Grünliche fallend, und die tiefen Schatten sind von einem warmen, zuweilen fast branstigen Braun; im Licht ist das Fleisch von leuchtend blonder Färbung, bei älteren Personen rötlichbraun. Das Kolorit des Künstlers ist von einer Glut und Kraft, wie es kaum die großen Venezianer, Tizian und Tintoretto, erreichen; freilich zuweilen auf Kosten der Wahrheit. Ebenso charakteristisch ist die Zeichnung, namentlich in den Extremitäten: Finger und Zehen sind auffallend lang und gespreizt, die Finger spitz zulaufend. Der Auftrag der Farben ist deckender als bei Rubens, und der Grund ist nur bei ganz großen Gemälden hier und da stehen gelassen. Die Untermalung, die dann zum Vorschein kommt, ist meist grau, die von Rubens, welche namentlich in den Halbschatten stark mitspricht, dagegen braun. Hat der Meister eine flüssige, in früherer Zeit gelegentlich etwas glasige Behandlung, so ist der Farbenauftrag des Schülers trocken und pastos; daher nimmt dieser fast immer Leinwand für seine Bilder, während Rubens mit Vorliebe auf Holz malt. Im allgemeinen gilt von van Dyck für diese Zeit, daß er nach allen Richtungen die Eigenart seines Meisters noch übertreibt: seine Gestalten sind noch kolossaler und muskulöser, seine Farben sind noch reicher und brillanter, seine Ausführung ist noch breiter und flüchtiger. Nur wo er unmittelbar der Natur gegenübersteht, namentlich im Bildnis, erscheint er abhängiger vom Modell und deshalb gemäßigter und schlichter in der Auffassung als sein Meister. Gerade in der beschränkten Begabung van Dycks liegt es begründet, daß er mehr zum Bildnismaler befähigt war, als sein Lehrer. Die gewaltige Gestaltungskraft und übersprudelnde Phantasie mußten Rubens in der Wiedergabe des Modells, der einzelnen Individualität unwillkürlich zur Stilisierung, zur Verallgemeinerung und Übertreibung der Formen verleiten. Das einfachere, weniger eigenartige Talent seines Schülers bedinge nicht nur seine Abhängigkeit von den größeren Meistern, unter deren Einfluß er kam, sondern zugleich auch eine glückliche Abhängigkeit von der Natur, von der einzelnen Persönlichkeit, die er wiederzugeben hatte. Diese Naturwahrheit und der Respekt vor der Individualität, die Sicherheit in ihrer Erfassung und die Wärme in der Wiedergabe, verbunden mit gewähltem Geschmack und vornehmer Auffassung, sind die Eigenschaften, die den Künstler zu einem der größten Bildnismaler aller Zeiten machen. Van Dyck ist nicht nur ein nüchterner Kopist seiner Modelle, wie so mancher seiner Zeitgenossen in den spanischen wie in den holländischen Provinzen: wir lesen aus den Formen den Geist der Personen, die er gemalt hat, und zu ihrer Individualität hat er noch ein Stück der eigenen Natur hinzugetan, gerade das beste, die vornehme ritterliche Erscheinung, die den eigentlichen Zauber seiner Bildnisse ausmacht.

Neben dieser stark ausgesprochenen Individualität und Naturwahrheit sind es auch verschiedene äußere Merkmale, an denen man die Bildnisse des Schülers aus der Zeit seiner Mitarbeit bei Rubens von denen des Meisters unterscheiden kann. Zunächst kennzeichnet sie schon eine gewisse Gleichmäßigkeit, in den ersten Jahren selbst Nüchternheit der Anordnung. Van Dyck stellt seine Modelle vor eine einfache dunkle Wand oder vor einen farbigen Vorhang, der vor einer Säule gerafft ist. Das meist dunkle Kostüm pflegt flüchtig und Rubens gegenüber auffallend handwerksmäßig hingestrichen zu sein. Die Haltung — die Figuren sind regelmäßig stehend und in Dreiviertelansicht gegeben — ist ungesucht, aber nicht selten fast nichtssagend; die Art, wie die Hand der Männer zu einer derben Faust geballt ist, wie die herabhängende Hand der Frauen leblos in spitzen Fingern ausläuft oder im Schatten versteckt ist, wirkt gelegentlich recht unerfreulich, während einzelne dieser Porträts wieder von größtem Zauber in Anordnung und Zeichnung sind. Sehr charakteristisch sind die außerordentliche Helligkeit und Leuchtkraft der Fleischfarbe, die warmen, fast gleichmäßig blonden Lichter und die kühlen grauen Schatten, die in der größten Dunkelheit oft fast schwarz werden, während Rubens' Fleischfarbe gleichzeitig die bläulichen Halbtöne, bräunlichen Schatten und rötlichen Lichter zeigt. Und während Rubens in den Schatten zwischen den Fingern, im Mund, in der Ohrmuschel und so fort zur Auflichtung gern einen roten Reflexton aufsetzt, finden wir bei van Dyck an der gleichen Stelle oft einen undurchsichtigen tiefschwarzen Strich. Die Lichtwirkung ist bei dem Schüler noch intensiver, das Helldunkel ist wesentlich tiefer gestimmt. Endlich erhöht auch die nervöse Reizbarkeit, die der Künstler seinen Gestalten verleiht, die Lebendigkeit seiner Bildnisse in pikanter Weise.

Wenn der junge van Dyck nur diese im Lauf weniger Jahre entstandenen Bildnisse und historischen Bilder, deren wir jetzt schon mehr als hundert nachweisen können, gemalt hätte, so hätte er damit schon eine Schaffenslust und Schaffenskraft bewiesen, wie sie einzig dasteht in der Jugendgeschichte großer Künstler. Kaum einer der routiniertesten Schnellmaler hat auf der Höhe seiner Tätigkeit Gleiches geleistet. Wir wissen aber jetzt, daß van Dyck gleichzeitig auch als Gehilfe für Rubens in hervorragender Weise tätig war. Eine Reihe der berühmtesten Bilder des großen Meisters sind unter wesentlicher Beihilfe van Dycks entstanden. Diese Tatsache hat zuerst der zufällige Fund einer alten Prozeßakte in helles Licht gerückt. Darüber hinaus aber können wir aus der Kenntnis der Eigenart der beiden Meister in dieser Zeit, wie wir sie aus dem Studium der eigenhändigen Werke gewonnen haben, noch eine ganze Reihe anderer, meist hervorragender Gemälde zusammenstellen, bei denen die Anlage von Rubens herrührt, die Ausführung aber im wesentlichen das Werk des van Dyck ist.

Wo man immer das Wesen des Meisters der vlämischen Schule zu würdigen versucht hat, sind die Gemälde mit der Geschichte des Decius Mus unter der Reihe seiner Meisterwerke aufgeführt worden. Die Bewunderung für diese der Anlage des Künstlers so ganz entsprechenden Kompositionen hat kaum die Frage auftauchen lassen, ob sie Rubens allein gemalt oder ob er sich bei ihrer Ausführung der Hilfe seiner Schüler bedient habe. Mit nicht geringem Erstaunen wird man daher in der verdienstvollen »Geschiedenis der Antwerpsche Schilderschool« von Joseph van den Branden diese Gemälde, statt unter den Werken des Rubens, vielmehr unter denen seines Schülers Anton van Dyck aufgezählt finden. Und doch hat van den Branden seine guten Gründe dafür; verschiedene Urkunden, die so deutlich und überzeugend sprechen, daß wir sie nicht einfach übergehen können, nennen van Dyck als den Maler. Der Sachverhalt ist folgender. In einer im Notariatsarchiv der Stadt Antwerpen aufbewahrten Urkunde vom 16. Februar 1661 erklären Gonzales Cocx, der bekannte Antwerpener Bildnismaler, ein Landsmann und Zeitgenosse des Rubens und van Dyck, und sein Nachbar Junker Jan Baptist van Eyck, fünf der Gemälde mit »de Historie van den Keyser Decius«, gemalt von Antonio van Dyck, um 400 vlämische Pfund oder 2400 Gulden gekauft zu haben. Das sechste Bild dieser Folge befand sich damals schon in dem Besitz der beiden Käufer; sämtliche Bilder kamen im großen Saale des Hauses von Junker van Eyck auf der Lange Gasthuisstraat zur Aufstellung. Eine etwa zwanzig Jahre jüngere Urkunde spricht sich noch etwas ausführlicher über die Urheberschaft an den Gemälden aus: am 15. August 1682 gibt der schwerkranke G. Cocx zu Testament, daß er Miteigentümer sei an den »Stucken van Decius, geschildert van van Dyck, naer de schetsen van Rubens«. Zehn Jahre später, nach dem Tode des J. B. van Eyck am 9. Juli 1692, werden die Bilder im Nachlaßinventar im Saale des Eyckschen Hauses in folgender Weise aufgeführt: »Ses stucken schilderije, geordonneert (komponiert) door den heere Rubbens ende opgeschildert (ausgeführt) door den heere van Dyck, wesende de Historie van den Dicius« (folgt die Aufzählung der einzelnen Bilder).

Diese Beschreibung und die übereinstimmenden und wiederholten Erklärungen über die Urheberschaft der Bilder sind von überzeugender Klarheit. Wenn bei dem Überraschenden dieser Tatsache noch Zweifel bleiben, so müssen sie vor der Summe anderer äußerer und innerer Gründe weichen, die jene Zeugnisse bestätigen. Über die Decius-Folge berichtet uns Rubens in seinen

Briefen an Dudley Carleton, mit dem er wegen des Austausches einer Reihe hervorragender Bilder seiner Hand gegen eine Sammlung von antiken Marmorbildwerken in Unterhandlung stand. Am 26. Mai 1618 schreibt er dem englischen Gesandten im Haag, er werde ihm alle Maße seiner Kartons der Geschichte des Decius Mus, des römischen Konsuls, der sich aufopferte, um dem römischen Volke zum Sieg zu helfen, zusenden; aber er müsse erst nach Brüssel schreiben, da er alle Sachen dorthin an die Fabrikanten geschickt habe. Er habe die »außerordentlich prächtigen Kartons«, so erfahren wir aus einem früheren Briefe vom 12. Mai, auf Bestellung einiger Edelleute aus Genua angefertigt. Daß unter diesen »prächtigen Kartons« nicht Zeichnungen, sondern wirklich die großen Ölgemälde in der Galerie Liechtenstein zu verstehen sind, wird allerdings von A. Rosenberg (»Rubensbriefe«, S. 50) bezweifelt, doch sicher mit Unrecht. Denn da in diesen Gemälden die Figuren linkshändig sind, so ist es zweifellos, daß sie als Vorlagen für Teppiche gedacht waren; dasselbe beobachten wir bei anderen großen Gemälden der Art — ich nenne die Triumphe der Religion —, die gleichfalls als Vorlagen für Gobelins entstanden.

Wie für die Decius-Folge, so haben wir für einen zweiten noch umfangreicheren Zyklus Rubensscher Gemälde, für die Dekorationen, welche die Jesuitenkirche in Antwerpen schmückten, die urkundliche Gewißheit, daß van Dyck an der Ausführung beteiligt war; wurde doch in dem Kontrakt vom 29. März 1620 seine Beihilfe ausdrücklich ausbedungen. Freilich kann hier der junge Künstler nicht bis zum Abschluß mit tätig gewesen sein, da er bereits am 25. November desselben Jahres nach London übergesiedelt war. Nach der Mitarbeit bei diesen beiden großen Bilderzyklen ist es an sich schon wahrscheinlich, daß van Dyck, solange er bei Rubens als Gehilfe tätig war (er wohnte damals, wie uns ein Zeitgenosse erzählt, bei ihm im Hause), auch für andere Arbeiten von diesem in ähnlicher Weise zur Ausführung herangezogen wurde. Da die Gobelins mit den Deciusbildern bereits Ende Mai in Brüssel nach den »Kartons« gewoben wurden, diese also bereits fertiggestellt waren, so trat van Dyck spätestens gleich nach seiner Aufnahme als Meister in die Gilde, am

11. Februar 1618, wahrscheinlich aber schon früher bei Rubens als Gehilfe ein. Spricht doch dieser in einem Briefe an Dudley Carleton vom 28. April 1618 von dem großen Gemälde der »Entdeckung des Achill unter den Töchtern des Lykomedes«, das »von dem besten seiner Schüler gemalt, aber ganz von seiner Hand übergangen sei«. Dieses Bild, jetzt im Pradomuseum, zeigt trotz jener von Rubens erwähnten Übermalung in einzelnen Teilen, namentlich in den beiden männlichen Figuren, deutlich die Hand des jungen van Dyck.

In den Gemälden, die aus Rubens' Werkstatt im Laufe der Jahre 1618 bis 1620 hervorgingen, werden wir also die Beihilfe van Dycks vermuten dürfen. Daß sich der Meister dieser in der Tat in ausgedehnter Weise bediente, beweist ihre genauere Prüfung. Besonders auffällige Beispiele sind ein paar bekannte Bilder der Berliner Galerie, wo die oben besprochenen Jugendwerke des van Dyck zum Vergleich in nächster Nähe hängen.

Die »Auferweckung des Lazarus« ist in Erfindung und Auffassung ein so bezeichnendes, treffliches Werk des Rubens, wie nur irgend eine ähnliche biblische Komposition des Meisters. Die kleine Skizze zu dem Bilde im Louvre weicht nicht bedeutend von dem Berliner Altarbilde ab und hat auch in der Ausführung alle charakteristischen Eigenschaften des Rubens. Bei dem Berliner Bilde ist seine Hand in der Zeichnung wie in der Färbung so kenntlich, daß auch darin das Bild im wesentlichen sein eigen genannt zu werden verdient. Aber etwas Fremdartiges wird man doch hier und da entdecken, wenn man das Bild näher prüft, namentlich in den mehr untergeordneten Teilen des Bildes. Die Färbung hat eine Tiefe, eine Wärme und Kraft der Schatten, die Rubens' ganz eigenhändige Gemälde, namentlich um das Jahr 1618/20, als dieses Altarwerk entstand, nicht aufweisen. Auch die reiche Färbung, das leuchtende Rot des Mantels Christi, das in van Dycks »Verspottung Christi« in ganz gleicher Weise auftritt, weicht von seines Meisters Art nicht unwesentlich ab. Die Zeichnung, namentlich der Hände und Füße, zeigt jene oben charakterisierten Eigentümlichkeiten des van Dyck. Wie Rubens die übertrieben großen und schlanken Extremitäten seines Schülers verbesserte, erkennen wir an den Pentimenten beider Füße des

Christus; der rechte Fuß ist fast um ein Viertel gekürzt. Bei beiden Aposteln, an den Füßen des Lazarus, im roten Gewande des Christus zeigt auch die Behandlung die auffallendste Verwandtschaft mit van Dycks »Verspottung Christi«, während der größte Teil des Bildes, namentlich Köpfe und Hände der Hauptfiguren, von Rubens vollständig übergangen ist. Trotzdem bewirkt die abweichende Untermalung eine von Rubens' ganz eigenhändigen Bildern dieser Zeit nicht unwesentlich verschiedenen Gesamteindruck; man vergleiche das großartige Bild »Christus und die Sünder« in der Pinakothek zu München, das durch den ähnlichen Aufbau, die Verwandtschaft in Haltung und Auffassung der Gestalt Christi und den völlig übereinstimmenden Kopf des Petrus in nächster Beziehung zu dem Berliner Bilde steht und wohl nur kurze Zeit vor diesem entstanden ist. Unserem Bilde sehr verwandt ist auch das berühmte dreiseitige Altarbild der Frauenkirche in Mecheln, »Der wunderbare Fischzug«. Auffassung und Haltung der beiden Hauptfiguren, Christus und Petrus, sind der Hauptgruppe des Lazarus entlehnt; nur ist die Gruppierung die umgekehrte und der Situation entsprechend geändert. Schon der Umstand, daß van Dyck nach diesem Altarwerke eine kleine, grau in grau gemalte Kopie ausführte, die mutmaßlich als Unterlage zu einem Stich dienen sollte, macht es wahrscheinlich, daß er auch hier mit bei der Ausführung tätig war, dessen Hand man schon nach dem Stiche herauserkennen möchte.

Ein zweites, etwa gleichzeitiges Gemälde der Berliner Sammlung, in dem wir gleichfalls die Hand des A. van Dyck neben der seines Lehrers zu entdecken glauben, führt uns in ein ganz anderes Darstellungsgebiet dieses unerschöpflichen Meisters: das »Bacchanal«, das aus der Marlborough Galerie erworben wurde. Der malerischen Wiedergabe des erregten sinnlichen Lebens hat Rubens zu allen Zeiten seinen Pinsel geliehen. In den ersten Jahren nach seiner Rückkehr aus Italien sind es Darstellungen von ruhiger, zuständlicher Art, mythologische oder allegorische Motive, wie der Zyklus zur Verherrlichung des Meeres und die Darstellungen aus der antiken Göttermythe. Mit der Richtung auf das bewegte Leben, auf leidenschaftliche Darstellungen, der sich der Künstler mehr und mehr zuwendet, ändert sich auch der Kreis solcher Vorwürfe; aus den Jahren 1616 bis 1620 stammen jene Schilderungen ausgelassenster sinnlicher Lust, jene Bacchanalien, unter denen das Bild aus Blenheim als das umfangreichste und farbenprächtigste bekannt ist. In seiner späteren Zeit, als Rubens unter den Freuden des Landlebens, die er auf seinem Gute Steen während einiger Monate des Frühjahrs und Sommers genoß, sich mit besonderer Vorliebe der Schilderung der Landschaft hingab, staffierte er seine Landschaftsbilder mit der Schar jener derben Naturgottheiten, mit denen die griechische Phantasie Wald und Feld belebte: er schildert Faune und Nymphen bei der Fruchtlese, auf der Jagd, in tollem Liebesspiel. Das Bacchanal der Berliner Sammlung ist eine besondersfein abgewogene Komposition des Künstlers, die wir in zwei früheren Stadien zu verfolgen imstande sind; beide in einem und demselben Bilde, in dem Bacchanal der Münchener Pinakothek*). Wie die Holztafel, die aus mehreren aneinandergesetzten Teilen besteht, und die verschiedenartige Behandlung erkennen lassen, beschränkte sich die Komposition ursprünglich auf die Hauptgruppe, auf den von einer Alten und einem Neger unterstützten trunkenen Faun. Später ließ Rubens die Tafel nach drei Seiten vergrößern und erweiterte die Komposition in der Weise, wie wir sie jetzt vor uns sehen; die hinzugefügten Figuren sind sehr viel flüchtiger, fast nur skizzenhaft, aber in geistreichster Weise behandelt. In dieser Form bildete das Münchener Bild zweifellos die Unterlage des größeren, sorgfältig durchgeführten Gemäldes in Berlin. Die köstliche zynische Gruppe der trunkenen Fauniskin, die am Boden liegend ihre junge Brut nährt, ist durch eine reizvolle Kindergruppe ersetzt; an Stelle der Alten im Münchener Bild unterstützt ein Faun den trunkenen Silen; und im Gefolge ist die Hauptfigur, die nackte blonde Nymphe, hinzugefügt. Namentlich durch diese Gestalt von prächtigem Körperbau, auf die das volle Licht fällt, hat das Berliner Bild in Komposition wie in Färbung einen von der Münchener Darstellung wesentlich ab-

*) Eine kleine flüchtige Skizze, grau in grau gemalt, in der Sammlung C. v. Hollitscher in Berlin, zeigt schon ganze Figuren.

weichenden Charakter bekommen. In jener ist die tolle Schar die in wüstem Rausch sinnlos vorwärts taumelt, mit dem derben Humor behandelt, der ähnliche Vorwürfe des Jacob Jordaens auszeichnet: in dem Berliner Exemplar ist durch die Einführung jener prachtvollen nackten Frauengestalt der humoristische Charakter der Komposition durch einen stark ausgesprochenen sinnlichen Zug zurückgedrängt; dieser erhält aber sein Gegengewicht in der naiven Fröhlichkeit der köstlichen Kindergruppe, welche an die Stelle der halbtierischen Faunengruppe in dem Münchener Bilde getreten ist. In der hellen Gestalt dieser stattlichen Nymphe mit ihrer milchfarbenen Haut und ihrem aschblonden Haar gewann der Künstler den wirkungsvollsten Kontrast zu den tief gestimmten Farben der Hauptgruppe, dem alten Silen, den Faunen mit ihrer gebräunten Haut und dem dunkelfarbigen Äthiopier. Diesen Gegensatz hat er mit großem Geschick auch zur malerischen Wirkung des Bildes verwertet, indem er alle möglichen Übergänge gesucht und benutzt und diese noch durch die reiche, tiefgestimmte Färbung der Gewänder und den düsteren abendlichen Himmel verstärkt hat.

Gerade die Färbung in ihrer Tiefe und die auffallende Wärme des Tones sind die Merkzeichen, welche die Teilnahme des van Dyck an der Ausführung dieses Bildes mehr als wahrscheinlich machen. Freilich hat Rubens hier die meisten Figuren so stark übergangen, daß es nicht so augenfällig ist, wie in der »Auferweckung des Lazarus«, aber dennoch kann man die Hand des Schülers in der Färbung und selbst in der Behandlung noch an manchen Stellen deutlich herauserkennen. Auch ist die tiefe warme Wirkung des Bildes wohl für van Dycks Gemälde dieser Zeit, nicht aber für die ganz eigenhändigen Werke des Rubens charakteristisch. Die Entstehung läßt sich aber aus verschiedenen äußeren Gründen gerade in die Zeit verweisen, in der van Dyck als Gehilfe bei Rubens beschäftigt war. Einmal zeigt der Kopf der jungen Nymphe im Arm des Fauns zuäußerst rechts im Bilde, die schelmisch lächelnd den Beschauer anblickt, unverkennbar die Züge von Rubens' erster Frau; sie mag hier in der Mitte der Zwanziger stehen. Ebenso lassen sich unter den Kindern die Köpfe der beiden Söhne dieser Frau unschwer herauserkennen:

der eine ist etwa fünfjährig, der andere etwas über ein Jahr alt. Da nun diese Kinder in den Jahren 1614 und 1618 geboren wurden, so ergibt ihr Alter das Jahr 1619 als Datum für die Ausführung dieses Bildes, während das Münchener Bild, in dem nur der älteste Knabe dargestellt ist, schon aus diesem Grunde ein oder zwei Jahre früher entstanden sein wird *).

Zu diesen Werken kommt noch eine Reihe anderer teils mythologischer teils religiöser Darstellungen, welche die Mitwirkung van Dycks verraten **), als letzte der schon erwähnte

---

*) Noch ein äußerer Grund läßt sich für die Teilnahme des van Dyck an der Ausführung des Berliner Bildes anführen: die Studie zu dem Kopfe des Mohren, der den trunkenen Silen stützt, kommt auf der früher erwähnten Tafel mit Studienköpfen eines Äthiopiers im Brüsseler Museum vor, die mit Recht jetzt allgemein als ein Werk des van Dyck gilt. Derselbe Neger kehrt auf der bekannten Darstellung des »Gastmahls bei Simon« von Rubens wieder, das mit der Galerie Houghton Hall in die Eremitage übergegangen ist. Es gehört also gleichfalls in diese Zeit; die Hand des van Dyck vermag ich aber nicht mit Sicherheit darin zu erkennen. Wohl aber hat dieser das Bild damals ganz kopiert. Diese Kopie, die in dem übertrieben warmen Ton und den manierierten Extremitäten sofort den jüngeren Meister verrät, befindet sich gleichfalls in der Eremitage (Nr. 658).

**) Besonders deutlich tritt die Mitwirkung des Schülers in der ausgezeichneten »Madonna mit den bußfertigen Sündern« in der Galerie zu Kassel zutage, die gleichzeitig entstand, wie schon das Alter der beiden Kinder des Künstlers beweist, die als Modelle für Johannes und das Christkind benutzt sind. Auch hier ist der warme Ton der Farbe durchaus charakteristisch für van Dyck. Dasselbe gilt von der berühmten Löwenjagd in der Münchener Pinakothek, in der die Figuren von van Dyck gemalt und von Rubens kaum retuschiert sind. Fast ganz von seiner Hand ausgeführt ist »Simsons Gefangennahme« derselben Galerie. Der Decius-Mus-Folge entsprechen verschiedene gleichzeitige Bilder, ebenfalls meist Darstellungen aus der römischen Geschichte, bei denen die Ausführung in ähnlicher Weise die Hand des Schülers erkennen läßt; so der »Mucius Scävola« in der Galerie zu Budapest, »Ajax und Kassandra« in der Galerie Liechtenstein, der »heilige Ambrosius, der Theodosius von der Pforte der Kirche zurückweist« im Wiener Hofmuseum (im oberen Teil von Rubens stark übergangen), wohl auch der »Judas Maccabäus für die Verstorbenen betend« in der Galerie zu Nantes. Unter den religiösen Bildern dieser Zeit scheinen auch die Kreuzigungsbilder in den Museen zu Antwerpen und Toulouse die starke Betätigung des van Dyck bei der Ausführung zu bekunden.

Zyklus von Gemälden für die Antwerpener Jesuitenkirche*). Damit endete die gemeinsame Tätigkeit der beiden Großmeister, die eine der interessantesten Phasen der niederländischen Kunstgeschichte ausmacht, auch darum, weil sie auf beide Künster eine dauernde wesentliche Nachwirkung äußerte. Van Dyck kehrte nach seinem kurzen ersten Aufenthalt in England und dem darauf folgenden vierjährigen Aufenthalt in Italien noch einmal auf längere Zeit nach seiner Vaterstadt zurück; in nähere Beziehung zu seinem Meister ist er aber nicht wieder getreten. Äußere Umstände mögen dabei mitgewirkt haben, war doch Rubens in diplomatischen Unterhandlungen gerade damals durch mehrere Jahre meist von Antwerpen fern; aber auch die Kunst und die Lebensanschauung der beiden Meister hatten sich sehr verschiedenartig gestaltet. Rubens kam durch seine diplomatischen Reisen wieder mit der klassischen italienischen Kunst in den großen Sammlungen seiner fürstlichen Gönner in England und Spanien in enge Berührung. Wie fast ein Menschenalter vorher widmete der Fünfzigjährige jede freie Stunde dem Studium der Werke jener großen Meister, die der vergötterte Malerfürst mit dem Eifer eines jungen Anfängers kopierte. Als er heimkehrte, als mit der jungen Gattin Helene Fourment neue Lebensfreude in sein lange verödetes Heim einzog, ging er auch hier mit dem Feuer und der Kraft eines Jünglings wieder ans Werk. Freilich muß er auch jetzt noch für seine hohen Gönner große Dekorationszyklen schaffen, aber er entwirft nur, was die Schüler auszuführen haben, während er selbst sich ganz den Eingebungen seiner unerschöpflichen Phantasie überläßt und mit voller Freude und Liebe der Durcharbeitung seiner eigensten Schöpfungen hin-

*) Bei dieser letzten großen Unternehmung war van Dyck ausdrücklich ein wesentlicher Anteil ausbedungen. Da der Kontrakt darüber im März 1620 abgeschlossen wurde und van Dyck erst im Spätherbst Antwerpen verließ, so kann er noch ausgiebig daran mitgewirkt haben; wie weit dies der Fall war, können wir aber nicht mehr beurteilen, da die Kirche leider ein Raub der Flammen wurde. Das einzige, was dabei gerettet wurde, die drei Kolossalbilder der Altäre, jetzt im Hofmuseum zu Wien, sind jedenfalls nicht durch van Dyck ausgeführt worden; die kühle Färbung, die feste, deckende Behandlung zeigen eine ganz andere Hand.

gibt. Unter dem Eindruck der großen venezianischen Meister, aus den Freuden des neuen Ehebundes und des Lebens in der heiteren Umgebung seines Landgutes entsteht eine Fülle der herrlichsten Bilder, bald Improvisationen rascher Eindrücke, bald sorgfältige, mit größter Liebe durchgearbeitete und immer wieder übergangene Werke, deren Feuer der Empfindung auch in der Kraft der Farbe, in der Glut des Tones, in der Wucht der Ausführung sich äußert. So steigert sich von Jahr zu Jahr die Schaffenskraft und die Freude in dem alternden, kränkelnden Künstler, bis der Tod ihm den Pinsel aus der Hand drückt.

Ganz anders Anton van Dyck. In Italien ergab sich sein leicht erregbarer, empfänglicher Sinn voll dem Genuß der großen venezianischen Meister, unter deren Einfluß die fast zahllosen vornehmen Bildnisse der Genueser Aristokratie entstanden, in deren Mitte der schöne, reiche und geistvolle Künstler mit offenen Armen aufgenommen wurde. Als er dann nach vier Jahren in seine Heimatstadt zurückkehrte und an Stelle des meist abwesenden Großmeisters die Altäre der Kirchen und Privatkapellen mit seinen Bildern zu schmücken hatte, war bereits ein Zug eklektischer Kälte und kühler Berechnung an die Stelle der jugendlichen Überkraft und der Glut der Begeisterung seiner ersten Zeit getreten. Aber unter der mächtigen Einwirkung seines früheren Meisters hielt er sich doch auf achtbarer Höhe, leistete namentlich im Porträt noch Hervorragendes. Nachdem er wenige Jahre später sein Streben, als Hofmaler Karls I. nach England berufen zu werden, erfüllt sah, wurde der Rückgang in seiner Kunst immer fühlbarer. Kein ganz selbständiges Talent und von Jugend auf gewohnt, an größere Meister sich anzuschließen, mußte van Dyck seine künstlerische Isolierung in England bald nachteilig empfinden; um so mehr, als ihn die Stellung, zu welcher ihn König Karl in seiner Umgebung erhob, nur zu sehr von seinem Berufe abzog. Seine außerordentlichen Einkünfte verschwanden schnell in dem lockeren Leben am englischen Hof. Seine zarte Gesundheit empfing den tödlichen Stoß. Gerade durch den glänzenden äußeren Erfolg, durch die Ehren und Glücksgüter, mit denen er in England überhäuft wurde, entwickelte sich auch sein Charakter, seine sinnlich erregbare, empfindsame Natur, in unheilvoller Weise.

Von Genuß zu Genuß jagend, unersättlich in seinem Durst nach Geld und Ehren, verzehrt an Geist und Körper, war der vom Glück verwöhnte Künstler innerlich zerfallen und unbefriedigt, wurde er herrisch und unfreundlich, in seinen Forderungen geradezu maßlos. Seine Kunst betrieb er mehr und mehr wie ein großes Geschäft, bei dem er selbst nur noch der Disponent war. Seinen zahlreichen Gehilfen waren darin bestimmte Rollen zugeteilt: der eine untermalte die Bilder, ein anderer malte die Stoffe, ein dritter die Landschaft, wieder andere die Hände usw. Echte künstlerische Empfindung konnten solche Fabrikbilder, selbst wenn sie gelegentlich noch vom Meister überarbeitet wurden, nicht mehr besitzen; sie mußten aber auch in ihrer malerischen Erscheinung beeinträchtigt werden, ja selbst auf die technische Ausführung konnte ein derartiges Zusammenarbeiten vieler, ein so liebloses Fabrizieren nur von ungünstigem Einflusse sein. In der Tat sind die meisten Bilder, welche in den letzten Jahren in England entstanden, nicht nur auffallend konventionell in der Empfindung, flüchtig und häufig selbst unmalerisch in der Erscheinung: sie sind auch zuweilen so unsolide ausgeführt, daß sie bis zur Unkenntlichkeit nachgedunkelt haben oder in den Farben verblaßt sind.

Selbst in London glaubte van Dyck sich nicht hinreichend anerkannt, glaubte er seine Werke nicht genügend bezahlt. Als daher sein großer Lehrer Rubens im Mai 1640 in Antwerpen verschied, eilte er dorthin, um sich um die Vollendung der großen Aufträge, namentlich von seiten Philipps von Spanien, zu bewerben. Aber seine Forderungen waren, wie wir aus den Briefen des Kardinal-Infanten erfahren, so lächerlich hohe, die Art, wie sich der Künstler gegen den Bruder König Philipps benahm, war eine so hochfahrende, daß die Verhandlungen sofort abgebrochen wurden. Da schien sich in Paris ein großer Auftrag für den Künstler zu bieten. Mit siechem Körper begab er sich im September 1640 von London aus mit seiner Gattin und großem Gefolge an den französischen Hof. Aber auch hier schlugen seine Hoffnungen fehl; denn schon hatte König Ludwig Nicolas Poussin mit der Aufgabe betraut, die Galerie des Louvre zu dekorieren. Trotzdem verzögerte sich der Aufenthalt van Dycks in Paris über ein Jahr, vielleicht infolge seiner immer zunehmenden Schwäche. Ende November fuhr er nach London zurück; am 9. Dezember erlag er der Krankheit, die ihn seit Jahren verzehrte. »Van Dyck träumte von höheren Idealen — so schließt Max Rooses die Charakteristik des Künstlers — und empfand tiefer, als irgend ein Pinsel wiedergeben kann; aber gleichsam fieberhaft gejagt, um in seinem kurzen Leben diese Traumbilder zu verkörpern, entging er dem Schicksal nicht, daß kleinliche Entmutigung und düstere Unlust seine Zauberhand bereits fühlbar geschwächt hatte, ehe sie noch vorzeitiger Tod erstarren ließ«.

DIE LETZTE SCHAFFENSPERIODE DES PETER PAUL RUBENS UND DER EINFLUSS SEINER GATTIN HELENE FOURMENT AUF SEINE KUNST.

Rubens, dessen Schöpfungen an Fülle und Umfang kaum von dem Werk irgend eines anderen Künstlers erreicht werden, obgleich er noch im Mannesalter aus dem Leben abberufen wurde, hat sich nur langsam zu voller Eigenart und Meisterschaft durchgearbeitet. Aus der Zeit vor seiner Reise nach Italien, die er mit dreiundzwanzig Jahren antrat, ist kein einziges Bild gesichert, und die Gemälde, die er in den neun Jahren seines Aufenthaltes im Süden ausführte, sind nicht besonders zahlreich und kommen auch nicht entfernt den Werken seiner späteren Zeit nahe. Erst mit dem Augenblick, wo er in die Heimat zurückkehrt und sich dort dauernd niederläßt, tritt er uns als der Künstler entgegen, wie wir ihn alle kennen. In den nun folgenden drei Jahrzehnten einer fast ununterbrochenen, rastlosen Tätigkeit lassen sich zwei große Epochen unterscheiden, die sich mit seiner ersten und seiner zweiten Ehe ziemlich genau umgrenzen lassen. Dies ist nicht rein zufällig; denn wenn auch verschiedene Umstände die künstlerische Entwickelung des Meisters beeinflußten, so war doch auch die Einwirkung dieser beiden ausgezeichneten Frauen von wesentlicher Bedeutung. Die Jahre bald nach der Verheiratung verraten sich beide Male schon durch die Fülle mythologischer und bacchischer Darstellungen, deren der Künstler — man kann fast sagen — Hunderte geschaffen hat. Wenn man diese auf die Zeit ihrer Entstehung prüft, so wird man sie in zwei Gruppen scheiden können, von denen die eine in die Jahre bald nach seiner Rückkehr aus Italien, die andere in den letzten Zeitraum seines Lebens gehört. Jene sind also in den ersten Jahren seiner Ehe mit Isabella Brant, diese nach seiner zweiten Heirat mit Helene Fourment entstanden. Ein solcher Einfluß der Frau steht nicht allein da in der Geschichte großer Künstler; soweit uns ihr Leben genauer bekannt ist, tritt mit einer tiefen Leidenschaft für eine Frau, mit einer glücklichen Verbindung auch in ihren Werken eine stärkere Sinnlichkeit hervor. Wahrlich nicht zum Schaden für die Kunst und Moral! Die eigene Leidenschaft tritt in den Gemälden der Künstler geklärt und geadelt zur Erscheinung, die Frische und Kraft der Empfindung packt auch den Beschauer mit überzeugender Lebendigkeit. Dies gilt am meisten für die großen Maler nördlich der Alpen, die in dem Glück der Ehe die höchste Befriedigung fanden.

Bei Rembrandt, der das Gemütsleben so tief ergriffen und geschildert hat wie kein anderer Maler, begegnen uns in den Jahren nach seiner Verheiratung mit Saskia van Ujlenborch Bilder von berauschend sinnlicher Wirkung wie die sogenannte Danae in der Eremitage; und etwa zwanzig Jahre später, als er zu Hendrikje Stoffels in Beziehung getreten war, malte er die »Badende« in der Londoner National Gallery, die »Bathseba« des Louvre und Bilder von ähnlich einschmeichelnder Schilderung des nackten weiblichen Körpers. Bei Rubens, dessen ganze Kunst durch einen Zug kräftiger Sinnlichkeit charakterisiert ist, mußte diese Erscheinung in doppelter Stärke, wenn auch in ganz anderer Weise zutage treten. In der Tat sind seine Bacchanale, seine Liebesszenen der antiken Mythe, seine bukolischen Bilder und ähnliche Motive, die das sinnliche Leben mit naiver Derbheit und Kraft, doch ohne Lüsternheit zur Anschauung bringen, teils in den ersten Jahren nach seiner Verheiratung mit Isabella Brant, teils erst um zwanzig Jahre später, nach seiner Verheiratung mit Helene Fourment entstanden. Die meisten und besten erst in der Zeit dieser zweiten Ehe.

Der Künstler heiratete die sechzehnjährige Helene Fourment, als er selbst bereits im vierundfünfzigsten Lebensjahre stand. Kaum je hat die Frau eines namhaften Künstlers so stark die

Gedankensphäre ihres Gatten durchdrungen. Nicht, daß sie ihren Mann in seinem Tun und Lassen wesentlich beeinflußt oder gar das Regiment im Hause geführt hätte: dazu war weder die schöne und liebenswürdige, aber anscheinend wenig bedeutende Frau veranlagt, noch war Rubens der Mann, um in solcher Weise auf sich einwirken zu lassen. Aber die junge Frau übte durch ihre Schönheit und ihren weiblichen Charme einen solchen Zauber auf den Künstler aus, daß sie der Mittelpunkt seiner Schöpfungen wurde und dies bis zu seinem Tode blieb. In zahlreichen Bildnissen hat sie der Künstler verewigt, für fast zahllose Kompositionen hat er sie als Modell benutzt, führte er sie, meist als Hauptfigur, in seine Bilder ein. Sein ganzes Leben richtete sich nach ihr, mit ihr wurde er noch einmal jung. Das Haus, das bald eine fröhliche Kinderschar belebte, wurde jetzt wieder recht eigentlich sein Heim; im Winter der stattliche Kunstpalast in Antwerpen mit dem Garten dahinter, im Sommer das freundliche Gut mit dem mittelalterlichen Schloß Steen. Beide Wohnsitze des Künstlers sind uns aus verschiedenen Bildern dieser Zeit bekannt, in denen sie der Künstler als Bühne oder als Hintergrund benutzte, vor allem um diese geliebte Frau davor darzustellen. Durch das Zusammenleben mit ihr ging Rubens eine neue Tätigkeit auf, die ihren Mittelpunkt hatte in diesem wiedergewonnenen Familienleben, in dem Schaffen für das eigene Heim, rein aus künstlerischem Bedürfnis heraus. Was er daneben, namentlich für seine hohen fürstlichen Gönner noch an Gemälden ausführte, fügte sich in den Kreis seiner eigensten künstlerischen Bestrebungen ein, da der feine Kunstsinn dieser Fürsten dem Geschmack des Künstlers entsprach oder sich ihm unterordnete.

Über Helene Fourment wissen wir, von diesen bildlichen Überlieferungen abgesehen, nur wenig, über ihren Charakter erfahren wir fast gar nichts. Wir würden nichts von ihr wissen wollen und würden uns bei unserer Unkenntnis beruhigen, hätte sie nicht durch ihre Jugendfrische und ihre vlämische Schönheit die Augen des großen Künstlers auf sich gezogen. So aber sind wir ihr zu größtem Dank verpflichtet: sie verdient die Monumente, die ihr der Gatte gesetzt hat, dadurch, daß sie ihn dazu begeisterte, daß sie durch den Johannistrieb, den sie in ihm erweckte, neues Leben auch seiner Kunst einhauchte. Diese neue, die letzte Phase in Rubens' Kunst war, wie das eheliche Leben der ungleichen Gatten, kein flüchtiger Herbsttrieb, sie war lebenskräftig und fruchtbar, so daß diese Schöpfungen alles das übertreffen, was er vorher geschaffen hatte. Gerade die zärtliche Liebe zu seiner jungen Gattin, die Sinnenfreude und die gemütliche Anregung im Zusammenleben mit ihr und mit der blonden Kinderschar, mit der sie ihn beschenkte, brachten den alternden Künstler zu erneutem Studium der Natur, vor allem des Nackten; ein Studium, das er so ehrlich, so gründlich betrieb, als ob er jetzt zuerst darauf hingewiesen wäre. Dadurch hat Rubens ganz neue Schönheiten in der Natur entdeckt, wie sie seine Kunst bis dahin nicht aufzuweisen hatte, wie sie vor und nach ihm in der Fülle und Pracht des Gesehenen kein anderer Maler geschildert hat. In diesem Studium seiner Frau, in dem Studium ihres Körpers, das sie ihm geduldig wie kein anderes Modell gestattete, so oft er wünschte — und er war unermüdlich in diesem Wunsche —, hat Rubens einen Impressionismus eigener Art entwickelt, der bei seiner Ehrlichkeit und seinem Fleiß in Verbindung mit seiner ganz einzigen Kunstkenntnis und Kunstübung, wie mit der unerschöpflichen Phantasie und Gestaltungskraft einen Höhepunkt der Kunst überhaupt darstellt. Die Gemälde dieser letzten Jahre des Rubens sind von einer Frische und Jugendkraft, sie sind von einer Lebenslust erfüllt, die um so bewunderungswürdiger sind, als der rasch alternde Künstler immer mehr von seiner qualvollen fliegenden Gicht heimgesucht wurde, die ihn wochenlang an das Krankenlager fesselte und nur unter den größten Schwierigkeiten und Schmerzen zum Arbeiten kommen ließ.

Dank seiner Arbeitsfreudigkeit, dank der farbigen Schönheit seines Modells haben Rubens' Gemälde in dieser Zeit jene Richtung auf helle Farbigkeit, jene eigentümliche Leuchtkraft und dabei zugleich jene außerordentliche Körperlichkeit, für die er durch andere nicht lange vorher gemachten Studien, namentlich nach Tizians Gemälden in Madrid und London, wieder das Auge gewonnen hatte. Solche Studien hatten seine Naturauffassung überhaupt vertieft und lenkten seine Blicke auch wieder auf die Landschaft, an der er durch seinen Aufenthalt auf dem 1635 gekauften

Landsitz Steen neue Freude gewann. So erschien ihm die freie Natur jetzt in der gleichen sonnigen Stimmung wie die menschliche Gestalt, als der Reflex seines eigenen glücklichen Lebens.

Rubens scheint Helene Fourment gemalt zu haben, sobald er zu ihr in Beziehung trat. Vielleicht noch die Braut oder die Frau gleich nach der Verheiratung haben wir in dem reizenden kleinen Bilde der Pinakothek zu München vor uns, in dem sich der Künstler dargestellt hat, wie er Helene, noch einen halben Backfisch, in Haus und Hof herumführt, gefolgt vom jüngsten Sohne erster Ehe. Derselbe Knabe folgt der jungen Mutter fast wie ein Page in dem herrlichen großen Bilde bei der Baronin A. Rothschild in Paris, früher in Blenheim, auf dem wir Helene an der Hauspforte die Equipage erwarten sehen. Auch hier hat sie noch ganz jugendliche Züge; daher kann der Knabe nicht ihr eigener Sohn sein, wie Rooses annimmt, da selbst ihr ältester Knabe noch nicht einmal so alt war, als Rubens starb. In der folgenden Zeit malt der Künstler jährlich verschiedene Bilder der jungen Gattin, in denen wir sie bald allein, bald mit ihm oder in Begleitung von einem oder zwei Knaben erblicken und die reiche Tracht und den beinahe fürstlichen Luxus, mit dem sie umgeben war, bewundern können. Seit dem Jahre, in dem Rubens das Landgut Steen erwarb und dort regelmäßig vom Frühjahr bis in den Herbst das Landleben genoß, werden diese prächtigen Repräsentationsbilder seiner Gemahlin seltener und hören bald ganz auf; nach dem Jahre 1636 ist, soviel ich sehe, keines mehr entstanden. Nun tritt Helene in einer anderen Rolle auf. Aus diesen letzten Jahren stammen die großen Bilder, vorwiegend mit mythologischem Inhalt, in denen sie für die Hauptfigur, ja nicht selten, wenn auch das Gesicht andere Züge zeigt, für die Körper der meisten jugendlichen Frauenfiguren als Modell diente, während sie in manchen anderen figurenreichen Kompositionen, die wohl ohne viel Vorstudien aus der freien Phantasie geschaffen sind (im Kindermord, im Raub der Sabinerinnen usw.), dem Künstler halb unbewußt als Vorbild vorschwebte. Bilder der ersteren Gattung sind das Parisurteil in der National Gallery zu London und im Pradomuseum, die Andromeda in der Berliner Galerie, die drei Grazien, Diana und Kallisto und noch eine Andromeda im Prado, das Bad der Diana in der früheren Sammlung Schubart zu München, die hl. Cäcilie in der Berliner Galerie, namentlich auch verschiedene Darstellungen mit Nymphen und Satyrn in den Galerien zu Madrid, Berlin usw. Gelegentlich entstand aus solchen Studien auch ein Porträt, wie das berühmte »pelsken« im Hofmuseum zu Wien: Helene Fourment im Pelzmantel das Bad verlassend, oder ein bukolisches Genrebild, wie »Hirt und Hirtin« in der Münchener Pinakothek. Zu einer gewaltigen Trilogie der Macht der Liebe, dem Thema, das alle diese Bilder in mannigfacher Weise variieren, gestaltete Rubens die drei Gemälde, die uns ihre Herrschaft bei Hoch und Niedrig mit größter dramatischer Kraft und in berauschender Farbenpracht schildern: Venus vulgivaga im »Bauerntanz« des Louvre, höfische Liebe im »Liebesgarten« der Pradogalerie und bei Baron Edmond Rothschild in Paris und das himmlische Reich der Liebesgöttin im »Venusfest« des Wiener Hofmuseums.

Einige dieser Bilder entstanden auf Bestellung König Philipps IV. von Spanien und Karls I. von England, die Mehrzahl malte der Künstler aber für sich, zur Ausstattung der Räume seines Antwerpener Hauses und seines Landsitzes Steen. Sie sind daher fast alle nach eigener Wahl und aus innerem Befürfnis, recht con amore gemalt worden, vor allem aus Freude an dem schönen Körper der jungen Gattin, den er in allen diesen Gemälden in den mannigfachsten Stellungen verherrlicht hat.

Auf seinem Landgut benutzte der Künstler jeden schönen Tag und die guten Stunden zwischen den Anfällen seiner bösen Krankheit, um draußen die freundliche Umgegend zu genießen und zu studieren. So entstand eine ganze Reihe von Landschaften, darunter die schönsten, die Rubens gemalt hat, landschaftliche Bilder von einer Macht der Erfindung, von einer Pracht der Farbe und Fülle des Lichts, wie sie kein anderer Künstler geschaffen hat. Welche Selbstbeherrschung, welche Schaffensfreude und Gestaltungskraft, welche Begeisterung und innere Heiterkeit mußte dem Manne inne wohnen, der Bilder, wie die »Landschaft mit Schloß Steen« in der National Gallery und das Gegenstück, die »Landschaft mit dem Regenbogen« in der Wallace Collection, wie die »Phäakeninsel« und die »Rückkehr von der Ernte« im

Palazzo Pitti und manche ähnliche Landschaften in groß und klein in den Galerien von München, Paris, London, Wien u. s. f., die alle die sonnige Schönheit der Erde in glühenden Tönen schildern, zu malen imstande war, während er vor Schmerzen oft kaum noch den Pinsel halten konnte und gezwungen war, im Krankenstuhl an seine Staffelei sich fahren zu lassen.

Im Zusammenhang mit diesen Landschaften, zum Teil als Staffage für sie gedacht, entstanden verschiedene Darstellungen des Landlebens, unter denen der große Bauerntanz im Louvre die bekannteste ist. Hier verwandelt der Künstler die derben Szenen aus dem Leben und Treiben der vlämischen Bauern in die Erlebnisse eines titanischen Hirtenvolkes, die reichen vlämischen Gefilde gestaltet er zu der arkadischen Heimat eines solchen Geschlechtes voll ungezähmter Leidenschaften und bevölkert sie noch mit Vorliebe mit den Göttern der Flur, mit Nymphen und Satyrn, den Sinnbildern des üppigen Treibens und rastlosen Schaffens der Natur.

Wie hier alles Leben und Bewegung, Farbe und Licht ist, so ist auch in den historischen Darstellungen dieser Zeit jetzt sein Ziel, die Leidenschaften in höchster Erregung, das Leben in vollster Entfaltung zu schildern, und die Mittel, durch welche er dies zu erreichen sucht, sind Reichtum der Komposition, Unbestimmtheit der Zeichnung, Fülle und Pracht der Farben, helles flackerndes Licht und eine fast skizzenhafte Breite der Ausführung. Der helle Sonnenschein, der über allen diesen Bildern ausgegossen ist, verleiht den überreichen, farbenschimmernden Kompositionen Harmonie und Klarheit, beruhigt uns über die aufregendsten Szenen und versöhnt uns mit den abschreckendsten Motiven. Eine Freudigkeit, eine heitere Ruhe beschleicht unwillkürlich den Beschauer vor diesen Bildern des großen Künstlers, die der Abglanz seines Glückes und der Ausdruck der heiteren Stimmung seines schönen Lebensabends sind.